¡Mola!

Jacqueline López-Cascante · Judith O'Hare

Series editor: Mike Thacker

Philip Allan Updates, an imprint of Hodder Education, an Hachette UK company, Market Place, Deddington, Oxfordshire OX15 0SE

Orders
Bookpoint Ltd, 130 Milton Park, Abingdon, Oxfordshire, OX14 4SB
tel: 01235 827827
fax: 01235 400401
e-mail: education@bookpoint.co.uk

Lines are open 9.00 a.m.–5.00 p.m., Monday to Saturday, with a 24-hour message answering service. You can also order through the Philip Allan Updates website: www.philipallan.co.uk

ISBN 978-1-84489-623-3

First printed 2009
Impression number   5   4   3
Year   2014   2013   2012   2011

Illustrations by Emily Hunter and Jim Watson

Cover photos are reproduced by permission of: César Ballesteros (flamenco girls); Chris Robinson (AVE train); Thomas Debray (Gaudi's Sagrada Familia cathedral in Barcelona); Felix Atsoram (paella); Mike Thacker (clothes shop, sign posts); Sebastián Bianchi (corner shop in village in Argentina, gaucho).

Inside photographs are reproduced by permission of: Azucena Herrero (p. 109); César Ballestros (pp. 93 d, e, 103, 113, 127 a, i and o); Chris Robinson (p. 93 g); Emily Hunter (pp. 12, 93 f, 110, 127 h); Felix Absoram (p. 135 top); Fernando de Dios (p. 135 bottom); Francesca Streatfield (p. 81); Hannah Thacker (p. 96, 127 b); Image Library (pp. 50, 120); Ingram (p. 34); Mike Thacker (pp. 41, 64, 72, 76, 93 a, b, c, h, i, 97, 100, 127 c, d, e, f, g, j, k, l, m, n, 128, 131, 133); Sebastián Bianchi (p. 100 bottom right); TopFoto (pp. 12, 21, 25, 39, 46, 47, 48, 49, 52, 98, 105, 112, 136, 137).

Printed in Dubai

Philip Allan Updates' policy is to use papers that are natural, renewable and recyclable products and made from wood grown in sustainable forests. The logging and manufacturing processes are expected to conform to the environmental regulations of the country of origin.

P01897

Contents

¡Mola!

Welcome to *¡Mola!*

¡Mola! provides all you need to get a good grade in your GCSE Spanish exam. You will also learn more about the way of life of people in Spain and Spanish America, and about the language they speak.

¡Mola! includes:
- activities to practise your **listening** skills
- up-to-date **reading** passages based on life in Spain and Spanish America
- varied activities to practise your **speaking**
- tasks to perfect your **writing** in Spanish
- the **grammar** you need to communicate successfully in Spanish
- the necessary **vocabulary** for your GCSE topics

The following icons are used to show the skills or combination of skills each activity requires:
- speaking
- listening
- reading
- writing

There are five modules, each divided into three or four sections. Each section contains:
- a list of the topic contents and the main grammar items to be covered
- a sequence of texts and activities in listening, speaking, reading and writing, which will enable you to discover the language and use it effectively
- vocabulary relating to the topic

Watch out for these special feature boxes:
- **Gramática** — these explain key grammar points for GCSE.
- **Lengua clave** — these explain important points about language usage.
- **Cultura** — these describe items of interest relating to the culture and language of Spanish-speaking countries.
- **¡Ojo!** — these offer tips.

¡Que te diviertas!

Jacqueline López-Cascante
Judith O'Hare

Módulo **1**

Así soy yo

1 Mi familia y yo
2 ¿Cómo es tu casa?
3 Mi barrio

- ☑ **Talk about myself, my family and friends**
- ☑ **Revise the present tense of key verbs**
- ☑ **Prepare a presentation on this topic**
- ☑ **Use adjectives**

1 Mi familia y yo

1 📖 🖊 💬 **¿De cuánto te acuerdas? Trabaja con tu pareja.**

a Descifra los meses y dilos en el orden correcto.

1 **ijnuo**
2 **verbeniom**
3 **erone**
4 **brial**
5 **razom**
6 **ostago**
7 **amyo**
8 **mebiderci**
9 **boferre**
10 **luijo**
11 **remespetib**
12 **brucote**

b ¿Con qué rapidez puedes calcular estos números en español?

65 + 40 = ?

25 x 4 = ?

90 − 11 = ?

15 + 12 = ?   21 + 34 = ?

50 − 7 = ?

c Empareja la letra con el nombre del país.

Ejemplo: **a** — *Inglaterra*

España
Francia
Alemania
Gales
Inglaterra
Irlanda
Portugal
Italia
Escocia

2a 📖 **Empareja las imágenes con el texto adecuado.**

Ejemplo: **1 — d**

1 Mi cumpleaños es el veinte de enero.
2 Vivo en Madrid.
3 Me encanta el deporte.
4 ¡Hola!
5 Me llamo Ana.
6 Tengo quince años.
7 ¡Adiós!
8 Soy española.

b 🖊 **Escribe un pequeño párrafo para presentarte a alguien.**

Ejemplo: *¡Hola! Me llamo Mark...*

c 📖 💬 **Trabaja con tu pareja. Lee los textos. Haz preguntas y contéstalas.**

Ejemplo:
1 *¿Cómo te llamas?*
  Me llamo María.

1 ¿Cómo te llamas?
2 ¿Cuántos años tienes?
3 ¿Cuándo es tu cumpleaños?
4 ¿Cuál es tu nacionalidad?
5 ¿Dónde vives?
6 ¿Qué pasatiempos te gustan?

Nombre: Guillermo
Edad: 16 años
Cumpleaños: 31/4
Nacionalidad: mejicana
Domicilio: Cancún
Gustos: el fútbol

Nombre: Maria
Edad: 16 años
Cumpleaños: 12/7
Nacionalidad: inglesa
Domicilio: Bristol
Gustos: la natación

¿Quién eres?

3 🎧 📖 Escucha y lee lo que dicen estos jóvenes.

¡Hola! Me llamo Juanita y tengo quince años. Nací el once de marzo. Soy española y vivo en un piso en el centro de Bilbao, una ciudad grande e industrial. Mi padre, Juan, es doctor y mi madre es profesora. Mi hermano Javier tiene doce años. Tenemos dos gatos que se llaman Lechuga y Pepino.

Juanita

Yo soy Mari Carmen y soy de Madrid. Mis padres están divorciados y vivo con mi madre y mi abuela en un piso pequeño al oeste de la cuidad. Tengo catorce años y mi cumpleaños es el dos de mayo. Soy hija única, pero tengo muchos primos por parte de mi padre. Mi madre trabaja en una oficina durante la semana así que me cuida mi abuela.

Mari Carmen

¡Hola! ¡Encantado! Soy Carlos. Tengo dieciséis años y mi cumpleaños es el veintiuno de junio. Soy de Mallorca, una isla al este de España. Vivo en un apartamento en la costa. Es muy bonito. Desafortunadamente, las autoridades no nos permiten animales en el piso. Tengo un hermano y una hermana. Los dos son mayores que yo, pero nos llevamos todos muy bien. Mi padre es chef y mi madre trabaja con él en nuestro restaurante. En verano ayudamos toda la familia. ¡Es guay!

Carlos

Me llamo Antonio. Vivo en Huelva en el suroeste de España, cerca de Portugal, donde nací yo y de donde son mis padres. Nuestro piso es bastante grande ¡y nuestra familia también! Tengo tres hermanos. Enrique, el mayor, tiene diecinueve años; Elena tiene once años — es la menor — y además está Juan, mi gemelo. Nacimos a medianoche el nueve de julio. Papá es mecánico y mi madre trabaja en un supermercado del barrio. Me encantan los animales y tenemos dos perros.

Antonio

a 🏔 ¿Qué dicen? Escribe el nombre que corresponde con cada frase.

Ejemplo: **1 — Juanita**

1 Hay cuatro personas en mi familia.
2 Soy el más joven de la familia.
3 No tengo hermanos.
4 No puedo tener mascota en casa.
5 Tengo los mismos años que mi hermano.
6 Vivo al lado del mar.
7 Sólo tengo un hermano menor.
8 Mi padre no vive conmigo.
9 Tengo una hermana menor.
10 No soy español.

b 💬 Trabaja con tu pareja. Usa el texto de arriba para ayudarte a entrevistar a tu pareja usando las preguntas siguientes.

1 ¿Cómo te llamas?
2 ¿Cuántos años tienes?
3 ¿Cuándo es tu cumpleaños?
4 ¿Cuántas personas hay en tu familia?
5 ¿Dónde vives?
6 ¿Vives en una casa o en un apartamento?
7 ¿Cuál es tu nacionalidad?
8 ¿Tienes hermanos?
9 ¿Tienes mascota en casa?
10 ¿Qué hacen tus padres?

Gramática

Question words

Question words are called 'interrogatives', *los interrogativos*. Match the Spanish with the English.

¿Cómo?	Where from?
¿Cuál? ¿Cuáles?	Who?
¿Cuándo?	How?
¿Cuánto/a/os/as?	When?
¿Dónde?	What?
¿Adónde?	How much/many?
¿De dónde?	Why?
¿Quién? ¿Quiénes?	Which one/ones?
¿Qué?	Where?
¿Por qué?	Where to?

Complete the questions below using one of the interrogatives from the list above. Make sure you use a different one each time.

1 ¿De _____ eres?
2 ¿ _____ hermanos tienes?
3 ¿ _____ es tu cumpleaños?
4 ¿ _____ es tu número de teléfono?
5 ¿ _____ eres?
6 ¿ _____ nacionalidad tienes?

4 🎧 **Listen and then copy and complete the table in English.**

	A	B	C	D
Nombre				
Edad				
Cumpleaños				
Nacionalidad				
Domicilio				
Familia				
Mascotas				

abuelo   abuela

madre   padre   tía   tío

hijo   hija

5a 📖 **Trabaja con tu pareja.**

¿Qué significan estas palabras? Usa el diccionario para ayudarte.

1 bisabuelo
2 primo segundo
3 cuñado
4 madrastra

5 novia
6 nuera
7 suegro
8 hermanastra

b 👤 **Escoge una palabra del recuadro para completar cada frase.**

tía   primo   hermano   abuela
marido   madrastra   hija   mujer

*Ejemplo: La madre de mi padre es mi **abuela**.*

1 La madre de mi padre es mi _____ .
2 La hermana de mi madre es mi _____ .
3 El hijo de mi tío es mi _____ .
4 La segunda mujer de mi padre es mi _____ .
5 Mi madre es la _____ de mi padre.
6 Mi padre es el _____ de mi madre.
7 El hijo de mi madre es mi _____ .
8 Mi hermana es la _____ de mi madre.

Lengua clave

¿Qué tal tu pronunciación?

A	*a*	J	*jota*	R	*ere*
B	*be*	K	*ka*	S	*ese*
C	*ce*	L	*ele*	T	*te*
CH	*che*	LL	*elle*	U	*u*
D	*de*	M	*eme*	V	*uve*
E	*e*	N	*ene*	W	*uve doble*
F	*efe*	Ñ	*eñe*	X	*equis*
G	*ge*	O	*o*	Y	*i griega*
H	*hache*	P	*pe*	Z	*zeta*
I	*i*	Q	*cu*		

Ahora practica tu pronunciación, repitiendo estas palabras.

A	*gra**c**ias*	LL	*e**ll**a*
E	*ingl**é**s*	ñ	*espa**ñ**ol*
I	*s**i***	R	*ho**r**a, Costa **R**ica*
O	*doct**o**r*	RR	*a**rr**oz*
U	*u**n**o*	V	***v**ídeo*
B	***b**e**b**ida*	Y	*cinco **y** media*
C	***c**iudad*	Z	*die**z***
CC	*a**cc**idente*	Que	*¿**Qué** pasa?*
D	*ciu**d**a**d***	Qui	***qui**nce*
G	***g**eneral*	Gua	***gua**y*
H	***h**otel*	Gue	***gue**rra*
J	***j**amón*	Gui	***gui**tarra*

Unas trabalenguas

1
Poquito a poquito
Paquito empaca
poquitas copitas
en pocos
paquetes.

2
Ñoño Yáñez come
ñame en las
mañanas con
el niño.

3
Pepe puso un peso en
el piso del pozo. En el
piso del pozo
Pepe puso
un peso.

4
Mi mamá me
mima mucho
y yo mimo
mucho a
mi mamá.

5
¡Qué triste estás,
Tristán, con tan
tétrica trama
teatral!

6
Una cacatrepa
trepa. Tiene tres
cacatrepitos.

6 **¿Cuál es tu opinión? Adapta cada frase para ti.**

Ejemplo: **1** *Me parezco a mi madre o No me parezco a mi madre.*

1 Me parezco a mi madre.
2 Me llevo bien con mi padre.
3 No me llevo bien con mi hermano.
4 Mi abuela me trata como a un adulto.
5 Mi hermana mayor me trata como a un niño.
6 Mis padres son bastante estrictos.
7 Me molesta mi hermano menor.
8 Discuto mucho con mi hermana.
9 Mi hermano y yo somos muy parecidos.
10 No me parezco físicamente a los demás de mi familia.

¡Ojo!

Remember to use connectives to make what you say and write more interesting.

y	and	*porque*	because
que	that, which, who	*si*	if
también	also	*cuando*	when
además	besides	*ni…ni*	neither...nor
pero	but	*sin embargo*	however
o	or	*siempre*	always

Escoge una palabra de la lista arriba para formar una frase más larga.

Ejemplo: **1** *Tengo un hermano. No tengo hermanas.*
> Tengo un hermano, pero no tengo hermanas.

1 Tengo un hermano. No tengo hermanas.
2 Mi padre tiene el pelo moreno. Mi padre tiene los ojos azules.
3 Tenemos muy buenos amigos. Se llaman Maite y Ramón.
4 No me gusta jugar al fútbol. No me gusta jugar al rugby.
5 Soy alto y delgado. Mi hermana es alta y delgada.
6 Mi hermana menor me molesta. Me coge todas mis cosas personales. En general es una chica buena.
7 Me encantan los animales. No nos permiten tener un animal en el piso.
8 Soy muy deportista. Los lunes juego al tenis. Los jueves monto en bicicleta.
9 Hablo portugués. Mi madre es portuguesa. Hablamos portugués en casa.
10 Mi abuelo es muy alto. Tiene el pelo gris. Es alegre. Resulta gracioso.

7 **Listen to what Ana says about her family. Answer the questions in English.**

1 How old is Ana?
2 Where is she from?
3 What does she say about the English language?
4 How many people are there in her family?
5 What does she say about her mother?
6 What does she say about her father?
7 What does she tell you about her brother and her sisters?

Gramática

The present tense of four key verbs

When talking about yourself and your family the following key verbs are used. Learn them well.

1 *llamarse* (to be called)		**2** *tener* (to have)
me	*llamo*	*tengo*
te	*llamas*	*tienes*
se	*llama*	*tiene*
nos	*llamamos*	*tenemos*
os	*llamáis*	*tenéis*
se	*llaman*	*tienen*

3 *vivir* (to live)	**4** *ser* (to be)
vivo	*soy*
vives	*eres*
vive	*es*
vivimos	*somos*
vivís	*sois*
viven	*son*

¡Atención! In Spanish, when giving your age you say 'I **have** X years.'
Tengo *catorce años.*

Completa las frases siguientes usando el verbo y la persona correctos.

Ejemplo: **1** *Mis hermanos* **se llaman** *Juan y Martín.*

1 Mis hermanos _____ Juan y Martín.
2 Mis padres y yo _____ en Madrid.
3 ¿De dónde _____ tú?
4 Mi padre _____ cuarenta años.
5 Mi mejor amiga _____ Ana.
6 Pablo y Juan _____ mis hermanos.
7 ¿Dónde _____ tu madre?
8 ¡Hola! _____ Juanita, ¿y tú?
9 Mis padres _____ muchos amigos.
10 En mi familia _____ cuatro personas.

8a **¿En qué trabajan sus padres? Escribe las palabras adecuadas en la tabla.**

cocinero

enfermera

profesora

ingeniero

mecánica

ama de casa

peluquero

auxiliar de vuelos

dentista

dependienta

hombre de negocios

bombero

taxista

recepcionista

periodista

cartero

electricista

granjeros

fotógrafa

secretaria

Madre	Padre
Ejemplo: secretaria (20)	*hombre de negocios (11)*

¡Ojo!

The indefinite article *un, una* is omitted in Spanish before an unqualified noun indicating nationality, rank or occupation, used after *ser* (to be). For example:

Es italiano.	He is Italian.
Mi hermano es profesor.	My brother is a teacher.

If you cannot remember the Spanish for a job, you could describe it by saying where a person works:

Trabaja en una oficina.	He/She works in an office.
Trabaja en un colegio.	He/She works in a school.
Trabaja con enfermos.	He/She works with sick people.
Trabaja con niños.	He/She works with children.

b **Pregunta a tus compañeros de clase en qué trabajan sus padres. Escribe un pequeño párrafo para explicar tus resultados usando las siguientes frases para ayudarte.**

Haz la pregunte siguiente a X personas:
¿En qué trabajan tus padres?

Aquí están los resultados de mi encuesta:
- X trabajan en el sector empresarial (work in business).
- X trabajan desde casa (work from home).
- X están en el paro/no trabajan (are unemployed/don't work).
- En el futuro me gustaría trabajar _____ porque _____.

9 **Escribe una respuesta al correo electrónico siguiente.**

Fichero Edición Inserción Formato Instrumentos Mensaje

¡Hola!

Me llamo Manuel. Tengo quince años y nací el ocho de agosto. Soy español y vivo en Granada en el sur de España. ¿Y tú? En mi familia hay cuatro personas. Tengo un hermano que se llama Tobi. Vivimos en un piso grande. Tengo un perro y un gato y ¡nada más!

¡Hasta luego!
Manuel

10 **Ahora prepara una breve presentación de tí mismo y de tu familia. Menciona lo siguiente:**
- nombre
- edad
- cumpleaños
- nacionalidad
- domicilio
- familia
- mascotas

¡Mola!

¿Cómo eres?

11 a 📖 **Lee el texto. Empareja cada persona con la descripción adecuada.**

Ejemplo: 1 — e

1 Soy alta y delgada con ojos azules y el pelo largo, rubio y rizado.
2 No soy ni alto ni bajo. Tengo ojos azules y el pelo corto y pelirrojo.
3 Llevo gafas. Tengo el pelo corto y castaño.
4 Soy muy baja con el pelo largo, liso y negro.
5 Tengo ojos azules y pecas. Tengo el pelo medianamente largo y castaño.
6 Tengo el pelo gris y llevo barba. Tengo los ojos marrones.
7 Soy muy alta con el pelo ondulado y largo. Tengo los ojos marrones.
8 Soy calvo y tengo un bigote.

b 💬 **Trabaja con tu pareja. Descríbete a ti mismo y a los miembros de tu familia. Describe también a algunos de tus amigos.**

Ejemplo: ¿Cómo es tu madre?
Mi madre es alta y delgada. Tiene el pelo largo y castaño y los ojos azules.

12 🎧 **Carolina and Miguel are talking about their families. Answer the following questions in English.**

1 In what way are both families similar?
2 How well does Carolina get on with her elder sister?
3 Explain Miguel's relationship with his sisters.
4 What does Miguel have to say about his mother?
5 What do they both have to say about their fathers?

Lengua clave

¿Cómo eres?	(no) soy	alto/a
	(no) es	bajo/a
¿Cómo es tu...?		de talla media
		ni alto/a ni bajo/a
¿Cómo es tu pelo?	tengo el pelo	corto
		largo
		rizado
		ondulado
		liso
		rubio
		castaño
		negro
	soy	calvo/a pelirrojo/a
¿De qué color son tus ojos?	tengo los ojos	azules
		marrones
		verdes
		grises
		negros
¿Llevas gafas?	llevo gafas	

Adjectives

Adjectives have to agree with the noun they describe and are generally positioned after rather than before the noun as in English.

Masculine singular	Masculine plural	Feminine singular	Feminine plural
alto	altos	alta	altas
largo	largos	larga	largas
negro	negros	negra	negras

Ejemplo: Mi hermana es alta, tiene el pelo largo y negro.

Adjectives that end in a consonant or with the letter –e only change in the plural form.

Masculine singular	Masculine plural	Feminine singular	Feminine plural
azul	azules	azul	azules
verde	verdes	verde	verdes
gris	grises	gris	grises

Ejemplo: Mi madre tiene el pelo gris y los ojos azules.

Piensa bien en cómo terminan estos adjetivos y completa las frases siguientes.

1 Me llamo Ana. Tengo los ojos azul…
   y soy pelirroj… . Soy alt… .
2 Soy Pepe. Mi pelo es cort… y negr…
   y mis ojos son marron… .
3 Mi hermana es baj… y gord… .
   Tiene el pelo larg… y rubi… .
4 Mi mejor amigo se llama Jaime.
   No es ni alt… ni baj… . Tiene el pelo
   castañ… y los ojos gris… .
5 Soy hija únic… . Tengo el pelo cort…
   y los ojos marron… .
6 Mi amiga Belén no es ni alt… ni baj… .
   Es una persona muy simpátic… .
7 Me llevo bien con mi tía Rosa porque
   es muy sincer… .
8 Tengo un gato grand… con pelo negr… .
   Desafortunadamente mi hermano
   es alérgic… al pelo de los gatos.
9 Mis padres están divorciad…, pero
   son supersimpátic… y me llevo bien
   con ellos.
10 Mi familia es bastante pequeñ… .

13 🎧 ✏️ **Escucha lo que dicen. Copia y completa la tabla con los detalles que faltan.**

Nombre	Talla	Ojos	Pelo	Otros
Ejemplo: Ana	baja	azules	negro largo	16 años española
Sandra				
Enrique				
Catalina				
José				
Sara				

14a 📖 **¿Cómo eres? Mira las imágenes. Emparéjalas con las palabras del recuadro.**

Ejemplo: **a** — deportivo

antipático   simpático   deportivo   inteligente
trabajador   un poco loco   amable   tonto
perezoso   divertido   tímido   aburrido

b **¿Qué dicen estos jóvenes de sus amigos?
Copia y completa la tabla con los detalles que faltan.**

Nombre	Carácter
Ejemplo: Marco	*simpático y divertido*
Yésica	
Juan	
Marta	
Paco	
Susi	

15 📖 **Lee lo siguiente.**

¿Eres como tu nombre?

En los países hispanohablantes la mayoría de la
gente tiene uno o dos nombres y dos apellidos.
El primer apellido es en general el primer apellido
de la familia del padre, mientras el segundo es el
primer apellido de la madre. Las chicas normalmente
no cambian sus apellidos al casarse. Por ejemplo,
si Juan López García se casa con María Arollo Cruz,
los dos mantendrán sus apellidos. Entonces digamos
que tienen un hijo llamado Felipe, su nombre
completo sería Felipe López Arollo. Los nombres
de pila* son a menudo gracias a algún santo,
aunque también pueden ser de planetas o estaciones.
Si buscas los orígenes de los apellidos en tu familia,
es muy probable que tenga relación con el lugar
donde vivía o con la profesión que tenía la mayoría.
¿Pero sabías que hay conexiones entre nombres
españoles y la personalidad? ¡Además pasa con
los colores! Mira esto:

Nombre	Carácter		Color	Carácter
Ana	simpático		azul	valiente
Jorge	generoso		verde	animado
Dolores	triste		negro	obediente
Pilar	honesto		marrón	sencillo
Santi	hablador		rojo	romántico
Begoña	cariñoso		amarillo	extrovertido
Rosario	ambicioso		blanco	tranquilo
Antonio	inteligente		gris	tímido
Felipe	paciente		naranja	deportivo

*first name

a 📖 **¿Verdad o mentira? Indica si las
frases son verdaderas (V) o falsas (F).**

1 Todos los españoles tienen cuatro nombres.
2 Los apellidos españoles vienen de los dos padres.
3 Las mujeres cambian sus apellidos cuando
se casan.
4 La mayoría de los nombres son nombres
de planetas.
5 Los apellidos a menudo tienen que ver con
un trabajo.

b ✏️ **¡A adivinar! Trabaja con tu pareja.
¿Cuántos adjetivos conoces? Haz una lista.
Usa un diccionario para ayudarte.**

16 💬 **Trabaja con tu pareja. Haz preguntas
sobre los diferentes miembros de su familia.
¡No te olvides de contestarlas!**

Ejemplo:
A: ¿Cómo se llama tu hermano menor?
B: Mi hermano menor se llama Tomás.
A: ¿Cuántos años tiene?
B: Tiene doce años.
A: ¿Cuándo es su cumpleaños?
B: Su cumpleaños es el once de enero.
A: ¿Cómo es?
*B: Es alto y delgado. Tiene el pelo corto y negro
y los ojos azules.*
A: ¿Cómo es su carácter?
B: Es muy travieso, pero también es cariñoso.

2 ¿Cómo es tu casa?

1a 🎧 📖 **Escucha y lee las descripciones para cada persona que habla. Apunta las letras que corresponden.**

Ejemplo: **1** *Begoña — h, i*

1

¡Hola! Vivimos en un apartamento en la tercera planta, cerca del centro de la ciudad. Tenemos un balcón amplio detrás que da a unos jardines de la comunidad. Es muy agradable. ¡Hasta pronto!

Begoña

2

¿Qué tal? Nuestra casa nueva es fantástica! Tiene tres dormitorios grandes y ¡cada uno tiene su propio cuarto de baño! Hago mis deberes en el despacho.

Saludos de Juan.

3

¡Hola! Aquí Carlos.

Vivimos bastante cerca del mar que está muy bien, excepto que en verano hay demasiados turistas. Nuestra cocina es pequeña pero normalmente comemos afuera en el patio. Lo único que no me gusta es que no tenga mi propio dormitorio.

Abrazos

4

Siempre he vivido en una granja. Está en un pequeño pueblo donde no hay nada que hacer. La ciudad más cercana está a una hora en coche — cosa que no me gusta en absoluto. Sin embargo, tenemos mucho espacio. Arriba hay cuatro dormitorios y un cuarto de baño y abajo hay salón, comedor y al lado de la cocina una ducha y un retrete. Escríbeme para contarme cómo es tu casa.

Federico

b 🎧 📖 **¿Qué dicen? Escribe el nombre de la persona correcta.**

Ejemplo: **1** *— Juan*

1 Vive en una casa.
2 Vive en un piso.
3 Nació donde vive.
4 Vive en la costa.
5 Comparte su dormitorio.
6 Vive en un sitio tranquilo.
7 No tiene jardín.
8 Vive en el campo.
9 Acaba de mudarse.

¡Mola!

Cultura

Look at this address:
C/ Sepúlveda 28 1º B, 28045 Madrid.

C stands for *Calle* (road or street) and the number is always put after the street in Spain. B stands for the flat and the 1º indicates which floor it is on.

Most Spanish people live in flats or apartments — certainly in the cities. The postcode indicates in which part of the city the address is located, the same as in the UK. So, the above address shows that the property is a first floor flat (flat B), which is at number 28 Sepulveda Street in Madrid.

2a 🎧 **Escucha lo que dicen. Copia y rellena la tabla con los detalles que faltan.**

	Ejemplo	1	2
Domicilio	casa		
Habitaciones	5		
Arriba	2 dormitorios y baño		
Abajo	cocina/salon-comedor/aseo		
Afuera	nada		
Otros detalles	pequeño comparto con hermana		

b 💬 **Trabaja con tu pareja. Usa los apuntes de la actividad anterior. Haz preguntas y contéstalas.**

1 ¿Vives en una casa o en un piso?
2 ¿Cuántas habitaciones tiene?
3 ¿Qué hay arriba/abajo/afuera?

c 🏠 **Usa esta tabla para ayudarte a escribir una descripción de tu casa. Intenta usar adjetivos y conectores para hacerla más interesante.**

Ejemplo: Vivo en una casa grande en las afueras de Santander, cerca de la costa. Arriba tenemos cuatro dormitorios y un baño. Abajo hay salón, comedor y cocina. Afuera hay un jardín pequeño. También tenemos garaje.

Gramática

How long?

To say you how long you have been doing something, use *desde hace* + a verb in the present tense.

Example: I've been living in my house for 2 years.
***Vivo** en mi casa desde hace dos años.*

Write out the following sentences in Spanish.

1 I've been learning Spanish for 3 years. (*aprender*)
2 We've lived in Spain for 2 years. (*vivir*)
3 He's been doing his homework for 2 hours. (*hacer*)
4 I've been working in the hotel for 6 months. (*trabajar*)
5 She's been buying his CDs for 10 years now. (*comprar*)

vivo en	un piso un apartamento una casa una granja un chalet	grande pequeño/a	en el centro de en las afueras de cerca de en la primera/segunda planta de en el campo en la costa
arriba/abajo hay	... dormitorios un cuarto de baño un aseo una ducha un salón un comedor una cocina un despacho		
afuera hay	balcón patio terraza jardín garaje		

3a **What do Carla and Rafael say about their dream home? Answer the questions in English.**

1 Where would Carla like to live?
2 Why?
3 How does she describe her dream home?
4 Where would Rafael like to live?
5 Why?
6 Describe Rafael's dream home.

b **Describe tu casa ideal.**

Ejemplo: Mi casa ideal es una casa grande...

4 **Read Javier's letter. Answer the questions in English.**

Bilbao, 8 de enero

Querido amigo,

¿Qué tal? Como ya sabes, acabamos de mudarnos de casa. Antes vivía en el campo cerca de San Sebastián, pero desde el mes pasado, vivimos en un piso en el centro de la ciudad de Bilbao. El piso no es grande, así que tengo que compartir mi habitación con mi hermano menor. Éste me molesta mucho, sobre todo por la tarde cuando él quiere jugar con el ordenador mientras yo estoy estudiando. Sin embargo el piso es práctico y a sólo diez minutos andando del instituto y del polideportivo.

Estamos en la tercera planta de un bloque moderno. Hay una entrada pequeña y a la izquierda una cocina. El salón-comedor es enorme. Está a la derecha, enfrente del cuarto de baño. Al final del pasillo hay tres dormitorios. También hay un balcón que da al jardín y es muy tranquilo. No tenemos animales. Las autoridades no los permiten. Además a mi padre le irritan mucho el ruido y el olor. ¿Y tú? ¿Cómo es donde vives? ¿Vives en una casa o en un piso?

Un saludo,

Javier

1 How long has Javier been living in Bilbao?
2 How does he feel about sharing a room with his brother?
3 What exactly is the reason?
4 Does Javier like his new home and how do you know? Mention four things he says.
5 Why doesn't Javier have any pets at home? Give two reasons.

¡Mola!

5 📖 **Mira la imagen. Indica si las frases son verdaderas (V) o falsas (F).**

Ejemplo: En mi dormitorio hay dos camas — V

1 Hay una lámpara en la cama.
2 La estantería está encima de la mesa.
3 El armario está al lado de la puerta.
4 Hay una mesilla entre las camas.
5 Nuestra habitación está muy ordenada.
6 Hay una silla delante de la mesa.
7 En las paredes hay muchos pósters.

6 🎧 **Añade los cuartos usando palabras del recuadro, según la descripción.**

Ejemplo: 8 — la entrada

el jardín
la entrada   el garaje   el comedor   la cocina   el pasillo
el despacho   mi dormitorio   el salón   el dormitorio de mis padres
el dormitorio de mi hermana   el cuarto de baño   la terraza   el aseo

Gramática

Using prepositions

Learn the following prepositions:

entre	between
sobre	on top of/above
encima de	on
detrás de	behind
delante de	in front of
a la derecha de	to the right of
al lado de	beside/next to
debajo de	under
enfrente de	opposite
contra	against
cerca de	near
a la izquierda de	to the left of

Some of these prepositions are followed by *de*. Remember that *de* + *el* = *del*

Example: La cama está al lado del armario.
The bed is beside the wardrobe.

Las tareas de casa

7a 🔍 Busca estas palabras en el diccionario. ¿En qué habitación se encuentran? Copia y completa la tabla.

- el lavaplatos
- la cama
- el sofá
- la bañera
- la mesa
- el retrete
- el televisor
- la silla
- el armario
- la nevera
- el horno
- la estantería
- el sillón
- la lavadora
- la cómoda
- el aparador
- el congelador
- el fregadero

Habitación	
la sala de estar	*el sofá, el televisor...*
el comedor	
la cocina	
el cuarto de baño	
el dormitorio	

b 💬 Trabaja con tu pareja. Describe y compara los cuartos en tu casa.

Ejemplo:

A: Vivo en una casa grande y moderna.

B: Yo también vivo en una casa pero no es grande.

A: En mi dormitorio hay dos camas.

B: En mi dormitorio solo hay una cama.

A: El salón está al lado del comedor.

B: El salón de mi casa no está al lado del comedor. Está enfrente del comedor.

8 💬 Prepara una breve presentación sobre tu casa.

Usa estos apuntes para ayudarte:
- Dónde vives.
- Con quién vives.
- Cuánto tiempo llevas viviendo allí.
- Qué habitaciones hay en la casa.
- Dónde están las habitaciones.
- Cómo es tu dormitorio.

9a 🎧📖 Escucha y empareja las imágenes con el texto.

Ejemplo: **1 — c**

1. Friego los platos.
2. Pongo la mesa.
3. Paseo con el perro.
4. Lavo el coche.
5. Cocino un poco.
6. Hago mi cama.
7. Saco la basura.
8. Arreglo mi dormitorio.
9. Hago la compra.
10. Hago un poco de bricolaje.
11. Paso la aspiradora.
12. Plancho la ropa.
13. Hago de canguro.
14. Vacío el lavavajillas.

b 💬 Trabaja con tu pareja. Averigua lo que hace y lo que no hace para ayudar en casa.

¡Mola!

10 🎧 **La familia de Maite tiene un hotel. ¿Qué dice de las tareas de casa? Copia y completa la tabla con los detalles que faltan.**

Persona	Actividad 1	Frecuencia	Actividad 2	Frecuencia
Ejemplo: padre	*basura*	*cada mañana*	*bricolaje*	*de vez en cuando*
madre				
Juan (hermano)				
Maite				

11a 📖 💬 **Trabaja con tu pareja. Lee lo que dicen estos jóvenes ¿Estás de acuerdo con ellos? ¿Por qué (no)?**

Ejemplo: *Estoy de acuerdo con Maribel. Su hermano debería ayudar.*

No sé porque Ramón no está contento. Tiene que arreglar su dormitorio, pero le gusta tener las cosas en su sitio.

Tengo que arreglar mi dormitorio cada día. Me gusta tener las cosas en su sitio. Pero mi hermana menor deja sus cosas por todas partes y mis padres no dicen nada. No sé por qué. No estoy nada contento.

Ramón

Mis padres pagan a mi hermana por hacer tareas domésticas mientras que yo ayudo siempre sin cobrar. Hago mi cama y todo. No me dan nada y no estoy contento.

Alberto

Mi hermana y yo tenemos que quitar la mesa y fregar los platos después de cada comida. No creo que sea justo porque mi hermano no hace nada. Sale del salón después de comer y se sienta enfrente del ordenador.

Maribel

b ✍️ **Escribe sobre lo que pasa en tu casa.**

Los sábados por la tarde mi padre y mi hermano mayor van al estadio de fútbol. Mi madre y yo tenemos que hacer las compras y limpiar la casa. No me gusta ayudar y estoy harta.

Carla

¡Ojo!

Asking questions

For people you know well, use the second person singular (*tú/tu*):

¿Qué hace tu padre?
¿Qué quieres ser?

Also, use a variety of questions and phrases such as:
¿Quién?; ¿Cuándo?; ¿Cómo? etc.,
el lunes; por la tarde/mañana;
siempre/nunca/a menudo.

How many questions and answers can you make?

Example: *¿Ayudas en casa?*
Sí, ayudo. Lavo los platos y hago mi cama. ¿Y tú?
Siempre lavo los platos pero nunca hago mi cama.

Lengua clave

Los adverbios siguientes te ayudarán a hacer tus respuestas más interesantes:

siempre	always
a menudo	often
mucho	a lot
muy poco	very little
nunca	never
a veces	sometimes
cada día/todos los días	each/every day
por la mañana/tarde	in the morning/afternoon
los fines de semana	at the weekends
el lunes	on Mondays

El dinero

12a Mira las imágenes. Escucha lo que dicen los jóvenes. ¿En qué gastan su dinero?

Ejemplo: **1 — c**

Cultura

1 ¿Qué países europeos tienen el euro (hay 12)? Entérate y haz una lista. Usa un diccionario para ayudarte con los países.

2 ¿Sabes cómo se llama el dinero que usan? Empareja el país con el dinero.

Inglaterra	bolívar
Chile	peso
India	rand
Venezuela	libra
Brasil	yen
Australia	rupee
China	real
Japón	dólar
África del Sur	yuan

b ¿Cuánto dinero reciben? Lee el texto y completa la tabla con los detalles que faltan.

Según una encuesta hecha recientemente parece ser que no todos los jóvenes están contentos con la cantidad de dinero que reciben. Preguntamos a nuestros lectores. Debajo hay una selección de sus respuestas. ¿Qué piensas tú? Mándanos tus opiniones.

A mí me dan 80€ al mes. Si necesito más para algo como salir con mis amigos o para comprar un regalo especial, le ayudo a mi padre en su empresa para ganar un poco de dinero extra. Eso me parece muy bien. Muchos de mis amigos trabajan cada fin de semana pero no quiero hacer eso porque tengo que estudiar también.

Conchita (16 años)

Mis padres no me dan nada de dinero. Así que tengo que trabajar en un bar los fines de semana, limpiando mesas y fregando. No es justo, pero por lo menos el dinero es mío para gastar como quiera.

Paco (17 años)

Mis padres me dan 8€ cada día y aparte de eso me pagan todo como mi ropa. El problema es que no siempre puedo hacer lo que quiero. Pero no está mal del todo.

Ana (15 años)

Recibo unos 20€ cada semana. Eso es mucho menos que mis amigos.

Eduardo (14 años)

Mis padres me dan 25€ los sábados. No está mal porque trabajo también. Creo que los padres deberían pagar más a sus hijos, pero sólo si hacen cosas en casa para ayudar.

Maite (15 años)

Nombre	Cantidad	Frecuencia	Opinión
Ejemplo: Eduardo	*20€*	*cada semana*	*menos que sus amigos*

c Trabaja con tu pareja. Contesta las preguntas.

1 ¿Te dan dinero tus padres?
2 ¿Cuánto dinero recibes?
3 ¿Cuándo recibes tu dinero?
4 ¿Trabajas para ganar dinero?
5 ¿En qué te gastas tu dinero?
6 ¿Estás contento con el dinero que recibes?
7 ¿Por qué (no)?

¡Ojo!

Mi(s) padre/madre/padres me da(n)......? por día /semana /mes.

Mi(s) padre/madre/padres no me da(n)...... .

Trabajo los fines de semana/el sábado/durante las vacaciones.

Mi(s) padre/madre/padres paga(n) mi ropa

Gasto mi dinero en ....

En mi opinión (no) es suficiente.

La rutina diaria

13a **Según lo que oyes y lees, empareja las imágenes con las frases correctas.**

Ejemplo: **1 — d**

1. Durante la semana siempre me despierto a las siete.
2. Normalmente regreso a casa a las cuatro y media.
3. Después de la cena me relajo enfrente de la televisión.
4. Siempre me ducho por la mañana.
5. Me peino y me lavo los dientes en el cuarto de baño.
6. Tomo la cena a las ocho.
7. A las seis de la tarde hago mis deberes. Tengo mucho que hacer.
8. Me visto.
9. Desayuno cereales y café.
10. Normalmente me acuesto a las diez y media.
11. A las ocho y media salgo de la casa para ir al instituto.
12. Me levanto a las siete y cuarto o así.
13. Antes de acostarme me baño.

b **Trabaja con tu pareja. Haz preguntas como las de abajo y contesta. ¿Puedes añadir unas cuantas más?**

1. ¿A qué hora te despiertas?
2. ¿Te duchas por la mañana?
3. ¿Desayunas?
4. ¿Cuándo regresas a casa por la tarde?
5. ¿Qué haces por la tarde?
6. ¿A qué hora te acuestas?

c **Escucha a Mari Vi. Lee las frases e indica si son verdaderas (V) o falsas (F).**

Ejemplo: **1 — F**

1. *Se levanta a las seis de la mañana.*
2. Le gusta bañarse por las mañanas.
3. No desayuna.
4. Vive bastante cerca de su colegio.
5. El día de colegio es bastante largo.
6. Normalmente se baña antes de cenar.
7. Se acuesta tarde los fines de semana.

d **Escribe un pequeño párrafo para describir tu propia rutina.**

Por la mañana, me despierto...

Gramática

Reflexive verbs

In Spanish, most reflexive verbs are used to describe actions you do to yourself every day or that involve a change of some sort, for example getting up, sitting down or becoming angry. In Spanish, the 'self' word is a reflexive pronoun and appears in front of the verb, except in the infinitive. Here is an example:

levantar**se**	to get (**oneself**) up
me levanto	I get up
te levantas	you get up
se levanta	he/she/it gets up
nos levantamos	we get up
os levantáis	you get up
se levantan	they get up

Can you recognise these common reflexive verbs? If you are unsure, use a dictionary to help you.

acostarse	irse	ponerse
afeitarse	lavarse	quitarse
bañarse	levantarse	secarse
despertarse	llamarse	sentarse
dormirse	limpiarse	vestirse
ducharse	maquillarse	
enfadarse	pasearse	

A lot of the reflexive verbs in the activity above are not reflexive in English (i.e. they don't use the 'self' word), for example *acostarse* is 'to go to bed'. Can you find some others?

3 Mi barrio

- ✔ Talk about my local area
- ✔ Find my way around town
- ✔ Discuss advantages and disadvantages
- ✔ Use *ser*, *estar* and *hay*
- ✔ Use the imperfect tense

1 📖 ¿Qué hay en tu barrio? Pon los dibujos en el orden correcto según la lista a la derecha.

Ejemplo: **1 — f**

1	un banco
2	una discoteca
3	un instituto
4	una biblioteca
5	un teatro
6	un museo
7	correos
8	una tienda
9	una piscina
10	una playa
11	una pista de hielo
12	un castillo
13	un parque
14	un polideportivo
15	un mercado
16	un cine
17	una iglesia

¡Mola!

2 🎧📖 **Escucha y lee lo que dicen estos jóvenes. Indica si cada frase es verdadera (V) o falsa (F).**

Ejemplo: Ana vive en el campo — V

1 Ana vive en un sitio grande.
2 Cree que es entretenido.
3 Enrique se ha mudado mucho.
4 Dice que donde vive es civilizado.
5 Donde vive Luci hay mucho que hacer para los jóvenes.
6 No es muy limpio.
7 Patrick está contento donde vive.
8 Vive en un sitio de vacaciones.
9 Su barrio es muy animado.

¡Hola! Me llamo Ana y vivo en un pequeño pueblo en el campo en el norte de España. Aquí no está mal. Es limpio y no hay mucho tráfico. Lo malo es que no hay mucho que hacer para los jóvenes, así que me aburro bastante.

Ana

Me llamo Enrique. He vivido en varias ciudades pero ahora vivo en una ciudad pequeña y tranquila en el oeste de España. Creo que es mucho más agradable vivir aquí. Hay muchas diversiones como cines y discotecas. Sin embargo, no hay mucho vandalismo o graffiti como en otras ciudades más grandes. Prefiero ésta.

Enrique

¡Hola! Soy Luci. Vivo en una ciudad muy grande e industrial en el centro de España. Llevamos un mes viviendo aquí. Las atracciones son fantásticas y hay mucho para los jóvenes. Lo malo es que también hay muchos problemas. Por ejemplo, es una ciudad bastante ruidosa y con mucha polución y hay mucho tráfico. Además, hay basura por las calles. Cuando era joven vivíamos en un pueblo y lo prefería.

Luci

Yo me llamo Patrick. Soy de Irlanda y me mudé aquí hace ocho años con mis padres. Vivimos en una ciudad pequeña, pero turística en el sur de España. Verdaderamente me encanta aquí. Hay mucho para los jóvenes pero a veces me parece que hay demasiados turistas en el verano.

Patrick

3 🎧 **What do these people say about where they live? Answer the questions in English.**

1 Why doesn't Antonio like his town? Give three reasons.
2 What is there for young people to do in Marisol's town? Give two ideas.
3 What does Yolanda see as the advantages of living in the country? Give three ideas.
4 Why is Carlos concerned about living in an industrial town?
5 What is the biggest advantage of living in Ana's town?

4a 💬 **Habla con tu pareja. Describe tu pueblo.**

Vivo en	Madrid Bilbao Londres Cardiff Bristol	una cuidad un pueblo una aldea	grande pequeño/a	y/e	industrial histórico/a turístico/a importante

Está situado/a en	el norte el sur el este el oeste	de España de Inglaterra de Escocia de Irlanda de Gales

Está cerca de...	
Está a...kilómetros de...	
Hay más o menos...habitantes.	

En...hay Cerca de...hay Para los jóvenes hay	un banco una discoteca un instituto una biblioteca un teatro un museo Correos una tienda una piscina una playa una pista de hielo un castillo un parque un polideportivo un mercado un cine una iglesia

b 💬 **Trabaja con tu pareja. Pregúntale lo siguiente.**

1 ¿Dónde vives?
2 ¿Dónde está tu cuidad/pueblo/aldea?
3 ¿Cómo es tu cuidad/pueblo/aldea?
4 ¿Qué hay en tu cuidad/pueblo/aldea?

c 🖊 **Escribe una descripción del lugar donde vives.**

Vivo en...

Lo bueno y lo malo

5 📖 🏠 **Lee lo que dice esta gente de donde viven. Escoge los adjetivos que mejor describan lo que piensan del recuadro de abajo. Escríbelos en la columna adecuada de la tabla.**

Ejemplo: No hay ruido aquí, pero tampoco hay mucho que hacer.

3 El tiempo es fantástico pero ¡hay tanta basura!

1 Es un pueblo en la costa que está muy concurrido en el verano, pero cuesta mucho vivir.

4 Mi pueblo está en el norte. Hay muchas fábricas, lo que afecta el medio ambiente.

2 Hay mucho que hacer aquí, pero con todos los coches no te puedes entender.

5 Tenemos muchos castillos y museos aquí. Es de verdad pintoresco. Pero prefiero las ciudades grandes.

aburrido	animado	caluroso	caro
contaminado	histórico	industrial	pequeño
ruidoso	sucio	tranquilo	turístico

	Lo bueno	Lo malo
Ejemplo:	tranquilo	aburrido
1		

Gramática

Ser, estar, hay

There are two verbs meaning 'to be': *ser* and *estar*. *Ser* is used when things are permanent and do not change, for example:

*Mi ciudad **es** grande.*   My town is large.

Estar is used for things that might change or to say where something is, for example:

*De momento la ciudad **está** sucia pero…*   At the moment the town is dirty but…

*Barcelona **está** en el noreste de España.*   Barcelona is in the northeast of Spain.

ser	estar
soy	estoy
eres	estás
es	está
somos	estamos
sois	estáis
son	están

To say 'there is' or 'there are', use *hay*. For example:

*En mi pueblo **hay** mucho tráfico.*   In my village there is a lot of traffic.

Completa las frases utilizando la forma correcta de *ser* o *estar*, o *hay*, según convenga.

1 En la capital _____ muchos edificios y monumentos.
2 Normalmente la plaza mayor _____ en el centro de la ciudad.
3 Mi familia y yo _____ de Barcelona.
4 En mi pueblo _____ un polideportivo nuevo.
5 Aquí las casas _____ muy bonitas.
6 Mi barrio _____ en el norte de la región.
7 Aquí _____ una pista de hielo donde puedes patinar.
8 Para ir al centro _____ mejor coger el metro.
9 En el verano _____ fiestas en el pueblo.
10 La primavera _____ una estación agradable.

6 🎧 **Unos jóvenes están hablando de donde viven. ¿Qué piensan? Rellena la tabla con los detalles.**

	Lo bueno	Lo malo
Ejemplo:	bonita	aburrida/nada que hacer
1		

7 🎧📖 **Escucha esta entrevista. Llena los huecos añadiendo las palabras que faltan.**

Entrevistador: Hola Francina, ¿Me puedes contar algo sobre donde vives?
Francina: Vivo en Mallorca — es la isla más _____ de España y está situada en el mar Mediterráneo. Es una de las Islas Baleares.

E: ¿Y cuánto tiempo has vivido allí?
F: Llevo _____ años viviendo allí.

E: ¿Y dónde vivías antes?
F: Antes vivía en Bilbao — una ciudad grande e _____ en el _____ de España.

E: ¿Y dónde exactamente vives en Mallorca?
F: Vivo en Palma, la capital de la isla. También es la capital de las Islas Baleares.

E: ¿Y qué tipo de ciudad es Palma, Francina?
F: Como puedes imaginar, la industria principal es el turismo. De hecho, ¡es casi la única industria!

E: ¿Y cómo es la isla?
F: Es muy bonita con _____, una gran variedad de _____ y por supuesto el clima es _____.

E: ¿Y cómo se llega a Mallorca?
F: Eso es fácil. Hay un _____ grande en Palma y también se puede llegar en _____.

E: ¿Qué es lo bueno de Mallorca?
F: Hay mucho que hacer, incluso en invierno. Hay muchos clubs y restaurantes.

E: ¿Y lo malo?
F: Lo malo es que la isla tiene demasiados turistas. Durante el verano, especialmente en _____ no es fácil encontrar un hotel o alquilar un _____. También es difícil encontrar un sitio donde extender tu toalla en la _____.

8 💬 **Trabaja con tu pareja. Habla de tu ciudad. Usa y adapta las preguntas de arriba.**

Lengua clave

Lo bueno/malo es/son

Lo bueno es/son… — the good thing(s) is/are…
Lo malo es/son… — the bad thing(s) is/are…

These can be used with a noun:
Lo bueno es la playa.
The good thing is the beach.

Lo malo son los turistas.
The bad thing is the tourists.

They can also be used with another verb or *hay* by adding '*es que*':
Lo bueno es que está cerca de las tiendas.
The good thing is it's near the shops.

Lo bueno es que hay mucho que hacer.
The good thing is there's a lot to do.

Lo malo es que son caros.
The bad thing is they're expensive.

Lo malo es que no hay aparcamiento.
The bad thing is there isn't anywhere to park.

9a **Escucha y pon los dibujos en el orden correcto. Indica la dirección con una de las señales.**

Siga todo recto Tuerza a la izquierda

Tuerza a la derecha

Ejemplo: *¿Por dónde se va a la estación, por favor?*
Sigue todo recto — a ⬆

la estación de trenes   la piscina

el mercado   el centro comercial

el ayuntamiento   el teatro

el hospital   la parada de autobús

el puerto   la plaza mayor

el aparcamiento   la oficina de turismo

b 💬 **Habla con tu pareja.**
Haz preguntas y contéstalas.

¿Dónde está	el puerto? la iglesia?
¿Por dónde se va	al puerto? a la iglesia?
¿Está lejos/cerca?	

¡Atención! — a + el = al

¡Ojo!

Many shops in Spanish come from the name of the product they principally sell. While the addition of some other letters beforehand varies, generally the shop will end in *–ía*.

Mira estos sustantivos y conviértelos en tiendas. Usa un diccionario para ayudarte.

	Cosa	Tienda
	pan	*panadería*
	fruta	
	carne	
	pastel	
	flor	
	pescado	
	libro	
	zapato	
	papel	
	café	

Another way to make the name of a shop is to use the following: *tienda de…*

Mira estos sustantivos y conviértelos en tiendas. Usa un diccionario para ayudarte.

	Cosa	Tienda
	ropa	*tienda de ropa*
	discos	
	deportes	
	disfraces	
	caramelos	
	bricolaje	
	videojuegos	

¡Atención! — a book shop is **una librería** and a library is **una biblioteca**.

¡Mola!

10a 📖 **¿Sabes orientarte por el laberinto?**
Mira el plano. Lee las indicaciones.
Para cada persona indica su destino.

Ejemplo: **1** *e — tienda de discos*

Key:	**d** supermercado	**h** carnicería
a zapatería	**e** tienda de discos	**i** panadería
b pastelería	**f** papelería	**j** cine
c frutería	**g** tienda de ropa	**k** cafetería

Dentro del centro comercial

1 Cuando entres, tuerce en el primer pasillo a la izquierda. Sigue por él y coge el primero a la derecha. En la segunda esquina a la derecha verás la carnicería. Coge ese pasillo y es la tienda que hace esquina a la izquierda.

2 Sigue por este pasillo, gira a la derecha y a continuación a la izquierda. En este pasillo, al fondo está la tienda, en la esquina opuesta a la tienda de discos y enfrente de la tienda de ropa.

3 Si coges el primer pasillo a la derecha, sigues por él hasta que puedas girar a la izquierda. Una vez en ese pasillo tuerces la segunda esquina a la izquierda y en esa calle, en el lado izquierdo justo antes de la zapatería que hay en la esquina, tienes la tienda que buscas.

4 Es muy fácil. Tuerces ahí la primera a la izquierda, al fondo verás una cafetería en la esquina de la izquierda, en la de la derecha está lo que buscas, pero la entrada es por la otra calle, frente al supermercado.

5 Tuerces la primera a la izquierda, sigues hasta la segunda a la izquierda y en ese pasillo, a la derecha pasas la panadería y a ese mismo lado, justo antes de la salida, ahí tienes.

b 💬 **Trabaja con tu pareja.**
Practica orientándote alrededor del centro comercial.

Cuando era pequeño

11 🎧📖 **¿Quién habla?**
Escribe el nombre que corresponda con cada imágen.

Ejemplo: **a — Paco**

Cuando era joven vivía en el campo. Era precioso, muy tranquilo y bonito. Vivía con mis padres en una casa grande. Ahora vivimos en un piso pequeño en el centro de la ciudad.

Ana

Me encantaba jugar con mi hermana en el parque del barrio, pero ahora siendo mayor prefiero salir con mis amigos.

Isabel

Antes esta ciudad era una de las más importantes e industriales. Había mucho trabajo y era muy animada. Pero ahora se han cerrado muchas de las fábricas y hay mucho desempleo.

Paco

Siempre viajaba en coche o en autobús, pero ya no. Intento ir a todos los sitios a pie o en bicicleta. Pienso en el medio ambiente.

Iñes

Solíamos comprar en las tiendas del barrio pero hoy en día todo el mundo va al supermercado porque es mucho más cómodo y barato.

Federico

Gramática

The imperfect tense

To describe what used to happen, what was happening or what happened habitually/frequently at some time in the past, we use the imperfect tense. Some examples of imperfect tenses have been highlighted in the texts in Exercise 11.

To form the imperfect tense look at the box below.

-ar verbs	-er/-ir verbs
trabajaba	vivía
trabajabas	vivías
trabajaba	vivía
trabajábamos	vivíamos
trabajabais	vivíais
trabajaban	vivían

There are three irregular verbs in the imperfect tense

ser	ir	ver
era	iba	veía
eras	ibas	veías
era	iba	veía
éramos	íbamos	veíamos
erais	ibais	veíais
eran	iban	veían

The verb *soler* can also be used with the infinitive to replace the imperfect tense:

Solía ir a clase de baile todos los días.
I used to go to a dance class every day.

Copia y completa las frases.

1 Cuando (*ser*) joven mi familia y yo (*vivir*) en la costa.
2 (*ir*) al colegio a pie con mi hermano.
3 Antes mi madre (*ser*) profesora.
4 ¡Mis amigos (*ser*) todos españoles!
5 Mi padre (*trabajar*) en una fábrica.

¡Mola!

12 🎧 Escucha a esta gente hablando de su juventud. ¿Qué hacían y con qué frecuencia? Rellena la tabla.

Actividad	Cuando
Ejemplo: deberes	*antes de salir con amigos*
1	

13 👤 Habla con tus padres y con otra gente para acordarte de lo que hacías antes. Escribe un pequeño párrafo sobre ello. Indica con qué frecuencia hacías las cosas.

14a 📖👤 Lee el texto sobre Guatemala. Copia las frases en negrita y encuentra sus significados entre las frases en inglés en la lista.

- it is worth a visit
- it is a unique product of indigenous customs
- everything is beginning to change now
- it is the third biggest nation in Central America
- half the population
- they don't have drinking water
- there is a great variety...
- there is a big difference between...
- they tend to wear traditional clothes
- they say that...

Ejemplo: *es la tercera nación más grande de Centroamérica.* it is the third biggest nation in Central America.

b Answer the questions in English.

1 Name two physical features of Guatemala.
2 Who are the '*ladinos*'?
3 What is the main influence in the capital?
4 How do rural families generally earn a living?
5 How are parents described?
6 Why are they described in this way?
7 How are elderly people treated?
8 How does the city compare to rural parts?

Guatemala

Guatemala, una república de Centroamérica, es una tierra escabrosa de montañas y volcanes, lagos preciosos y fauna fértil. **Es la tercera nación más grande de Centroamérica**. Es muy bonita y desde luego **vale la pena visitarla**.

La cultura de Guatemala **es producto único de las costumbres indígenas** de los indios americanos y de la España colonial. **La mitad del pueblo** es mestiza (son conocidos en Guatemala como *ladinos*), lo que quiere decir que son una mezcla de sangre europea e indígena. Mucha gente guatemalteca todavía habla un idioma de los mayas.

Hay una gran variedad de modos de vivir en Guatemala. En la capital, por ejemplo, la cultura y la moda europea dominan. Cine, música, cultura y moda — incluso la comida rápida — han dejado su marca, lo cual ha hecho disminuir hasta cierto punto las costumbres tradicionales hispánicas.

Fuera de la capital — en el campo — siguen todavía las maneras antiguas. En los pueblos, por ejemplo, **tienden a llevar ropa tradicional** de colores vivos y destacados. La familia típica lleva una vida dura y trabajadora. Los hombres normalmente trabajan en el campo mientras las mujeres cuidan a los niños y tejen telas bonitas con imágenes únicas en cada comunidad.

Para la gente guatemalteca la familia es muy importante. **Dicen que** los padres son *espejos* y que a través de ellos aprendes quién eres y en qué te vas a convertir. Los niños reciben de sus padres consejos y ayuda a lo largo la vida.

Los miembros de las familias tienden a vivir el uno cerca del otro, y una familia típica consta de padres, hijos solteros y casados, y todos sus respectivos niños. La familia cuida bien a los mayores, y los padrinos son muy importantes en la vida de los pequeños. Sin embargo, **todo empieza a cambiar ahora** con la adopción de valores occidentales.

Tal diversidad hace que el país sea fascinante. Pero esa diversidad no es siempre positiva. En Guatemala **hay una diferencia enorme entre** los ricos y los pobres. Mientras la capital, que también se llama Guatemala, tiene edificios modernos, paseos arboleados y todos los servicios civilizados, hay muchas ciudades donde todavía hay pobreza y que **no tienen agua potable** a su alcance ni suficiente comida para sus habitantes.

Vocabulario

1 Mi familia y yo (páginas 2–9)

Yo	**Me**
¿Cómo te llamas?	What is your name?
¿Cuántos años tienes?	How old are you?
¿Cuál es tu nacionalidad?	What nationality are you?
Me llamo Ana/Martín.	My name is Ana/Martín.
Soy…	I am…
…alto/a.	…tall.
…guapo/a.	…good-looking.
…bajo/a.	…short.
…delgado/a.	…slim.
…gordo/a.	…fat.
…irlandés(esa)/inglés(esa).	…Irish/English.
…rubio/a.	…fair.
…moreno/a.	…dark.
Tengo…	I have…
…los ojos azules.	…blue eyes.
…el pelo rubio/castaño.	…fair/brown hair.
Tengo quince/dieciséis años.	I am 15/16 years old.
Llevo gafas.	I wear glasses.
Mi cumpleaños es…	My birthday is…
Me encanta…	I love…
…el deporte.	…sport.
…la música.	…music.
…leer.	…reading.
…cantar.	…singing.
No me gusta…	I don't like…
…nadar.	…swimming.
…hacer las tareas de casa.	…doing housework.
…ir de compras.	…going shopping.
Soy…	I'm…
…hijo/a único/a…	…an only child.
…el/la más joven de la familia.	…the youngest in the family.
…mayor/menor que mi hermana.	…older/younger than my sister.
Soy de Alicante.	I come from Alicante.

Donde vivo	**Where I live**
Vivo…	I live…
…en una casa grande.	…in a big house.
…en un pequeño piso/apartamento.	…in a small flat/apartment.
…en un barrio de una gran ciudad.	…in a neighbourhood in a big city.
…con mi padre.	…with my father.
…en las afueras del pueblo.	…on the outskirts of the town.
…en el centro de la ciudad	…in the centre of the town.
…cerca del colegio.	…near the school.
Mis padres y yo vivimos en Londres.	My parents and I live in London.
Vivimos en Escocia/Gales.	We live in Scotland/Wales.

¡Mola!

Mi familia

¿Cuántas personas hay en tu familia?

¿Cuántos hermanos tienes?

Somos cinco: mi madre, mi padre, mi hermana mayor, mi hermano menor y yo.

Juan y yo somos gemelos.

No tengo hermanos.

Mi madre no vive con nosotros.

Mis padres están separados/divorciados.

¿Cómo es tu hermano?

Mi hermano es bajo. Tiene los ojos azules y el pelo negro.

¿Cómo es tu madre?

Mi madre es delgada y tiene el pelo largo y rubio.

¿Te pareces a tu madre?

Me parezco a mi padre.

Me llevo bien/mal con mi…
  …hermana menor.
  …abuelo.

My family

How many people are there in your family?

How many brothers and sisters have you got?

There are five of us: my mother, my father, my older sister, my younger brother and me.

Juan and I are twins.

I haven't got any brothers or sisters.

My mother doesn't live with us.

My parents are separated/divorced.

What is your brother like?

My brother is short. He's got blue eyes and black hair.

What is your mother like?

My mother is slim and she has long, blond hair.

Do you look like your mother?

I look like my father.

I get on well/badly with my…
  …younger sister.
  …grandpa.

¿Qué hacen tus padres?

Mi padre es…
  …contable.
  …cartero.
  …panadero.

Mi madre es…
  …abogada.
  …profesora.
  …dependienta.

Mi padre trabaja en una oficina.

Mi padre no tiene empleo.

Mi madre viaja mucho.

Mis padres tienen una empresa.

What do your parents do?

My father is…
  …an accountant.
  …a postman.
  …a baker.

My mother is…
  …a lawyer.
  …a teacher.
  …a shop-assistant.

My father works in an office.

My father hasn't got a job.

My mother travels a lot.

My parents have a business.

Mis amigos

¿Cómo es tu mejor amigo?

¿Cómo es su pelo?

¿De qué color son sus ojos?

¿Lleva gafas?

Luis es bajo y gordo.

Clara tiene ojos verdes.

¿Cómo es su carácter?

Juan es honesto y relajado.

Belén es habladora y cariñosa.

My friends

What is your best friend like?

What is his/her hair like?

What colour are his/her eyes?

Does he/she wear glasses?

Luis is short and fat.

Clara has got green eyes.

What is she like?

Juan is honest and relaxed.

Belén is talkative and affectionate.

Vocabulario

2 ¿Cómo es tu casa? (páginas 10–17)

¿Dónde vives?	**Where do you live?**
¿Vives en una casa o en un piso?	Do you live in a house or a flat?
¿Cómo es tu casa?	What is your house like?
¿Cómo es donde vives?	What is it like where you live?
¿Cuánto tiempo lleva tu familia viviendo allí?	How long has your family lived there?
Vivimos en…	We live…
…una casa en el campo.	…in a house in the country.
…las afueras de la ciudad.	…on the outskirts of the town.
Mi casa tiene jardín y un garaje para dos coches.	My house has got a garden and a double garage.
Vivimos en un sitio tranquilo.	We live in a quiet place.
Llevamos diez años viviendo allí.	We have lived there for 10 years.
Quiero mudarme de casa.	I want to move house.

La casa de mis sueños	**My dream house**
¿Cómo es la casa de sus sueños?	What is your dream house like?
¿Dónde te gustaría vivir?	Where would you like to live?
La casa de mis sueños…	My dream house…
…tiene una piscina.	…has got a swimming pool.
…está en las montañas.	…is in the mountains.
…está en el sur de España.	…is in the south of Spain.
Me encantaría vivir…	I would love to live…
…en la costa.	…on the coast.
…en una casa con vistas al mar.	…in a house with sea views.

Dentro de la casa	**Inside the house**
¿Cuántas habitaciones/dormitorios tiene tu casa/piso?	How many rooms/bedrooms has your house/flat got?
¿Qué habitaciones hay en la casa?	What rooms are there in the house?
¿Cómo es…	What is…
…tu dormitorio?	…your bedroom like?
…el jardín?	…the garden like?
…la cocina?	…the kitchen like?
¿Dónde está…	Where is…
…la cocina?	…the kitchen?
…el comedor?	…the dining room?
…el salón?	…the living room?
Mi casa/piso tiene…	My house/flat has…
…seis habitaciones.	…six rooms.
…tres dormitories.	…three bedrooms.
…un garaje.	…a garage.
Hay una cocina, una sala de estar, un comedor, dos dormitorios y un cuarto de baño.	There is a kitchen, a living room, a dining room, two bedrooms and a bathroom.
La cocina está al lado del comedor.	The kitchen is next to the dining room.
Mi dormitorio es agradable y amplio.	My bedroom is pleasant and roomy.
Tengo muchos pósteres en las paredes.	I've got a lot of posters on the walls.

¡Mola!

Las tareas de casa

¿Cómo ayudas en casa?

¿Qué tareas de casa haces?

¿Tu hermano/hermana ayuda también?

A veces…

    …friego los platos.

    …lavo el coche.

Siempre…

    …hago mi cama.

    …arreglo mi dormitorio.

    …paseo el perro.

Mi hermano nunca…

    …hace su cama.

    …saca la basura.

Tengo que limpiar la casa con mi madre/
mi hermana/my brother.

Me gusta ayudar en casa.

Household tasks

How do you help in the house?

What household tasks do you do?

Does your brother/sister help too?

Sometimes…

    …I wash up.

    …I wash the car.

I always…

    …make my bed.

    …tidy my bedroom.

    …walk the dog.

My brother never…

    …makes his bed.

    …takes out the rubbish.

I have to clean the house with my mother/
my sister/my brother.

I like helping in the house.

El dinero

¿Cuánto dinero recibes?

¿Cuándo recibes tu dinero?

¿Trabajas para ganar dinero?

¿En qué te gastas tu dinero?

Recibo (x) euros el viernes.

Tengo que trabajar los fines de semana porque
mis padres no me dan nada.

Gasto todo mi dinero en videojuegos.

No estoy contento con lo que recibo.

Money

How much money do you get?

When do you receive your money?

Do you work to earn money?

What do you spend your money on?

I get (x) euros on Fridays.

I have to work at weekends because my parents
don't give me anything.

I spend all my money on video games.

I'm not happy with what I get.

La rutina diaria

¿A qué hora te levantas?

¿A qué hora te acuestas?

¿Cuándo sales para el cole?

¿Te bañas por la mañana?

¿Cuándo regresas a casa por la tarde?

¿Qué haces por la tarde?

¿Qué haces/sueles hacer los domingos?

Me levanto a las 9.15.

Me ducho por la mañana, a eso de las 7.30.

Normalmente salgo de casa a las 8.30.

Mi hermano y yo regresamos a casa a las 4.00 de la tarde.

Por la tarde…

    …veo la televisión.

    …hago mis deberes.

Me acuesto a medianoche los fines de semana.

Los domingos solemos ir…

    …a la iglesia.

    …al centro comercial.

Daily routine

What time do you get up?

What time do you go to bed?

When do you leave for school?

Do you have a bath in the morning?

When do you return home in the afternoon?

What do you do in the evening?

What do you do/usually do on Sundays?

I get up at 9.15.

I have a shower in the morning, at about 7.30.

I normally leave home at 8.30.

My brother and I get back home at 4 p.m.

In the evening…

    …I watch television.

    …I do my homework.

I go to bed at midnight at weekends.

On Sundays we usually go…

    …to church.

    …to the shopping centre.

El Centro Comercial

Vocabulario

3 Mi barrio (páginas 18–25)

Mi pueblo	**My town**
¿Cómo es tu cuidad/pueblo?	What is your town like?
¿Dónde está tu cuidad/pueblo?	Where is your town?
¿Qué hay en tu cuidad/pueblo?	What is there in your town?
Mi ciudad es…	My town is…
…grande.	…big.
…pequeña.	…small.
…industrial.	…industrial.
…histórica.	…historical.
En mi cuidad hay…	In my town there is…
…un castillo.	…a castle.
…una catedral.	…a cathedral.
…un museo.	…a museum.

Es una ciudad…	
…pintoresca.	It's a picturesque town.
…industrial.	It's an industrial town.
…muy vieja.	It's a very old town.
…moderna.	It's a modern town.
Mi pueblo está…	My town is…
…cerca de Londres.	…near London.
…lejos de Londres.	…a long way from London.
Mi pueblo está a 30 kilómetros de Madrid.	My town is 30 kilometres from Madrid.
Está situado…	It's situated…
…en el norte/sur/este/oeste.	…in the north/south/east/west.
…cerca del mar.	…near the sea.
Está en una…	It's in a…
…región rural.	…rural area.
…región montañosa.	…mountainous area.
…región turística.	…tourist area.
Hay…	There are…
…calles estrechas.	…narrow streets.
…dos piscinas.	…two swimming pools.
…fuentes hermosas.	…beautiful fountains.
Tiene…	It has…
…aproximadamente 10.000 habitantes.	…about 10,000 inhabitants.
…un casco viejo.	…an old quarter.
…un ayuntamiento nuevo.	…a new town-hall.
Tenemos…	We have…
…edificios del siglo XVI.	…sixteenth-century buildings.
…visitas guiadas	…guided tours.
…una plaza de toros	…a bullring.

¡Mola!

Mi barrio

¿Cómo es tu barrio?

¿Qué hay en tu barrio?

¿Y cuánto tiempo has vivido allí?

Mi barrio es…
  …tranquilo.
  …sucio.
  …animado.
  …ruidoso.
  …agradable.

No hay mucho que hacer.

Lo bueno es…
  …el polideportivo.
  …el club de jóvenes.

Lo malo es…
  …la contaminación.
  …el tráfico.

En mi barrio hay…
  …una pista de hielo.
  …un centro comercial.
  …muchas fábricas.

He vivido tres años allí.

¿Y dónde vivías antes?

Antes vivía en un pueblo en el sur.

My neighbourhood

What is your neighbourhood like?

What is there in your neighbourhood?

And how long have you lived there?

My neighbourhood is…
  …quiet.
  …dirty.
  …lively.
  …noisy.
  …pleasant.

There's not much to do.

The good thing is…
  …the sports centre.
  …the youth club.

The bad thing is…
  …the pollution.
  …the traffic.

In my neighbourhood there is/are…
  …an ice-rink.
  …a shopping centre.
  …lots of factories.

I have lived there for three years.

And where did you live before?

Before, I lived in a town in the south.

En el pueblo

¿Dónde está?

¿Por dónde se va a…?

¿Está lejos/cerca?

La tienda de ropa está…
  …a la derecha.
  …a la izquierda.
  …en el centro.

Sigue recto.

Tuerce a la derecha.

Coge la segunda calle a la izquierda.

La librería está frente…
  …al museo.
  …al colegio.
  …a la panadería.

La biblioteca está en la esquina.

No está lejos.

Está…
  …cerca del Ayuntamiento.
  …lejos de la carnicería.

In the town

Where is it?

How do you get to…?

Is it near/far?

The clothes shop is…
  …on the right.
  …on the left.
  …in the centre.

Keep straight on.

Turn right.

Take the second street on the left.

The bookshop is opposite…
  …the museum.
  …the school.
  …the baker's.

The library is on the corner.

It isn't far.

It's…
  …near the Town Hall.
  …a long way from the butcher's.

Módulo 2
Gente joven

1 El tiempo libre
2 ¿Cómo te enteras?
3 ¿A quién admiras?

✔ **Say what I like to do in my free time**
✔ **Arrange to go out**
✔ **Use the present and past tenses**

1 El tiempo libre

1a 📖✏️ **Mira los dibujos y descifra las frases.**

Ejemplo: **1** *jugar al fútbol*

1 garuj la túfobl

2 rev al veleótinsi

3 ri al a yalpa

4 hucersac scamúi

5 crato le napio

6 rele brilso

7 alibar

8 tramon a balacol

9 srali ocn gomsia

10 ri a la spicani

11 rujag al netis

12 chare teroped

13 rapinat

14 chear frundriws

15 ri ed scrampo

b 📖✏️ **¿Qué les gusta hacer? Copia y completa la tabla con los detalles que faltan.**

Me gusta mucho salir con amigos, pero no me gusta nada bailar.

Cristina

Lo que más me gusta es ir al cine. No me gusta mucho hacer deporte.

Ana

En mi tiempo libre me gusta leer libros y revistas. No me gusta ver la televisión.

Pablo

Me divierte estar al aire libre así que me encanta ir de paseo en el campo. No me interesa tanto escuchar música.

Loli

En mi opinión los videojuegos son para niños. Prefiero ser activo. Soy aficionado a todos los deportes de equipo, el baloncesto por ejemplo. ¡Es fantástico!

Juan

Mis pasatiempos favoritos son la natación y la vela. Odio el fútbol.

Eduardo

	😊	😞
Ejemplo: Cristina	*salir con amigos*	*bailar*
Pablo		
Ana		
Eduardo		
Loli		
Juan		

¡Mola!

The present tense

The present tense is use to describe actions that are happening now, usually happen or those which are true at the moment.

The present tense of regular verbs

Regular present tense verbs, as you already know, are formed as follows:

	escuchar	leer	escribir
yo	escucho	leo	escribo
tú	escuchas	lees	escribes
él/ella/usted	escucha	lee	escribe
nosotros/as	escuchamos	leemos	escribimos
vosotros/as	escucháis	leéis	escribís
ellos/as/ustedes	escuchan	leen	escriben

Look at these examples:
Escucho música todos los días.
I listen to music every day.

¿Lees mucho, Pablo? Sí, leo el periódico cada día.
Do you read much, Pablo? Yes, I read the paper every day.

María siempre escribe cartas por correo electrónico.
María always writes email letters.

The present tense of stem-changing or radical-changing verbs

Many verbs change their stem in the present when the stress is on the stem:
1 e — ie
2 u — ue
3 o — ue
4 (sometimes) e — i

You met some of these verbs in Module 1. You need to learn them. Look at the examples below.

1 *cerrar* (to close)
cierro
cierras
cierra
cerramos
cerráis
cierran

The following verbs follow the same pattern: *pensar* (to think), *empezar* (to begin/start), *entender* (to understand), *perder* (to lose), *preferir* (to prefer) and *querer* (to want to).

2 *jugar* (to play)
juego
juegas
juega
jugamos
jugáis
juegan

3 *encontrar* (to find)
encuentro
encuentras
encuentra
encontramos
encontráis
encuentran

The following verbs follow the same pattern: *recordar* (to remember), *contar* (to tell (a story)/to count), *poder* (to be able to), *dormir* (to sleep) and *volver* (to return/to come back).

4 *pedir* (to ask for)
pido
pides
pide
pedimos
pedís
piden
Servir (to serve) follows the same pattern.

Some radical-changing verbs are also reflexive. You met these verbs in Module 1.

• *despertarse* (to wake up):
  e → ie
• *acostarse* (to go to bed):
  o → ue
• *vestirse* (to get dressed):
  e → i

Pon un verbo en la forma correcta en cada espacio.

¡Hola amigo!

Te (**escribir**) sobre lo que hago en mi tiempo libre. Me gusta ir al club juvenil con mis amigos. Los lunes y los jueves (**jugar**) al fútbol pero en verano yo (**preferir**) ir a la playa. Mis padres no (**ser**) nada deportistas. En casa mi padre (**poner**) la televisión y luego (**dormirse**). Mi madre (**pasar**) todo su tiempo en la cocina. (**Cocinar**) y (**escuchar**) la radio. Mi hermana y yo (**ser**) miembros de la orquesta del colegio. Yo (**tocar**) el violín y mi hermana (**tocar**) el saxofón. Es muy divertido. Los sábados mis amigos y yo (**ir**) juntos a la discoteca del barrio. Siempre (**empezar**) a las nueve. (**Bailar**) y (**cantar**) hasta medianoche. Los domingos (**levantarse**) tarde. (**Leer**) o (**charlar**) con amigos por teléfono. Y tú, ¿Qué (**hacer**)? ¿(**Practicar**) algún deporte?

¡Hasta luego!

Teo

c ¿Qué te gusta hacer en tu tiempo libre? Completa las frases siguientes.

1 Para mí lo ideal es...
2 Me encanta...
3 Mi pasatiempo favorito es...
4 No me gusta tanto...
5 Lo que más me gusta es...
6 En mi opinión lo mejor es...

d Trabaja con tu pareja. Pregunta y contesta lo siguiente.

Ejemplo: **A:** *¿Qué es lo que más te gusta hacer en tu tiempo libre?*
B: *Lo que más me gusta hacer en mi tiempo libre es ir a la discoteca con mis amigos.*
A: *¿Cuál es tu pasatiempo favorito?*
B: *Mi pasatiempo favorito es hacer deporte — por ejemplo fútbol o baloncesto.*

2 Listen to the recording and read the text. Answer the questions in English.

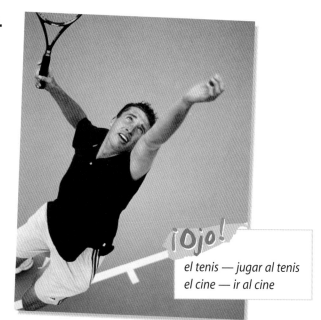

Me encantan los deportes y mi favorito es el tenis. Llevo jugando desde los cinco años y entreno dos veces a la semana en el club de tenis de mi barrio. Tres veces al mes jugamos contra otros clubs del condado. También me gustan otras cosas — por ejemplo, los fines de semana me gusta salir con mis amigos. Me encantan el baloncesto y el fútbol, pero no aguanto la natación ni correr. Por las tardes me gusta escuchar música en mi ipod o leer. También tengo un ordenador en mi cuarto y con ése paso tiempo haciendo surf en Internet o mandando mensajes electrónicos. Me dan igual los videojuegos aunque tengo que admitir que son una pérdida de tiempo, así que no lo hago mucho. No suelo salir durante la semana porque tengo demasiados deberes, pero a veces veo la televisión — los programas de deporte son los que más me interesan.

Julián

¡Ojo!

el tenis — jugar al tenis
el cine — ir al cine

1 What sport does Julián prefer?
2 What other sports does he enjoy?
3 What things does he not enjoy doing?
4 What else does he like to do in his free time?
5 What does he say about his computer?
6 What does he have to say about computer games?

3 Escribe un breve párrafo en español explicando lo que te gusta y lo que no te gusta hacer.

4 Escucha la grabación. Copia y completa la tabla con los detalles que faltan.

Nombre	Lo que le gusta hacer	Razones	Lo que no le gusta hacer	Razones
Ejemplo: Juanita	*salir con amigos*	*divertido*	*ir de compras*	*aburrido*
Federico				
Emma				
Pablo				
Isabel				

Lengua clave

Saying what you like or do not like doing
Use for example, *me gusta* + the infinitive of the verb. Use the table below to help you.

(no) me gusta me encanta prefiero detesto	bailar escuchar hacer jugar ir leer montar salir tocar ver	la televisión música deporte al fútbol la guitarra en la discoteca a caballo revistas al cine con amigos

En el club juvenil

5 📖 📝 **Lee esta información. Apunta los detalles.**

a 📖 **Algunas palabras del texto están en negrita. Escríbelas y lo que significan en inglés. Usa un diccionario para ayudarte.**

b 📖 **Indica si las frases siguientes son verdaderas (V) o falsas (F).**

Ejemplo: El club se llama Campamento La Hermita. — V

1 Sólo hay dos sesiones cada semana para los niños de ocho años.
2 Hay clases de baile para todas las edades.
3 El club cuesta más para gente joven.
4 Hay clases cada tarde de la semana.
5 Se puede ir de excursión.
6 La cafetería sirve sólo comida rápida.
7 Sólo hay cierta cantidad de plazas en excursiones.

c 📖 **Busca la palabra intrusa. Explica por qué en inglés.**

1 me gusta	me divierto	prefiero	odio
2 lunes	martes	jueves	domingo
3 fútbol	tenis	badminton	squash
4 karate	natación	judo	baloncesto
5 playa	campo	parque	piscina

Campamento La Hermita
Programación mes de julio
Los martes: 8–15 años (de 17:30 a 19:30)
Por sólo 10€: natación, snooker, gimnasia, ping pong, club de ajedrez, acceso internet, **esgrima**.
Los miércoles: 13 años+ (de 19:00 a 21:00)
Por 12€: snooker, natación, ping pong, club de dibujo, actividades deportivas (fútbol, **tiro con arco** o baloncesto).
Los jueves: 8 a 12 años (de 18:00 a 20:00)
Por 12€: **juegos de equipo**; futbolín, tenis de mesa, natación, snooker, **artesanía y bricolaje**, clases de baile, tarde de cine, **pesas**, club de música, judo, fútbol, atletismo.

Camping
Cafetería (con amplia gama de raciones sanas)
Horario fin de semana: sábados de 9:00 a 17:00
Parque de atracciones:
● 26€ sin límite de atracciones
● 19€ con tres atracciones
● 15€ con dos atracciones
Excursión marítima 21€ comida incluida.
● Paintball
● Escalona libre 10€
● **Vela** 25€
Plazas limitadas — no te lo pierdas!
● **Windsurf** 20€

6a 🎧 **¿A qué hora? Empareja lo que oyes con la hora correcta.**

Ejemplo: **1 — c**

a 14:15
b 21:45
c 10:00
d 11:05
e 12:00
f 18:30
g 09:10
h 17:20
i 15:00

b 💬 **Mira los relojes del ejercicio de arriba. Trabaja con tu pareja. ¿Cuándo quedáis?**

Ejemplo: A: ¿A qué hora nos vemos?
B: Nos vemos mañana a las dos y cuarto.

¡Ojo!

Spelling changes affect nouns as well as verbs. For example:

e → ie: *ventana* (window)
— *viento* (wind)

o → ue: *volar* (to fly)
— *vuelo* (flight)

u → ue: *jugar* (to play)
— *juego* (game)

The stems of verbs and their endings can help you to work out the meaning of nouns.
For example:

comer (to eat) — *comida* (food/meal)

beber (to drink) — *bebida* (drink)

7a Mira las imágenes. Emparéjalas con las frases.

Ejemplo: **a** — *en el bar*

en la plaza mayor
delante del cine
en mi casa
en la parada
al lado de la piscina
enfrente del parque
en el bar
en la estación

b Observa las imágenes de la actividad anterior. Trabaja con tu pareja. ¿Dónde vais a quedar?

Ejemplo: *A: ¿Dónde nos vemos?*
B: Nos vemos en el bar.

8a Escucha la grabación. Copia y completa la tabla con los detalles que faltan.

	Actividad	Día	Hora	Lugar
Ejemplo:	tenis	mañana	2:30	en el parque
1				
2				
3				
4				

b Trabaja con tu pareja. Usa la información en la tabla arriba para ayudarte con tu propio diálogo.

¡Mola!

9a 🎧 📖 **Escucha la grabación y sigue la conversación. Elige las palabras del recuadro que faltan y llena los huecos.**

te apetece

estoy segura

a las ocho   bien   ponen

tu casa   hasta luego   me interesan

A: ¡Hola! Soy Adelina ¿_____ ir al cine conmigo esta tarde?

B: ¡Quizás! ¿Qué _____?

A: No _____ de los títulos, pero sé que echan una comedia romántica.

B: No _____ las películas románticas, incluso si son graciosas. ¿Por qué simplemente no vemos una película en la tele?

A: Si quieres. Me parece _____ ¿Qué echan?

B: Hay una película de ciencia-ficción _____ esta tarde si te apetece.

A: ¡Guay! Me encantan las películas de ciencia-ficción. Llegaré a _____ a las siete y media.

B: Vale ¡_____!

b 💬 **Trabaja con tu pareja y adapta el diálogo según las imágenes abajo.**

A: *Hola Javier, soy Adelina. ¿Te apetece ir al cine conmigo esta noche?*

B: *Depende. ¿Qué echan?*

A: *Echan dibujos animados esta tarde.*

B: *¡No seas boba! Odio los dibujos animados. Son muy aburridos.*

10a 🎧 📖 **Escucha a estos jóvenes hacer planes para el fin de semana. Lee la conversación.**

Paco:	¡Hola Sonia! ¿Tienes las entradas para el sábado?
Sonia:	¡Todavía no! ¡Ahora llamo! *(Saca su móvil)*
Paco:	Vale.
Recepcionista:	¡Dígame!
Sonia:	¡Oiga! Sí. Hola. Quisiera reservar unas entradas para el concierto el sábado.
Recepcionista:	¿Qué fecha?
Sonia:	El veinticuatro de noviembre.
Recepcionista:	¿Y para qué concierto?
Sonia:	El concierto de Nacen de las Cenizas.
Recepcionista:	¿De pie o sentado?
Sonia:	De pie, por favor.
Recepcionista:	¿Cuántas entradas quiere?
Sonia:	Seis.
Recepcionista:	Sí, quedan entradas.
Sonia:	¿Cuánto cuesta?
Recepcionista:	Son trescientos euros. Le puedo guardar las entradas hasta las ocho esta tarde. ¿Cuál es su nombre?
Sonia:	Sonia Delgado.
Recepcionista:	De acuerdo. Le esperamos hasta las ocho.
Sonia:	Muchas gracias. Adiós. *(Cuelga)* ¡Ya está! ¡Hay que ir al teatro antes de las ocho!

b 💬 **Ahora practica el juego de rol con tu compañero, sustituyendo la información según las imágenes.**

11 📖 🏔 **¿Qué actividades son? Completa las definiciones eligiendo la palabra adecuada del recuadro de abajo.**

Ejemplo: **1** — *nadar*

ir de compras	jugar al ping pong
jugar al tenis	ir al cine
esquiar	nadar
jugar al ajedrez	ir a un concierto
hacer equitación	ir a la discoteca

1 Esto se hace en el agua.
2 Esto se puede hacer en el centro de la ciudad.
3 Para hacer esto necesitas una raqueta.
4 Para hacer esto, ¡hace falta un caballo!
5 Esto se juega en una mesa.
6 Se va la gente aquí para ver todo tipo de películas.
7 Se hace esta actividad en la nieve.
8 Esto es un juego de tabla.
9 Se va aquí para bailar.
10 Aquí es adonde se va para escuchar música en vivo.

12 🎧 **¿Qué haces? Escucha lo que dicen estos jóvenes de qué hacen en su tiempo libre y apunta las actividades que nombran.**

Ejemplo: **1** — *b*

¡Mola!

13a 🎧 📖 ✏️ **Escucha otra vez el texto 12 y léelo. Haz una lista de todos los verbos mencionados por los chicos. ¿Puedes identificar todos?**

Entrevistador: Carmen, ¿qué haces en tu tiempo libre?

Carmen: Yo veo bastante la tele. Me relaja mucho.

E: ¿Y tú, Carlos? ¿Ves la tele?

Carlos: Sí, a veces, pero normalmente juego con mi PSP u otros juegos electrónicos.

E: ¿Y qué haces tú, Leticia?

Leticia: En mi tiempo libre salgo con mis amigos y paseo al perro. ¡Es guay!

E: ¿Qué dices, Nacho?

Nacho: Yo no salgo mucho y ¡no tengo perro! Sin embargo, practico mi guitarra y la trompeta. ¡Quiero ser famoso!

E: Y tú, ¿practicas la guitarra, Alberto?

Alberto: Sí. Todo el rato. Soy miembro de un grupo y ensayamos tres veces a la semana.

E: ¿Qué haces tú en tu tiempo libre, Susana?

Susana: Yo soy muy deportista y juego al fútbol o al baloncesto. A veces juego al tenis también. También escucho música.

E: ¿Practicas algún deporte, Luis?

Luis: Vivo en una granja en las afueras de la ciudad y tenemos muchos caballos. Así que durante la mayoría de mi tiempo libre hago equitación. Me encanta y es buen ejercicio para mí y para el caballo.

E: ¿Y tú, Leonor? ¿Qué haces?

Leonor: ¿Yo? Err. Normalmente en mi tiempo libre hago natación. Me gusta mucho nadar y soy bastante fuerte. También hago dibujos animados y tal. ¡Soy artista!

b 💬 **Discuss with your classmate what the verbs have in common. Think about the tense and person of the verbs.**

c 📖 ✏️ **Pon un verbo en la forma correcta en cada espacio. Escoge entre los verbos del recuadro de abajo.**

La ciudad de Méjico ____ una de las ciudades más grandes del mundo y se ____ considerar la ciudad más rica y poblada del país. En el centro de la ciudad ____ la catedral Metropolitana y el palacio Nacional. ____ unos de los monumentos más importantes de toda América. La ciudad ____ también una gran variedad de museos, actividades y diversiones. Si ____ hacer algo diferente, sólo ____ que alquilar alguno de los barcos en los canales de Xochimilco. La aventura ____ cada día a las once. Conocer todos los rincones de la Ciudad de Méjico es una tarea imposible. Si ____ a ir a Méjico de vacaciones, ¿por qué no ____ unos días en la capital? ¡____ la pena visitar!

valer   ser   pasar   querer
poder   ofrecer   empezar
ir   estar   ser   tener

~~Gramática~~

The present tense of irregular verbs

Some common verbs are irregular in the *yo* form only, as follows:

dar (to give) — *doy* (I give)
decir (to say) — *digo* (I say)
hacer (to do/make) — *hago* (I do/make)
poner (to put) — *pongo* (I put)
salir (to go out) — *salgo* (I go out)
ver (to see/watch) — *veo* (I see/watch)

Look at these examples:

Salgo de casa a las ocho.	I leave home at 8.
Siempre hago mis deberes en la cocina.	I always do my homework in the kitchen.

The following verbs are very irregular and need to be learned carefully. You met some of these verbs in Module 1.

	estar	ir	ser	tener	venir
yo	estoy	voy	soy	tengo	vengo
tú	estás	vas	eres	tienes	vienes
él/ella/usted	está	va	es	tiene	viene
nosotros/as	estamos	vamos	somos	tenemos	venimos
vosotros/as	estáis	vais	sois	tenéis	venís
ellos/as/ustedes	están	van	son	tienen	vienen

Look at these examples:

Vamos a la piscina los domingos.	We go to the swimming pool on Sundays.
¿Vienes a la playa con nosotros?	Are you coming to the beach with us?

¿Qué hiciste el fin de semana pasado?

14a 🎧📖 **Escucha y lee lo que dicen estos jóvenes.**

> ¡Hola, Marta! ¿Qué tal tu fin de semana?

> ¡Muy bien! Salí con mis amigos. Y tú, Alberto, ¿qué tal te lo pasaste?

> ¡Muy aburrido! Me quedé en casa como siempre.

> ¿Qué hiciste el sábado?

> Hice mis deberes y vi la televisión. ¿Y tú?

> Por la mañana jugué al tenis y por la tarde fui a la discoteca con Ángel y Raquel.

Marta

> ¿Y el domingo?

> El domingo tomé el sol en la playa y por la tarde fui a una fiesta. Fue muy agradable. Y tú, Alberto?

> Leí una revista en el jardín. Por la tarde navegué por Internet.

Alberto

b 🅰 **Mira los dibujos. ¿Quién dice cada frase? Escribe 'Alberto' o 'Marta' y escribe la frase.**

Ejemplo: **a** *Alberto — vi la television*

The preterite tense

When talking about free time, it is important to use a variety of tenses. To talk about what you did yesterday, last week, last month, last year etc., use the preterite tense. Look at the tables below. They represent the most common verbs you will want to use. Learn these carefully.

The preterite tense of **regular** verbs

Regular present tense verbs are formed as follows:

	hablar	comer	vivir
yo	hablé	comí	viví
tú	hablaste	comiste	viviste
él/ella/usted	habló	comió	vivió
nosotros/as	hablamos	comimos	vivimos
vosotros/as	hablasteis	comisteis	vivisteis
ellos/as/ustedes	hablaron	comieron	vivieron

Look at these examples:
- *Hablé con Andrés por teléfono*
  I spoke to Andrés on the telephone.

- *¿Dónde comiste anoche, Juan?*
  Where did you eat last night, Juan?

- *Comí en un restaurante italiano.*
  I ate at an Italian restaurant.

Be very careful with the *yo* part of the following two verbs:
jugar: jugué (I played) but: *jugó* (he played)

navegar: Navegué por Internet toda la noche but: *María navegó por Internet ayer.*

The preterite tense of the three most frequently used **irregular** verbs:

	ir	ser	hacer
yo	fui	fui	hice
tú	fuiste	fuiste	hiciste
él/ella/usted	fue	fue	hizo
nosotros/as	fuimos	fuimos	hicimos
vosotros/as	fuisteis	fuisteis	hicisteis
ellos/as/ustedes	fueron	fueron	hicieron

You will notice that *ir* and *ser* share the same preterite form. Look at this example:
- *Fui al colegio a las ocho. El día fue muy aburrido*
  I went to school at 8. It was a very boring day.

The preterite form of *hay* (there is/are) is *hubo*:
- *Hubo tormenta anoche.*
  There was a storm last night.

¡Mola!

15 Los sábados, Raúl siempre hace las mismas cosas. ¿Qué hizo el sábado pasado? Cambia los verbos al pretérito.

Ejemplo: Se levantó a las ocho...

Me levanto a las ocho, **me ducho**, **desayuno** y entonces **salgo** de casa a las diez. **Llego** a casa de mi amigo Martín a las diez y media. **Jugamos** con los videojuegos hasta mediodía, luego **vamos** al polideportivo donde **nadamos** en la piscina y **vamos** al gimnasio. Yo **hago** una sesión con el entrenador y Martín **hace** las pesas. A las dos, **volvemos** al centro donde **tomamos** algo de comida en una cafetería. Por la tarde **nos reunimos** con otros amigos y entonces **compramos** las entradas para ir al cine. A las diez, **vuelvo** a casa. **Veo** la televisión y **escucho** música. Por fin, **me acuesto** a las once.

16 Ana is talking about her weekend. Listen to what she says. Answer the questions in English.

1 Where did Ana go last weekend and why?
2 What did she have to say about the journey?
3 Where did she stay?
4 What did she do during her time there?
5 Did she enjoy herself?
6 How do you know?

Lengua clave

Frases útiles
Match the Spanish words with the English ones.

hoy	in the evening
esta mañana	last night
esta tarde	last week
por la noche	today
ayer	this morning
anoche	a week ago
anteayer	this afternoon
hace una semana	the day before yesterday
la semana pasada	yesterday

17 Usando lo que sabes ya de como se habla del tiempo libre, haz la pareja adecuada español–inglés.

Ejemplo: a — 1

Español
a Cada tarde escucho música.
b Ayer jugué al tenis con mi hermano.
c Los lunes veo la tele o escucho música.
d El sábado pasado salí con mis amigos.
e Jugué al fútbol el viernes.
f El verano pasado practiqué la natación todos los días.
g Normalmente voy al cine los martes.
h El miércoles paseé el perro de mi vecina.
i A veces hago equitación.

Inglés
1 I listen to music each afternoon
2 I usually go to the cinema on Tuesdays.
3 Sometimes I go horseriding.
4 Yesterday I played tennis with my brother.
5 On Mondays I watch TV or listen to music.
6 Last Saturday I went out with my friends.
7 I played football on Friday.
8 Last summer I went swimming every day.
9 On Wednesday I took my neighbour's dog for a walk.

18 Ahora escribe por lo menos seis frases sobre lo que haces tú en tu tiempo libre. Incluye alguna información en el pasado. Explícaselo a tu pareja.

Ejemplo: Me gusta mucho nadar y siempre voy a la piscina el martes y el jueves. Ayer fui a la playa por la tarde y nadé en el mar.

19 Copia estas preguntas y prepara tus respuestas. Pregunta a tres personas lo que hacen en su tiempo libre. ¡No te olvides del pasado!

1 ¿Qué haces normalmente en tu tiempo libre después del colegio?
2 ¿Qué haces los fines de semana?
3 ¿Qué hiciste ayer?
4 ¿Qué hiciste el sábado pasado?
5 ¿Qué hiciste el verano pasado?

2 ¿Cómo te enteras?

✔ Say what types of media
I prefer

✔ Give opinions and reasons

✔ Use impersonal verbs
and infinitives

1a Escribe la palabra adecuada al lado de cada imagen.

Internet   la radio
la televisión
el móvil   la prensa

b Lee las palabras en el recuadro abajo. Empareja cada palabra con la imagen que corresponde. Haz una lista.

Ejemplo: correo electrónico — a

correo electrónico	cadena	antena	oyente
noticias	periódico	documental	ring tone
película	dibujo animado	presentador	teclado
mensaje	lector	periodista	espectador
carta	página web	chat room	artículo

2 Escucha y lee. Copia y completa el cuadro con las palabras adecuadas.

1 Me gusta Internet porque es bastante fácil e interesante. Sin embargo creo que la televisión es un rollo.

2 A mí, me encantan los documentales porque son muy informativos y divertidos. Yo odio las noticias.

3 Pienso que las películas son geniales. Me encantan los anuncios también; son educativos. No me gustan los periódicos porque creo que son inútiles.

4 Me entusiasman las revistas porque me inspiran. Además la radio me parece muy útil.

	Medio de comunicación	☺	☹	Razones
Ejemplo: 1	Internet	✓		fácil/interesante
	televisión		✓	un rollo
2				
3				
4				

Gramática

Expressing an opinion

Pay special attention when expressing an opinion. It is what you have an opinion about that tells you the ending to use. Look at the table below:

me	gusta/n
te	chifla/n
le	gusta/n mucho
a usted le	encanta/n
nos	inspira/n
os	entusiasma/n
les	
a ustedes les	

Look at these examples:
- *Me encanta ver la televisión. Pienso que los anuncios son muy divertidos.*
- *A Manuel le encantan las películas de acción.*
- *A mis padres les gustan los documentales.*

Adapta las frases siguientes. Usa algunos de los verbos en la tabla arriba.

Ejemplo: Mi amigo Juan compra muchas revistas.
A Juan le gusta mucho leer revistas.

1 Marta siempre surfea Internet.
2 Escuchamos la radio a veces.
3 Mis hermanos no leen los periódicos.
4 ¿Qué opinas de los anuncios?
5 Creo que ir al cine es muy aburrido.

¡Mola!

3 💬 **Habla con tu pareja de los medios de comunicación.**

Ejemplo: A: *¿Qué te parece Internet?*
B: *Me entusiasma Internet porque es divertido.*

4 🏔 **Escribe un pequeño párrafo explicando qué medio(s) prefieres y por qué.**

5 📖 **Empareja los verbos con las imágenes. ¿Qué tienen las frases en común? Explícaselo a tu pareja.**

Ejemplo: 1 — e

1 *No entiendo muy bien. ¿Me puedes* **explicar?**

2 *¿Cuál es el número? Quiero* **telefonear.**

3 *Mis amigos acaban de* **llegar.**

4 *¿Te gusta* **viajar** *en tren? Yo prefiero* **viajar** *en coche.*

5 *A mi hermano le encanta* **leer** *tebeos.*

6 *Hay que* **estudiar** *para* **sacar** *buenas notas.*

7 *No puedo* **salir** *esta noche. Tengo que* **ayudar** *a mis padres.*

8 *Voy a* **jugar** *al baloncesto esta tarde.*

9 *No deseo* **tener** *más hermanos.*

10 *¿Sabes* **esquiar?**

a b c d e

f g h i j

Lengua clave

Preguntas	Positivos/negativos	¿Por qué?
¿Te gusta.../¿Qué te parece... ...la televisión? ...la radio? ...Internet? ...el cine?	A mí me gusta... Me chifla... Me gusta mucho... Me encanta... Me inspira... Me entusiasma... No me gusta (nada)... Lo/la odio... Lo/la detesto...	porque es/creo que es/pienso que es... ...importante. ...interesante. ...educativo/a. ...divertido/a. ...fácil. ...genial. ...útil. ...un rollo. ...inútil. ...aburrido/a. ...una pérdida de tiempo.
¿Te gustan.../¿Qué te parecen... ...las películas? ...los periódicos? ...las revistas? ...las noticias? ...los anuncios? ...los documentales? ...las cartas?	A mi me gustan... Me chiflan... Me gustan mucho... Me encantan... Me inspiran... Me entusiasman... No me gustan (nada)... Los/las odio... Los/las detesto...	Creo que son/pienso que son... ...importantes. ...interesantes. ...educativos/as. ...divertidos/as. ...fáciles. ...geniales. ...útiles. ...inútiles. ...aburridos/as.

Gramática

Using infinitives

The infinitive is the form of the verb that hasn't had any ending added to it. It is the only form of the verb you will find listed in a dictionary.

In English, the infinitive is usually shown with the word **to**:
• *cantar* — **to** sing

Be careful when translating the English *–ing* form. This is often an infinitive in Spanish:
• *Me encanta* **comer** *pizza.*
  I love **eating** pizza.

The second verb used in any sentence is always in the infinitive form:
• *Me encanta* **hablar** *con mis amigos*
  I love talking to my friends.

• *Prefiero* **escuchar** *música pop.*
  I prefer listening to pop music

Escribe la forma del infinitivo de estos verbos. Usa un diccionario para ayudarte.
• dibujó
• salgo
• anduviste
• saltamos
• se sienta
• corrieron
• pongan
• pagué
• volvió
• abren
• compramos
• cae
• venimos
• recuerde
• evitamos
• decidieron

6 📖 Read the article. Answer the questions in English.

¿Qué es blogging?

Blogging es una manera de coleccionar enlaces para páginas de web para que puedas compartir tus pensamientos y opiniones con otra gente online. La verdad es que no es más que una agenda online. No obstante, además de texto escrito, blogs tienen audio, música, imágenes y clips de video. Blogs son fáciles de hacer, así que puedes tener uno a pesar de no ser experto en tecnología. También puedes añadir información inmediatamente en un blog sin perder ningún momento.

¿Por qué hacer un blog?

Encontrar información sobre un tema es mucho más interesante si puedes contárselo a otra gente. Por supuesto eso se puede hacer por medio de correo electrónico, pero en un blog se puede guardar la información, añadir comentarios y animar a otros que hagan lo mismo. Es una manera estupenda de crear tu propia página web donde puedes publicar tus opiniones y enlaces y convertirlo en una agenda cotidiana disponible para el que quiera en el mundo entero.

¿Y qué piensan nuestros lectores?

Cuando necesito información hago mis búsquedas en Internet. Utilizar el blog de alguien es interesante pero no es muy útil.

Idoya

Yo creo que es una idea buenísima pero la verdad es que no me apetece que cualquiera lea sobre mi vida cotidiana. Prefiero guardar esos pensamientos en una agenda personal.

Hector

Sé que a la gente Internet le parece una maravilla, pero yo creo que es una pérdida de tiempo. Prefiero leer periódicos y revistas.

Olinda

No me interesa mucho la vida de otra gente — en realidad hay demasiado de ese tipo en la tele.

Antolín

Oí de alguien que perdió su trabajo por lo que escribió en su blog. ¡Yo no! Si alguien me habla de un enlace útil lo uso.

Óscar

1. What exactly is a blog?
2. Why is a blog better than an e-mail?
3. Name two advantages of using a blog.
4. Name two disadvantages of using a blog, according to the readers.
5. What is the opinion of most of the readers? Are they for or against blogs?
6. Name two things the readers say they prefer to a blog.

7 📖 **Lee esta información. Empareja las imágenes con la hora de los programas.**

Ejemplo: **a** — 11.30

Programación televisiva
Lunes el 24 de mayo

TVE 1

06:00	Noticias 24 horas
11:30	Entrevista con Carlos Moya
14:00	Oliver y Benji (dibujo animado)
15:00	Piratas y corsarios (ciencia-ficción)
15:55	El tiempo
16:00	La naturaleza en África (documental)
16:50	Destilando amor (telenovela)
17:50	La viuda de blanco (Película de suspense)
18:20	Millonario (concurso)
20:00	Fútbol: Copa del Mundo
22:00	Siete vidas (comedia)
23:00	Ópera con Plácido Domingo

8a 🎧 **¿Qué deciden ver estos jóvenes? ¿Por qué razones? Pon una X en la casilla adecuada.**

b 🏔 **¿Por qué eligen esa idea? Da cuatro razones en español.**

9 💬 **Trabaja con tu pareja. Habla de lo que te gustaría ver en la tele.**

Ejemplo: **A:** *Me gustaría ver una película esta tarde.*
B: *¿Qué tipo de película?*
A: *Es una película de risa. Se llama* Los Simpsons. *Lo echan a las cuatro.*
B: *La verdad es que no me apetece ésa. Prefiero ver un programa de música. MTV internacional, por ejemplo.*
A: *Vale. ¿A qué hora es?*
B: *Empieza a las cinco de la tarde.*

¿Qué opinas?

10 **Lee lo siguiente. Decide si las frases son positivas o negativas. Escribe tus respuestas en la tabla.**

> No me gustó la película porque…

> Me gustó la película porque…

Anoche fui a ver *Piratas del Caribe 3*. La verdad es que no me gustó mucho la película porque me hizo pasar tres horas en el cine — cosa que me resulta incómoda. Para mí no era nada interesante, en realidad no es mi tipo de entretenimiento, ¡aunque tengo que admitir que el protagonista era superguapo! No sé qué pasaba en el cine, pero no se oía bien, ni siquiera la música. ¡Creo que tenían algún problema! En fin, la verdad es que no creo que valga la pena.

1 La historia era increíblemente aburrida.
2 El actor principal era muy guapo.
3 La música era demasiado alta.
4 Fue bastante entretenida.
5 Valía la pena verla.
6 La película duró demasiado.
7 Las entradas eran muy caras.
8 Había mucha acción.
9 Daba demasiado miedo para mi gusto.
10 Los efectos especiales eran fantásticos.
11 El paisaje era alucinante.
12 No era mi tipo de película.

Positivas	Negativas
Ejemplo: 2 El actor principal era muy guapo.	*Ejemplo: 1 La historia era increíblemente aburrida.*

11 **Recibes este mensaje electrónico. Escribe una respuesta.**

¡Hola!

¿Qué te pareció la peli de anoche? Estoy deseando saber lo que piensas.

Hasta pronto.

Óscar.

¡Ojo!

With adjectives ending in –o or –a an easy way to add emphasis in Spanish is to take off the final vowel and add –*ísimo*/–*ísima*, as appropriate. For example, *bueno* (good) becomes *buenísimo* (very good); *mala* (bad) becomes *malísima* (very bad) etc. Most adjectives ending in other vowels, or consonants, have to rely on the use of *muy* or *mucho* before them, e.g. *trabajador* — *muy trabajador* (hardworking — very hardworking) or *emocionante* — *muy emocionante* (moving/exciting — very moving/exciting).

Use some in your writing to make it more authentic.

12a 📖 🏫 **Lee estas palabras y después lee la carta. Decide en cada caso qué palabra falta. Usa un diccionario para ayudarte.**

Ejemplo: **1** — *historia*

acaba   vender

problemas   mejor

historia

película

emocionantes

encanta   famoso

desafortunadamente

equipo   maravillosos

b 🏫 **Usa la carta para ayudarte a escribir tu propia carta a un amigo contándole sobre una película que has visto últimamente.**

¡Qué hay?

¡Hola David!

Acabo de ver una película fantástica llamada Flying Start y como me impresionó muchísimo, decidí escribirte para contártelo.

Es la _____(1)_____ de un mecánico de coches de carrera. Le _____(2)_____ conducir y un día le hace caso el director del equipo — un tal Nerón.

Nerón es celoso y le da envidia el talento de Sabi así que le mete en un _____(3)_____ malo para impedir su éxito. Pero Sabi es tan bueno que gana de todas formas. Se hace _____(4)_____ y gana todo. Se enamora de una azafata guapísima y se casa con ella.

Más que nada es un hombre casado y contento. Tiene una casa preciosa, dos hijos _____(5)_____ y una carerra de ensueño.

_____(6)_____ su vida ideal se transforma cuando tiene un accidente grave que le deja sin poder conducir más. No tiene más remedio que _____(7)_____ todo y mudarse a un barrio pobre.

La película trata principalmente de su pelea para conseguir de nuevo todo lo que perdió. ¡No te voy a contar como _____(8)_____!

Es una _____(9)_____ magnífica que desde luego vale la pena ver. Tiene música preciosa y las escenas de las carreras de coches son verdaderamente _____(10)_____. Me hizo reir y llorar.

Flying Start demuestra como es mejor enfrentarse a sus _____(11)_____ y no hay que ignorar las cosas esperando que se mejoren sin ningún esfuerzo.

Esa es la _____(12)_____ película que he visto este año.

Por favor, escríbeme para contarme sobre la última peli que has visto.

Besos,

Luis

Cultura

¿Ya sabes?

Pedro Almodóvar es uno de los cineastas más célebres de España.

Pedro Almodóvar nació el 24 de septiembre de 1951. Es director de cine y guionista español. Su trayectoria cinematográfica tras las cámaras ha crecido de una manera asombrosa desde sus comienzos en el mundo del cortometraje a finales de los años setenta. Se ha hecho respetado internacionalmente. De hecho, es el cineasta español más famoso fuera de su país de origen y uno de los más premiados. Con dos premios Oscar de la Academia de Hollywood, uno de ellos al mejor guionista, Pedro Almodóvar es sin duda una personalidad imprescindible en el panorama cultural español e internacional.

¿Conoces alguna de sus películas? ¿Cómo se llaman?
¡Haz una investigación!

Visitando Correos

13 🎧 **Empareja lo que oyes con la imagen apropiada.**

Ejemplo: 1 — d

a INGLATERRA

b 0,58€ 0,58€ 0,58€ 0,58€ 0,58€

c MÉJICO

d REOS CORREOS CORR

e CORREOS

f Irlanda

g Tarjeta del teléfono

h 200€

i LOTERÍA NACIONAL 5€

5 108 288 03 68 1131 008421 0254

14 💬 **Trabaja con tu pareja. Practica los diálogos. Te ayudarán las palabras en la caja.**

Ejemplo: **A:** *Buenos días señor. ¿Qué desea?*
B: *¿Cuánto cuesta enviar una carta de Inglaterra, por favor?*
A: *Cuesta 58 céntimos*
B: *Gracias. Quisiera dos sellos de 58 céntimos por favor.*
A: *Aquí tiene. ¿Algo más?*
B: *Sí, un billete de la lotería de la Cruz Roja, por favor.*

¿Dónde está	Correos?		
Hay	un buzón de correo	por aquí/cerca de aquí?	
¿Cuánto cuesta ¿Puedo	enviar mandar cambiar comprar	un paquete una carta dinero un sello	a Inglaterra? a España?
Quisiera	una tarjeta móvil		

¡Mola!

15a 📖 Read this article from a Spanish magazine and answer the questions in English.

¿Estás enchufado?

¿Sabías que hoy en día cinco de cada seis jóvenes tienen teléfono móvil? ¡Y que la mayoría de ellos mandan unos 100 mensajes de texto por día!

Los que venden los móviles justifican esa cifra diciendo que con la tecnología de ahora nuestra juventud disfruta también del acceso a Internet, con lo cual pueden recibir todo tipo de información y enterarse de lo que está pasando en el mundo. Los que están en contra piensan que son peligrosos — dañan la salud, y también provocan atracos. Sin hablar de como distraen a los chicos de sus estudios y de lo que les cuestan a sus padres.

Marta, una joven entusiasta de Valladolid dice:- 'Yo soy adicta! No puedo sobrevivir ahora sin mi móvil. Me hace sentirme segura y así mantengo contacto con mi familia y mis amigos. ¿Por qué estar sola?'

Hicimos una encuesta para saber cómo los jóvenes prefieren enterarse de las noticias. Como se ve en el gráfico, la mayoría escucha las noticias en la tele, mientras 224 consiguen esa información de Internet. Sorprendentemente, más de 300 personas escuchan la radio. ¿Quién ha dicho que la generación de la radio ya no existe?

Pie chart labels: Otros medios, Periódicos, Radio, Televisión, Internet

Muy pocos compran y leen periódicos. Dicen que son incómodos y sucios y que otros medios son preferibles. Una cifra pequeña usa otros medios de comunicación, como hablar con el móvil y usarlo. Graciosamente, ninguno admitió que no lee ni escucha las noticias en absoluto.

Muchos de los chicos con quienes hablamos afirman que saber lo que pasa es importante, pero que quieren un método rápido y fácil — como hoy en día no hay tiempo para nada — y en este respecto la tecnología es una maravilla.

Un porcentaje muy pequeño cree que hay demasiada tecnología y que se sienten controlados por el Gran Hermano de Orwell. No importa si los odias o los crees imprescindibles, los medios de comunicación siguen desarrollándose y ya no hay excusa para no saber lo que pasa en el mundo. Muchos están de acuerdo con que el mundo ahora es mucho más pequeño y asequible gracias a los logros de la tecnología.

¿Y tú? ¿Tienes móvil? ¿Cuántas horas pasas al día hablando por teléfono o mandando mensajes? ¿Y usas Internet? ¿Para qué?

Queremos oír lo que opinas tú. Mándanos un correo electrónico explicándonos todo.

1. According to the article, what are two advantages of using mobile phones?
2. What, if any, are the disadvantages?
3. Why do so few young people read newspapers?
4. Why is there no excuse these days for not knowing what is going on in the world?
5. What does the journalist want you to do?

b Ahora escribe un correo electrónico a la revista contestando todas las preguntas del recuadro. No te olvides de dar razones de tus opiniones y hábitos.

Señor,
He leído su artículo en la revista *Prima* y quisiera comunicarle lo que pienso yo de los medios de comunicación...

3 ¿A quién admiras?

1 Mira la lista de adjetivos siguientes. Pon cada uno en la categoría apropiada.

interesante	feo	horrible	trabajador	feliz
aburrido	bueno	estupendo	nervioso	cortés
antipático	bonito	tímido	contento	agradable
divertido	emocionante	simpático		
perezoso	malo	abierto		
orgulloso	inteligente	honesto		

Positivo	Regular	Negativo
trabajador		

2 Trabaja en pareja. ¿Cómo es tu media naranja?

¿Cómo es tu media naranja?	¿Cómo es tu media naranja?
Creo que el chico ideal es (no es)/está (no está)...	**Creo que la chica ideal es (no es)/está (no está)...**
de buen humor ⚪	de buen humor ⚪
de moda ⚪	de moda ⚪
relajado ⚪	relajada ⚪
abierto ⚪	abierta ⚪
honesto ⚪	honesta ⚪
simpático ⚪	simpática ⚪
pensativo ⚪	pensativa ⚪
cariñoso ⚪	cariñosa ⚪
bien educado ⚪	bien educada ⚪
perezoso ⚪	perezosa ⚪
egoísta ⚪	egoísta ⚪
tranquilo ⚪	tranquila ⚪
un poco loco ⚪	un poco loca ⚪
menos hablador que yo ⚪	menos habladora que yo ⚪
tan inteligente como yo ⚪	tan inteligente como yo ⚪
Odio a los chicos	**Odio a las chicas**
tontos ⚪	tontas ⚪
exagerados ⚪	exageradas ⚪
creídos ⚪	creídas ⚪
groseros ⚪	groseras ⚪
ensimismados ⚪	ensimismadas ⚪

3 🎧 📷 **Escucha a Ana y Jorge hablar de su pareja ideal.**
Haz apuntes sobre lo que dicen utilizando los rasgos siguientes.

	Ana	Jorge
pelo		
ojos		
altura		
edad		
rasgos positivos		
lo que no tiene que ser		

4 💬 **Trabaja con tu pareja. Pregunta y contesta las preguntas siguientes sobre la encuesta.**

1 ¿Cómo es tu media naranja?
2 Mi media naranja es un(a) chico/a...
3 ¿Qué rasgos no te gustan para un chico/a?
4 No me gustan los chicos/las chicas que sean...

5 📷 **Escribe un pequeño párrafo para describir a tu pareja ideal. Usa estas frases para ayudarte. Lee primero los apuntes sobre la gramática.**

Para mí la pareja ideal sería...
Prefiero un chico/una chica que sea...
Lo que no me gusta de un chico/una chica es...
Me gustan los chicos/las chicas...
Me gustan los chicos/las chicas con el pelo... y ojos...

Está **muy** contento.

Está **poco** contenta.

Es **bastante** perezosa.

Es **más** perezosa que...

6 💬 **Trabaja con tu pareja. Describe a alguien de tu clase. ¿Puedes adivinar quién es?**

Using adverbs

You can use adverbs to tell you more about verbs and adjectives.

Match the Spanish words with the English ones:

muy	quite
un poco	less
más	very
bastante	a little bit
poco	more
menos	not very

Make these sentences more interesting by using adverbs from the list above. There could be more than one answer.

1 Pablo es inteligente, guapo y alto.
2 María es simpática, educada, pero tímida.
3 Mi hermana menor es egoísta, aburrida y grosera.
4 Mi profesora preferida es tranquila, cariñosa y simpática.
5 Mi padre es estricto. Me hace trabajar.
6 Mi profesora de dibujo es joven. Tiene paciencia.

Más...que, menos...que and tan...como

*Me gustan los chicos que son **más** inteligentes **que** yo.*

*Me gustan las chicas que son **tan** inteligentes **como** yo.*

*Me gustan las chicas que son **menos** inteligentes **que** yo.*

7 🎧 📖 **Which celebrity is each person describing? Match the opinions with the right person. Use a dictionary if necessary.**

Ejemplo: **1** *an English actress — Óscar*

1 an English actress
2 a charismatic person
3 a sporty person
4 a kind person
5 someone with long blond hair
6 a song writer
7 a writer
8 a hardworking person
9 a small slim person with green eyes
10 a clever person

Keira Knightley

Fernando Torres

J. K. Rowling

Eminem

Es mi cantante norteamericano preferido. Es carismático y tiene mérito porque escribe todas sus propias canciones, que son divertidas. También es actor. Tiene 34 años y es bastante alto y delgado con la piel clara y el pelo rubio y corto. En realidad se llama Marshall Bruce Mathers III. ¡Mola mazo!

Eduardo

Es maja y abierta y es mi actríz inglesa favorita. Tiene unos 21 años y es famosa, gracias a varias películas. Pero lo mejor de ella es su papel de Elizabeth Bennet en Pride and Prejudice. Es bastante baja y delgada. Tiene ojos verdes y la piel clara. De momento tiene mucho éxito.

Óscar

Es muy lista y tiene mucho éxito como escritora. La admiro cantidad porque sus novelas son divertidísimas. Tiene algo más de 40 años y es alta y delgada con el pelo largo y rubio. Es británica.

Esther

Es un deportista guay. Es futbolista español. Tiene 25 años. Es rápido y mete muchos goles. Es alto y de piel morena, con el pelo rubio y ojos marrones. Es simpático y le admiro porque es muy dedicado y trabajador. Ha jugado para el Atlético de Madrid y el Liverpool.

Beatriz

Lengua clave

¿A quién admiras?	Admiro a...	¿Cómo es?
		Es muy/bastante/un poco/poco... ...alto(a). ...delgado(a). ...guapo(a). ...británico(a). ...español(a). ...irlandés/esa. ...norteamericano(a).
	Tiene...	...la piel oscura/clara/morena. ...pecas. ...cara redonda/ancha/alargada. ...ojos azules/verdes/castaños. ...barba. ...bigote.
¿Cómo es su personalidad?	Es...	...simpático(a). ...cariñoso(a). ...divertido(a). ...gracioso(a). ...listo(a). ...abierto(a). ...rápido(a). ...majo(a). ...trabajador(a).
	Tiene...	...éxito. ...mérito.
¿Qué hace?	Es...	...cantante. ...escritor(a). ...deportista. ...futbolista. ...actor/actriz.

8 💬 **Habla con tu pareja de una persona a quien admiras.**

Ejemplo:
A: ¿A quién admiras?
B: Admiro a David Beckham.
A: ¿Cómo es?
B: Es alto y fuerte. Tiene el pelo rubio y corto, la cara alargada y la piel clara.
A: ¿Cómo es su personalidad?
B: Es majo y cariñoso y en el campo es rápido y trabajador.
A: ¿Qué hace?
B: Es futbolista.

9a ✏️ **Escribe una lista de todos los adjetivos que conoces para describir a una persona y encuentra el contrario. Usa un diccionario si es necesario.**

Adjetivo	Contrario
alto	bajo
majo	insoportable

¡Ojo!

Make your writing more interesting

For example, if you are writing about somebody famous, you could write:

Prince William es miembro de la familia real británica (profession). *Es alto, guapo y rico. Tiene los ojos azules y el pelo bastante rubio* (looks). *Es simpático, gracioso y muy trabajador* (personality). *Es inglés* (nationality). *Le encanta el deporte y le parece divertido salir con sus amigos* (likes and dislikes).

This will be the 'bones' of your description. Then make up longer, more complex sentences. Use connectives such as:

pero (but) — *Es grande pero no es gordo.* (He is big but not fat.)

porque (because) — *Me gusta porque es muy buen cantante.* (I like him/her because he/she is a very good singer.)

como (since/as) — *Como es muy fuerte mete muchos goles.* (As he/she is very strong, he/she scores lots of goals.)

Lo mejor de él/ella es… (the best thing about him/her is…) — *Lo mejor de ella es que es muy tranquila y simpática.* (The best thing about her is that she is very calm and kind.)

b ✏️ **Escribe cinco frases sobre una persona famosa e inglesa a quien admiras.**

Ejemplo: *Admiro a Richard Branson porque es...*

c ✏️ **Escribe cinco frases sobre una persona famosa e inglesa que no te guste.**

Ejemplo: *No me gusta X porque es...*

10 ✏️ **Escribe un artículo sobre gente famosa que te guste.**

Gramática

More about using adjectives

Adjectives agree in number and gender with the noun they are describing:

masculine singular	*un chico majo* (a lovely boy)
masculine plural	*ojos negros* (black eyes)
feminine singular	*una piel oscura* (a dark complexion)
feminine plural	*unas personas divertidas* (fun people)

In Spanish some adjectives are used with the verb *ser* while others are used with *tener*:

Es guapo.	He is good looking.
Es bastante alto.	He is quite tall.
Tiene el pelo rubio.	He/she has blond hair.
Tiene éxito.	He/She is successful.

Ser is used with nationality:

Soy inglés/esa.	I am English.
Es irlandés/esa.	He/She is Irish.
Son americanos/as.	They are American.

Completa las frases siguientes con el verbo correcto:
1 J. R. R. Tolkein _____ inglés.
2 Mi novio _____ fuerte y delgado y _____ los ojos morenos.
3 Mi amigo _____ suerte. Ya tiene bigote y se afeita cada día.
4 Ana Kornikova _____ una tenista muy famosa.
5 Bill Gates _____ listo y _____ mucho éxito.
6 Los chicos de Green Day _____ éxito porque _____ simpáticos.
7 Los Kaiser Chiefs _____ majos y graciosos.
8 Yo _____ alto y un poco gordo.

11 🎧📖 **Escucha y lee lo siguiente. ¿Quién es?**
¿María, Suzi, Pili, Juan, Anabel o Pablo?

Ejemplo: 1 — María

1 Le gusta la misma comida.
2 Tiene novia.
3 Está triste.
4 Tiene la misma edad que su amiga.
5 Se lleva muy bien con la persona que vive al lado.
6 Le gusta hacer deporte.
7 Comparte muchas cosas.
8 Cree que su amigo le ayuda.

Mi mejor amigo se llama Ángel. Es el chico más simpático de mi clase. Tiene un sentido del humor fantástico y siempre se está riendo. A los dos nos gustan las mismas cosas. Nos encanta salir, la música rock y hamburguesa con patatas fritas. Ángel me escucha y yo le escucho a él. Lo más importante es que te puedes fiar de Ángel. Tener un amigo con quien puedes contar es esencial para mí.

María

Mi mejor amiga se llama Bárbara. Es más que una amiga porque es mi gemela. Compartimos la mayoría de las cosas — yo le dejo mi ropa y ella me deja su maquillaje. Barbara es estupenda. Es la persona más lista que conozco, pero también es la más maja. Es una amiga de verdad. Para mí eso es lo más importante. Te puedes llevar bien con la gente pero eso no significa que sean amigos de verdad. Con Barbara no es así.

Suzi

Mi mejor amiga se llama Marta. Desafortunadamente de momento no nos llevamos demasiado bien. Es porque se ha enamorado de un chico de nuestra clase y ahora no tiene tanto tiempo para mí. Apenas me habla, como siempre está con el novio. Me siento muy mal. No sé qué hacer.

Pili

No me llevo bien con Pili, la mejor amiga de mi novia. Es muy egoísta y no nos deja solos nunca. Es muy pesada y creo que me tiene celos.

Juan

Mi mejor amiga es mi madre. Es la persona más maja que conozco. Me encanta su sentido del humor y tenemos los mismos gustos en todo. Pasamos mucho tiempo juntas — por ejemplo, cada semana jugamos al tenis y montamos en bici. Tengo muchos amigos, pero mi madre es la única que me entiende de verdad.

Anabel

La persona que mejor me cae es mi mejor amigo Max. Es mi vecino y siempre estamos juntos. Me encanta salir y siempre puedo contar con él para acompañarme. Nunca estoy solo. Es muy listo y me ayuda mucho con mis deberes.

Pablo

¡Mola!

The superlative

The superlative is used to compare the most or the least. In English, we add **-est** to the adjective, for example the kind*est*, the rich*est*, the happi*est*, or we add the word 'most', for example the *most* beautiful.

In Spanish, you use the following construction:
el/la/los
+ más/menos
+ noun + adjective.

For example:
- *El chico **más** simpático de mi clase.*
  The nicest boy in my class.

- *La persona **menos** inteligente que conozco.*
  The least intelligent person I know.

NB: *mejor* — best;
peor — worst.

Write two sentences using the superlative for the following set of pictures.

Ana   María   Suzi

---

12 💬 **Trabaja con tu pareja. Habla de tu mejor amigo/a.**

Mi mejor amigo/a se llama...
Es el chico/la chica más...
Me encanta su...
Tenemos los mismos gustos en...
Puedo fiarme de él/ella...
Para mí lo más importante es...

13 📖 **Lee lo que dice Francisco de su hermano.**

Admiro mucho a mi hermano mayor porque es un experto de la informática. Si tengo un problema con mi ordenador o si se estropea, Andrés no tarda nada en recuperar los archivos o vencer a un pirata de informática.

Solo tiene 18 años, pero es superlisto y repara cualquier fallo.

Tiene cuatro ordenadores en total, pero no me deja usarlos porque no tengo éxito con los ordenadores. ¡Con sólo mirarlos consigo borrar los archivos! ¡Siempre se me olvida mi contraseña! Lo mejor de Andrés es que es muy tranquilo y explica bien las cosas. ¡También me quema muchos CDs de música guay!

Uso el ordenador para los estudios y es muy importante entender del 'disco duro', 'lector de disquettes' etc., pero soy un poco tonto porque siempre tengo algún problema. ¡Andrés es mi héroe!

a ✏️ **¿Cuáles de estos adjetivos describen Andrés y Francisco? Rellena la tabla.**

inteligente divertido perezoso generoso
antipático antiguo rápido agradecido
trabajador nervioso alto despistado
aburrido egoísta

Andrés	Francisco
inteligente	*agradecido*

b ✏️ **Haz una lista de los usos diferentes de *ser* y *tener* en este artículo.**

Ejemplo: ser — Es un experto.
tener — Tengo un problema.

14 📖 **¿Qué dice Ángel de la gente a quien admira?**

La persona más importante en mi vida es mi madre. Sin ella no sería quien soy. Es cariñosa, simpática y perdona muy fácilmente. Le quiero porque me ha enseñado como ser una persona honrada. También está mi padre. Dicen que me parezco a él, pero prefiero pensar que quieren decir que me parezco con respecto a mi personalidad. Es trabajador y honesto. Siempre dice algo majo de los demás.

Creo que los amigos son muy importantes. Conozco a mucha gente pero sólo tengo una a quien le considero una amiga de verdad. A Ana le conozco de toda la vida y es la única persona con quien puedo hablar porque ella escucha. Es discreta y muy lista, pero modesta. Con Ana puedes ser serio o relajado. Salimos juntos bastante pero no importa si no nos vemos durante un tiempo. Al juntarnos de nuevo todo sigue como antes.

a ✏️ **Answer the questions in English.**

1 Name two things Ángel says about his mother.
2 What has his mother taught him?
3 How does he describe his father?
4 What does he say about Ana?
5 Why doesn't it matter if they don't see each other for a while?

Vocabulario

1 El tiempo libre (páginas 32–41)

¿Qué haces en tu tiempo libre?	**What do you do in your free time?**
¿Cómo pasas tu tiempo libre?	How do you spend your free time?
Me encanta…	I love…
…bailar.	…dancing.
…jugar al tenis.	…playing tennis.
…montar a caballo.	…horse riding.
Prefiero…	I prefer to…
…dar un paseo.	…go for a walk.
…ir al cine.	…go to the cinema.
Escucho…	I listen…
…música.	…to music.
…la radio.	…to the radio.
Veo la televisión.	I watch the television.
Leo…	I read…
…libros.	…books.
…revistas.	…magazines.
Mando mensajes de texto.	I send text messages.
Me gusta…	I like…
…salir con amigos.	…going out with friends.
…leer el periódico.	…reading the newspaper.
…ver la televisión.	…watching television.
Me divierto…	I enjoy…
…estar al aire libre.	…being outdoors.
…ir de compras.	…going shopping.
…jugar al voleibol.	…playing volleyball.
No aguanto…	I can't stand…
…el fútbol.	…football.
…los videojuegos.	…video games.
No suelo salir por la tarde.	I don't usually go out in the evening.
Hago mucho deporte.	I play a lot of sport.
No me interesa mucho…	I'm not very interested in…
…escuchar música.	…listening to music.
…la fotografía.	…photography.
…la cocina.	…cookery.
Hay mucho que hacer.	There's a lot to do.
No hay nada que hacer.	There's nothing to do.
Sólo hay un cine en el pueblo.	There is only one cinema in the town.

¿Cuál es tu pasatiempo favorito?	**What's your favourite hobby?**
Me gusta más escuchar música en mi ipod.	I like listening to my music on my iPod best.
Prefiero hablar con mis amigos por teléfono móvil.	I prefer to talk to my friends on my mobile phone.
Lo que más me gusta es bailar flamenco.	What I like best is dancing flamenco.
Mi pasatiempo favorito es coleccionar sellos de otros países.	My favourite hobby is collecting stamps from other countries.
¿Practicas algún deporte?	Do you play any sports?

¡Mola!

Soy aficionado…	I'm keen on…
...a los deportes de equipo.	…team sports.
...al baloncesto.	…basketball.

A mí me encanta hacer…
...gimnasia.
...atletismo.
...ciclismo.

I love…
…gymnastics.
…athletics.
…cycling.

El tenis de mesa es mi deporte preferido. — Table-tennis is my favourite sport.

¿Tocas algún instrumento? — Do you play an instrument?

Toco…
...el piano.
...la guitarra.
...el violín.

I play…
…the piano.
…the guitar.
…the violin.

Juego al fútbol el fin de semana. — I play football at the weekend.

Voy a jugar al ajedrez el lunes. — I'm going to play chess on Monday.

Hago teatro los jueves. — I have drama on Thursdays.

¿Te gusta salir? — Do you like going out?

¿Qué te apetece hacer esta tarde? — What do you fancy doing this evening?

¿A qué hora quedamos? — What time shall we meet?

¿Dónde quedamos? — Where shall we meet?

Delante de la estación, como siempre. — In front of the station, as usual.

¿Qué ponen en el cine esta noche? — What's on at the cinema tonight?

La película comienza a las 9.15 de la noche. — The film begins at 9.15 pm.

Vamos a la sesión de las 7.00. — We are going to the 7 o'clock showing.

Hoy el club abre a las 11.00. — The club opens at 11.00 today.

Quisiera tres entradas para el concierto de esta tarde. — I'd like three tickets for the concert this afternoon/evening.

El concierto no termina hasta las 8.00. — The concert doesn't finish until 8.00.

Te veo a las 4.00 esta tarde. — I'll see you at 4.00 this afternoon.

¿Nos vemos a las 5.00? — Shall we meet at 5.00?

Me quedo en casa los lunes. — I stay in/at home on Mondays.

Sólo salgo los fines de semana. — I only go out at weekends.

¿Qué hiciste ayer? — What did you do yesterday?

Salí con mis amigos. — I went out with my friends.

Me quedé en casa. — I stayed at home.

Fui al cine. — I went to the cinema.

No hice nada. — I didn't do anything.

Jugué al fútbol. — I played football.

Compré unas zapatillas en el mercado. — I bought some trainers in the market.

Fuimos a casa de mi tía. — We went to my aunt's house.

Jugamos al tenis con nuestros primos. — We played tennis with my cousins.

Volvimos a medianoche. — We got back at midnight.

2 ¿Cómo te enteras? (páginas 42–49)

Los medios de comunicación	The media
el cine	cinema
el diario	newspaper
Internet	the internet
el ordenador	computer
la película, la peli	film
el periódico	newspaper
la prensa	the press
la programación	viewing guide
la radio	radio
el (teléfono) móvil	mobile
la televisión	television
el televisor	television (set)

¿Te gusta la televisión?

Me gusta…
 …*Gran Hermano*.
 …el sorteo de Lotería Nacional.

Me gustan…
 …los concursos.
 …los informativos.
 …los espacios publicitarios.

Me interesan…
 …los programas de deporte.
 …los documentales.
 …los programas sobre el medio ambiente.

Detesto/Odio…
 …los concursos.
 …los anuncios.

Ponen *Los Simpson* a las 14 horas.

Teletienda comienza a las 8.30.

Telediario termina a las 11.00 de la noche.

La televisión es un rollo.

Do you like television?

I like …
 …*Big Brother*.
 …the National Lottery draw.

I like…
 …quiz programmes.
 …news programme(s).
 …commercials.

I'm interested in…
 …sports programmes.
 …documentaries.
 …programmes about the environment.

I hate…
 …quiz programmes.
 …advertisements.

The Simpsons is on at 2.00 pm

Teletienda begins at 8.30.

The television news ends at 11 pm.

Television is a bore.

Comunicando por teléfono/Internet

Me encanta mandar…
 …correos electrónicos.
 …mensajes de texto (SMS).

Llamo a mis amigos todos los días.

Me entusiasma…
 …chatear por Internet.
 …hacer surf en el ordenador.

Communicating by phone/the internet

I love sending…
 …e-mail messages.
 …text messages.

I call my friends every day.

I'm keen on…
 …internet chat.
 …surfing the net.

Me gustaría crear…	I'd like to create…
…un blog.	…a blog.
…una página web.	…a web page.
La Red me fascina.	The web fascinates me.
No aguanto Internet.	I can't stand the internet.

¿Qué echan en el cine?

What's on at the cinema?

¿Conoces alguna de las películas de Pedro Almodóvar?

Do you know any of the films of Pedro Almodóvar?

Echan *Piratas del Caribe 3*. ¡Es genial!

They are showing *Pirates of the Caribbean 3*. It's great!

Me encantan…

I love…

…las películas de suspense.

…thrillers.

…los dibujos animados.

…cartoons.

…las comedias.

…comedies.

No me gustan las películas de…

I don't like…

…terror.

…horror films.

…ciencia-ficción.

…science fiction.

La película trata de…

The film is about…

…la historia de España.

…the history of Spain.

…un robo famoso.

…a famous robbery.

…un viaje a la luna.

…a journey to the moon.

La actriz principal era guapísima.

The lead actress was very pretty.

Es la peor película que he visto este año.

It's the worst film I've seen this year.

La película dura sólo una hora.

The film only lasts an hour.

Esa película me impresionó mucho.

That film made a big impression on me.

Los efectos especiales eran espectaculares.

The special effects were spectacular.

Esa película fue bastante entretenida.

That film was quite entertaining.

¿Cuánto cuestan las entradas?

How much are the tickets?

¿Le quedan entradas?

Have you any tickets left?

Las entradas eran baratas/caras.

The tickets were cheap/expensive.

Correos

At the post office

Por favor, ¿dónde está Correos?

Where is the post office, please?

¿Qué desea?

What would you like?

¿Cuánto cuesta mandar esta carta/este paquete a Inglaterra?

How much is it to send this letter/this parcel to England?

Cuesta 2 euros con 50.

It costs 2 euros 50.

Quiero mandarlo por correo.

I want to send it by post.

Quisiera enviar una postal a Inglaterra.

I'd like to send a postcard to England.

Quisiera dos sellos de 60 céntimos.

I'd like two 60-cent stamps.

Echa la carta al buzón.

Put the letter in the post(box).

El buzón está fuera, a la derecha.

The postbox is outside, on the right.

Vocabulario

3 ¿A quién admiras? (páginas 50–55)

¿A quién admiro?

Admiro a Gemma porque es muy honesta.

No admiro a mi hermana mayor porque es
demasiado habladora.

Me cae muy bien.

Me cae fatal.

Adriana le cae bien/mal a tu papá.

Juan no le cae nada bien a mi madre.

Mi profesor de ciencias es simpático y muy listo.

La profesora de francés es una persona
relajada y abierta.

Me llevo bien con Silvia porque es generosa.

No me llevo bien con Roberto porque es egoísta.

Who do I admire?

I admire Gemma because she's very honest.

I don't admire my older sister because she
talks too much.

I really like him/her.

I can't stand him/her.

Your father likes/doesn't like Adriana.

My mother doesn't like Juan at all.

My science teacher is nice and very clever.

The French teacher is a relaxed and
open person.

I get on well with Silvia because she is generous

I don't get on with Roberto because he's selfish.

El chico/La chica ideal

¿Cómo es?

¿Cómo es su personalidad?

¿Cómo es tu media naranja?

¿Cómo sería tu novio/novia ideal?

Es muy cariñoso/a.

Siempre está de buen humor.

Tiene que ser mayor que yo.

Debería ser…
    …generoso/a
    …gracioso/a
    …trabajador/a

No debería ser…
    …grosero/a.
    …cruel.

Me gustan los chicos/las chicas con ojos marrones.

No me gustan los chicos/las chicas morenos/as.

Jorge tiene la piel morena y la cara alargada.

Es inteligente y bien educado.

Lo mejor de él/ella es su sentido del humor.

Lo peor de él/ella es su egoísmo.

The ideal boy/girl

What's he/she like?

What kind of personality has he/she?

What's your soulmate/other half like?

What would your ideal boyfriend/ girlfriend be like?

He/She's very affectionate.

He/She's always in a good mood.

He/She must be older than me.

He/She should be…
    …generous.
    …funny/amusing.
    …hard-working

He/She should not be…
    …rude/vulgar.
    …cruel.

I like boys/girls with brown eyes.

I don't like boys/girls with dark hair.

Jorge is dark-skinned and has a long face.

He's intelligent and well mannered.

The best thing about him/her is his/her sense of humour.

The worst thing about him/her is his/her selfishness.

¿Cómo son tus amigos?

¿Cómo es su personalidad?

Andrés es el chico más inteligente/simpático/
generoso de la clase.

Lola es la única amiga con quien puedo hablar.

Pablo es muy majo, y me entiende de verdad.

What are your friends like?

What kind of personality has he/she?

Andrés is the most intelligent/nicest/
most generous boy in the class.

Lola is the only friend I can talk to.

Pablo is very nice and he really understands me.

¡Mola!

Marta es una amiga de verdad porque siempre puedo contar con ella.	Marta is a true friend because I can always rely on her.
Arturo me cae bien porque tenemos los mismos gustos.	I like Arturo because we have the same tastes.
Lo mejor de Juanjo es que escucha bien lo que le dices.	The best thing about Juanjo is that he listens to what you say to him.

La gente famosa	Famous people
¿Quién es?	Who is it?
¿Por qué te cae bien?	Why do you like him/her?
Es...	He's a...
...actor de cine.	...film actor.
....cantante.	...a singer.
... piloto de carrera.	...a racing driver.
Rafael Nadal es tenista.	Rafael Nadal is a tennis-player.
Es majo y le admiro porque es muy trabajador.	He's nice and I admire him because he's very hardworking.
Penelope Cruz es una actriz española muy famosa.	Penelope Cruz is a very famous Spanish actress.
Admiro a Pedro Almodóvar porque es listo y divertido.	I admire Pedro Almodóvar because he's clever and funny.
Cesc Fábregas es un futbolista rápido e inteligente.	Cesc Fábregas is a quick, intelligent footballer.
Cristina Fernández ha tenido mucho éxito como presidente de Argentina.	Cristina Fernández has been very successful as president of Argentina.

La vida de la gente famosa	Famous people's lives
¿Dónde nació él/ella?	Where was he/she born?
Nació en un barrio pobre de Bogotá.	He/She was born in Bogotá.
¿Dónde vive actualmente?	Where does he/she live at present?
Vive en Hollywood desde el año 2000.	He/She has lived in Hollywood since the year 2000.
Tiene dos casas: una en Los Ángeles y otra en París.	He/She has two houses: one in Los Angeles and the other in Paris.
Es muy rico pero no es feliz.	He's very rich but he's not happy.
Se ha divorciado tres veces.	He/She has been divorced three times.
¿Cuando comenzó a...	When did he/she begin to...
...tocar el piano?	...play the piano?
...jugar al tenis?	...play tennis?
...aparecer en la televisión?	...appear on the television?
...estudiar música?	...study music?
Escribió su primera canción/su primer poema a los diez años.	He wrote his first song/his first poem at ten years of age.
Fue seleccionado/a para los JJ.OO. (los Juegos Olímpicos) de 2008.	He/She was picked for the Olympics in 2008.
Es campeón/-ona del mundo.	He/She's the world champion.
Marcó el gol que ganó...	He scored the goal that won...
...el Campeonato Europeo.	...the European Championship
...la Copa Mundial.	...the World Cup.
El año pasado ganó un disco de oro.	Last year he/she won a golden disk.
Ha vendido un millón/dos millones de discos.	He/She has sold a million/two million disks.
Sus novelas se han traducido a doce lenguas.	His/Her novels have been translated into 12 languages.
Ha adoptado a un niño africano.	He/She has adopted an African child.

El mundo del trabajo

1 ¿Qué tal tu cole?

2 Las prácticas de trabajo

3 El futuro

✔ **Learn the different school subjects**

✔ **Talk about daily routine**

✔ **Talk about school uniform**

✔ **Use verbs expressing necessity and obligation**

✔ **Use pronouns**

1 ¿Qué tal tu cole?

1a 📖 ✏️ **¿Qué estudias? Pon los dibujos en el orden correcto según la lista siguiente.**

Ejemplo: **1 — d**

1 el español
2 el diseño
3 las matemáticas
4 la música
5 el inglés
6 el arte dramático
7 la historia
8 la tecnología
9 el alemán
10 las ciencias
11 la religión
12 el dibujo
13 el francés
14 la geografía
15 la informática
16 la educación física
17 la educación civil

b 💬 **Habla con tu pareja. ¿Qué asignaturas te gustan más?**

c 📖 ✏️ **Cada una de las palabras siguientes es una asignatura. Adivina cuál es cada una.**

Ejemplo: **1 — español**

1 pasleoñ
2 narfséc
3 lenaám
4 ticámsameta
5 rosaitih
6 grefogaaí
7 samúci
8 rate tamárdcoi

9 jubdio
10 gtaeíconlo
11 cacdenóiu safíic
12 cacdenóiu licvi
13 lerinóig
14 sienacci
15 ficátamrino
16 sediño

¡Mola!

2 🎧 📖 **Copia el horario. Rellena los huecos 1–10 con las asignaturas que faltan.**

Ejemplo: **1** — *dibujo*

	lunes	martes	miércoles	jueves	viernes
8:00	inglés	geografía	informática	tecnología	español
9:00	ciencias	(2)	(5)	historia	(9)
10:00	(1)	ciencias	(6)	(8)	matemáticas
11:00					
11:30	español	(3)	ciencias	informática	inglés
12:30	matemáticas	deporte	geografía	inglés	dibujo
1:30					
3:00	historia	deporte	(7)	francés	deporte
4:00	geografía	(4)	español	matemáticas	(10)

3 📖 **Lee lo que dicen estos jóvenes. Mira el horario. ¿A qué día se refieren?**

1 *Me encanta estudiar idiomas y hoy ¡tengo la oportunidad de estudiar dos! Es mi día preferido, ¡por supuesto!*

2 *Me gusta trabajar con ordenadores y como hoy estudiamos esa asignatura dos veces ¡es genial!*

3 *De veras no me gustan las ciencias así que el único día que no las tenemos es mi preferido.*

4 *Soy muy deportista y por eso el día que tenemos dos clases de esta asignatura es mi favorito.*

5 *La verdad es que no me gusta el colegio en absoluto. Pero, como es el día que no hay geografía — ¡la que odio! — tiene que ser mi preferido.*

4 💬 **Trabaja con tu pareja. Habla de los días escolares que más te gustan y cuáles no. ¿Sabes explicar por qué?**

Mi día preferido es...
Hoy tengo...
Una vez a la semana/dos veces a la semana tenemos...
Porque se me da(n) bien...
Aunque no me gusta/n...

5a 🎧 📖 **Escucha a dos jóvenes hablando de sus colegios y horarios. Lee las frases y decide si son verdaderas (V) o falsas (F).**

Ejemplo: **1** *David tiene seis horas de clase al día.* — *F*

1 David tiene seis horas de clase al día.
2 María va a casa para comer.
3 A David le gusta la informática.
4 David y María están en el mismo año de cole.
5 El recreo de María dura veinte minutos.
6 Las clases de David terminan a las cinco.
7 María no tiene clases el jueves.
8 David no hace ninguna actividad después del colegio.

b 🖊 **Ahora para cada frase que pienses que es falsa, escribe la frase correcta en tu cuaderno.**

c 🎧 🖊 **Escucha otra vez. Copia y rellena el cuadro siguiente con la información adecuada.**

	María	David
Hora de empezar el colegio	9:00	8:45
Hora de terminar el colegio		
Número de recreos		
Número de clases por día		
Actividades extracurriculares		
Dónde pasa la hora de comer		
Lo que hace durante los recreos y las comidas		
Curso/año del cole		
Opinión del cole		

6a Mira la tabla en la página anterior.
Escribe una pregunta para cada frase
y tu propia respuesta.

Ejemplo: ¿A qué hora empieza el colegio?
Mi colegio empieza a las nueve menos cinco.

b Trabaja con tu pareja. Hazle una
entrevista sobre su colegio.

7a Yésica y Martín están hablando
de su colegio. Encuentra lo que significan
las frases en negrita. Usa un diccionario
para ayudarte.

> **1**
> ¿Qué opinas tú de las ciencias, Yésica?

> **No las aguanto.** Son muy difíciles y **el profesor no
> hace más que gritar.**

> **2**
> ¿Martín, tienes una asignatura preferida — o un profesor
> preferido?

> Me encantan los idiomas. **Saco buenas notas** porque
> **mi profesor explica muy bien las cosas.
> Me ayuda mucho.**

> **3**
> ¿Qué piensas de la historia y la geografía, Yésica?

> **No están mal.** El Señor Montoya **enseña bien,**
> pero **nos pone demasiados deberes.**

> **4**
> ¿ Y tu qué opinas, Martín?

> **Estoy de acuerdo con** Yésica.
> Considero que estas asignaturas
> están bien, pero que el profesor
> **nos hace escribir demasiado**
> y es en realidad bastante aburrido.

> **5**
> ¿Entonces crees tú Yésica que nuestro
> cole es bueno?

> Pues sí. **Nos hacen trabajar
> mucho** y así **aprobaremos los
> exámenes,** que es lo importante.
> Creo que **tienes razón.**

b 💬 **Trabaja con tu pareja. Haz preguntas sobre lo que estudia en el cole.
Contesta las preguntas de tu pareja.**

| ¿Te gusta(n)
¿Qué te parece(n) | el inglés?
la historia?
las matemáticas?
el dibujo? | (No) me gusta(n)...
Odio...
Me encanta(n)
Detesto...
No aguanto...
Se me da(n) bien/mal/muy mal |
| | el(la) profesor(a) de ciencias/español/física? | Grita mucho
Me ayuda
Enseña/explica muy bien
Nos hace trabajar demasiado
Nos pone demasiados deberes |

8a 🎧 **¿Cuáles son las reglas del cole? Pon los dibujos
en el orden correcto.**

Ejemplo: *1 — b*

Gramática

Verbs expressing necessity and obligation

To express obligation or necessity
tener que + infinitive can be used.
For example:

Para mantenerme en forma
tengo que comer *las verduras.*
To keep in shape I have to eat
vegetables.

Amparo **tiene que hacer**
sus deberes.
Amparo has to do her homework.

Ellos **tienen que comprar**
un regalo.
They have to buy a present.

María tiene un examen el lunes.
Ella **tiene que** *estudiar.*
María has a test on Monday.
She has to study.

Hay que + infinitive is an alternative.
There is no subject, so the verb form
hay is always used:

Hay que coger *un autobús.*
It's necessary to take a bus.

Hay que estudiar *mucho.*
One must study a lot.

No es fácil aprender español.
Hay que *practicar mucho.*
It isn't easy to learn Spanish.
It's necessary to practise a lot.

b 🖋 **Escribe una lista de reglas para tu colegio.
¡Usa tu imaginación!**

9 📖 **Lee la lista de reglas de colegio.**

Colegio Arturo Soria

Los alumnos tienen la responsabilidad de conocer las reglas del colegio. Tienen que entender su importancia y deben seguirlas todo el tiempo. Se aplican a todas las horas del colegio e incluso durante visitas escolares. Además, deben ser seguidas durante actividades extraescolares.

Para disminuir y quizás eliminar acontecimientos desagradables la seguridad de alumnos y profesores es imprescindible. Por eso se pide todo tipo de cooperación.

Reglas generales

- Cada alumno tiene que llevar consigo identificación.
- Deben tener un bloc para apuntes, bolígrafos, lápices y libros de texto apropiados para cada clase.
- Hay que llevar el uniforme adecuado.
- No se permite llevar gorra o zapatillas — ni cascos ni MP3 etcétera.
- El colegio no reconoce ninguna responsabilidad por objetos perdidos en el colegio.
- No se permiten cerillas o mecheros.
- Demostrar respeto.
- Hay que ser cortés a toda hora. Los alumnos tienen que tratar a otros alumnos y a adultos con respeto.
- Hay que parar e identificarse en cualquier momento si se lo pide un adulto.

Se prohíbe

- Mentir, hacer trampa, copiar y hacer plagio.
- Vender objetos dentro del colegio sin el permiso del director.
- Juegos de azar — con o sin recompensa monetaria.
- Chantaje.
- El uso de MP3, televisores, teléfonos móviles, radios, ipods, juegos electrónicos y todo tipo de cosas semejantes.
- Sacar comida de la cantina — sólo se permite comer y beber dentro de la cantina.
- El chicle.
- Tirar misiles sólidos — incluyendo bolas de nieve.
- El uso de patines o monopatines.
- Traer y usar pistolas de agua.
- Actividades ilegales.
- El uso de teléfonos durante el horario escolar sin el permiso explícito de un adulto.

a 🏫 **Escribe una lista de las reglas que existen en tu colegio.**

b 💬 **Trabaja con tu pareja para decir lo que, en tu opinión, se debe y lo que no se debe permitir en el cole.**

Ejemplo: En mi opinión es importante...
No creo que sea razonable...

10a 📖 **Mira los uniformes. Escribe las palabras en el orden correcto.**

Ejemplo: a — unas botas

unas botas   una chaqueta   una camisa
una falda   unos calcetines
una corbata   una camiseta   unas zapatillas
una blusa   un pantalón   unas medias

b 🏔 **¿Puedes describir los uniformes con más detalles?**

Ejemplo: *Este chico lleva un pantalón largo y gris.*

c 💬 🏔 **¡Ahora a ti! Describe tu uniforme a tu pareja y escribe unas frases sobre él.**

Gramática

Agreement of adjectives

Remember that nouns in Spanish are masculine or feminine and adjectives must agree in number and gender with the noun they are describing:

un pantalón blanc**o**
but *una* corbata blanc**a**

unos calcetines blanc**os**
but *unas* zapatillas blanc**as**

Adjectives of colour come after the noun in Spanish. They have to agree with the noun they are describing:

una camiseta negr**a**
a black t-shirt

*un***os** pantalon**es** azul**es**
some blue trousers

Make sure you change the adjective endings where necessary!

11 a 📖 🏔 **Lee el diálogo siguiente y ponlo en el orden correcto.**

A: Muy bien. ¿Qué talla usa?
A: ¿Y qué color prefiere?
A: A ver...un momento...aquí tiene.
B: Talla 38.
B: Gracias.
A: Buenos días. ¿En qué puedo servirle?
B: ¿Cuánto cuestan?
B: Creo que azul marino.
A: En la caja que está allí al fondo.
B: ¿Dónde se paga?
B: Quisiera unos pantalones por favor.
A: Cuestan 38€.

b 🎧 **Ahora escucha y corrige.**

12 a 🎧 **Escucha esta información. Empareja cada artículo con el precio adecuado.**

Ejemplo: **1 a — 65€**

12€   56€   28€

65€   15€   44€

b 💬 **Trabaja con tu pareja. Usa el diálogo de arriba. Practica comprando las cosas en los dibujos.**

La tienda del colegio

13a 🎧 **Mira el dibujo. ¿Qué compran? ¿Cuánto pagan?**

Ejemplo: *1 a — 2€*

b 📖 💬 **Trabaja con tu pareja. Empareja los nombres de todos los artículos con la imagen adecuada.**

Ejemplo: *boli — a*

boli   lápiz   regla   goma   cuaderno

diccionario   libro   carpeta   agenda   grapadora

paquete de papel   tijeras   sacapuntas   estuche

rotuladores   compás   papel líquido   cola

pluma

¡Mola!

c **Lee estas conversaciones y practica con tu pareja para comprar algo de la lista.**

A: ¡Hola! ¿Qué desea?
B: Quisiera un bolígrafo azul, por favor.
A: ¡Aquí tiene! ¿Algo más?
B: No, nada más, gracias. ¿Cuánto es?
A: Son 2€, por favor.

A: ¡Hola! ¿Qué quiere, señorita?
B: Quisiera unos rotuladores, por favor.
A: ¡Aquí tiene! ¿Algo más?
B: No, nada más, gracias. ¿Cuánto es?
A: Son 15€, por favor.

A: ¡Buenos días! ¿Qué desea?
B: Quisiera un diccionario, por favor.
A: ¿De qué idioma?
B: Español–inglés, por favor
A: Toma. ¿Algo más?
B: No, gracias ¿Cuánto es?
A: Son 22€, por favor.

Gramática

Pronouns

Pronouns are words that replace nouns.

Subject pronouns generally appear before the verb. They explain who is doing the action.

Singular		Plural	
I	*yo*	we	*nosotros/as*
you (informal)	*tú*	you (informal)	*vosotros/as*
he/it	*él*	they	*ellos*
she/it	*ella*	they	*ellas*
you (formal)	*usted*	you (formal)	*ustedes*

Spanish uses a different word for 'you' according to whether the relationship is:
• informal (talking to a young person or child or an adult you know well), or
• formal (talking to an adult you don't know well or a person who is in authority)

You do not always need to use the subject pronouns, as the ending of the verb tells you who is speaking. Always use them, however, to make things clear. For example:

Él tiene un gato. Yo tengo un perro.
He has a cat. I have a dog.

Direct object pronouns replace nouns that 'receive' the verb. They answer the question 'what?' or 'who(m)?' with regard to what the subject of the sentence is doing. They are often used to avoid repetition. For example:

Pedro compró un helado y se lo regaló a su madre.
Pedro bought an ice cream and gave it to his mother.

Singular		Plural	
me	*me*	us	*nos*
you (informal)	*te*	you (informal)	*os*
him/it	*le/lo*	them	*les/los*
her/it	*la*	them	*las*
you (formal)	*lo/la*	you (formal)	*los/las*

Indirect object pronouns also replace nouns that 'receive' the verb, but answer the question 'to what?' or 'to whom?' with regard to what the subject of the sentence is doing. For example:

Voy a traer una taza de café a mi madre.
Le voy a traer una taza de café.

I'm going to bring **my mother** a cup of coffee.
I'm going to bring a cup of coffee **to her**.

Singular		Plural	
to me	*me*	to us	*los*
to you (informal)	*te*	to you (informal)	*os*
to him/to her/to it	*le*	to them	*les*
to you (formal)	*le*	to you (formal)	*les*

Object pronouns generally come before the verb but can also be placed at the end of some forms of the verb, e.g. the infinitive. For example:

Tienes que enviarme una carta.
or *Me tienes que enviar una carta.*
You have to send **me** a letter.

14 **Sustituye las palabras subrayadas con el pronombre adecuado.**

Ejemplo: *Quiero comprar estos bolígrafos. — Quiero comprarlos.*

1 Voy a ver a mi madre esta tarde.
2 Hoy es el día de los exámenes. Voy a llamar a mi profesor.
3 He perdido mis gafas. ¿Has visto mis gafas?
4 Detesto la geografía.
5 Quiero ver el partido de fútbol mañana.
6 Juan prefiere hablar español.

15a 📖 Empareja las frases y los dibujos.

Ejemplo: **1 — d**

1 He perdido mi teléfono móvil. Creo que lo perdí en el patio hace media hora.

2 He perdido mi cartera. La dejé en la cantina ayer. Es roja y contenía cuatro billetes de diez euros.

3 Dejé mis llaves en el laboratorio esta mañana. ¿Las has encontrado?

4 He perdido mi bolsa de deportes. Contiene mi pantalón corto, una camiseta y unas zapatillas. Creo que la dejé en el autobús.

5 ¿Has encontrado un estuche rojo? Contiene dos bolis, un lápiz y una goma. No lo he visto desde esta mañana. Creo que lo dejé en el aula de matemáticas.

6 Busco mi bicicleta. Estaba en el almacén durante el recreo, pero ¡ahora no está! Creo que me la han robado.

a

b

c

d

e

f

b 🎧 Escucha las conversaciones. ¿Qué han perdido? ¿Cuándo y dónde? Copia y completa las casillas con la información adecuada.

¿Qué?	¿Cuándo?	¿Dónde?
Ejemplo: mochila	esta mañana	el gimnasio
1		

c 📖 💬 Trabaja con tu pareja. Practica estos dos diálogos, a y b.

A: ¿En qué puedo ayudarle?
B: He perdido mi...

a **b**

A: ¿Dónde la perdió?
B: La perdí...

a **b**

A: ¿Cuándo la perdió?
B: La perdí...

a **b**

A: ¿Qué contenía?
B: Contenía...

a **b**

A: ¿Cómo se llama?
B: Me llamo.....
A: Le informaremos si la encontremos.
B: Gracias.

2 Las prácticas de trabajo

✔ Apply for a job

✔ Learn about workplace activities

✔ Use the imperfect and preterite tenses

✔ Give opinions

1a 🎧 📝 **Copia estos títulos en tu cuaderno. Escucha lo que dice la chica. Rellena los detalles que faltan.**

Apellido: **Belén**

Nombre:

Fecha de nacimiento:

Edad:

Nacionalidad:

Mejores asignaturas:

Pasatiempos favoritos:

Dónde quiere trabajar:

Por qué:

Cualidades:

Ambiciones:

b 💬 **Trabaja con tu pareja. Haz las siguientes preguntas y contéstalas.**

1 ¡Hola! ¿Cómo te llamas?
2 ¿Y cuál es tu fecha de nacimiento?
3 ¿Y cuántos años tienes?
4 Muy bien, y ¿de dónde eres?
5 Y ¿cuáles son tus mejores asignaturas en el colegio?
6 ¿Tienes algunos pasatiempos o actividades?
7 ¿Dónde quieres hacer tus prácticas de trabajo?
8 ¿Por qué?
9 Háblame de tus cualidades personales.
10 ¿Me puedes dar otra razón por tu elección?

c 📝 **Completa la solicitud de arriba para ti mismo.**

2 📖 **Quieres hacer prácticas de trabajo. Lee los anuncios.**

Anuncios de trabajo

a ¿Te interesa la educación?
Hay puestos en colegios de primaria y secundaria por esta región.

b ¿Estás buscando un trabajo en informática? Empresa de informática en centro ciudad busca empleados temporales.

c ¿Te gustan los idiomas y viajar? Considera hacer tus prácticas de trabajo en una agencia de viajes. Hay muchas oportunidades.

d Si te interesa trabajar en el mundo de la hostelería no busques más. Hay puestos en hoteles y pensiones de este barrio.

e Si estás interesado en asuntos sociales te ofrecemos la oportunidad de trabajar en hospitales y residencias de ancianos.

f Si te interesan los medios de comunicación Radio X tiene el puesto que buscas. Escribe inmediatamente.

a 📖 **Qué anuncio te interesará si...**

1 Eres bueno con los ordenadores.
2 Quieres ser recepcionista.
3 Quieres ser profesor(a).
4 Se te da bien la música.
5 Quieres ser médico.
6 Hablas francés y español.

b 📖 **Lee la carta siguiente. ¿A qué anuncio se refiere?**

Fecha

Muy señor mío,

Vi su anuncio en la revista de febrero del colegio ofreciendo puestos para las prácticas de trabajo. Me interesa mucho una carrera en medicina y un puesto con ustedes me vendría muy bien. Sería una gran oportunidad.

En el colegio mis mejores asignaturas son las ciencias y la informática. También se me dan bien los idiomas.

Soy un alumno honesto y trabajador. Tengo buen sentido del humor y trabajo bien en equipo.

Creo que tengo las cualidades que busca y le agradecería que me considerara para un puesto.

Le mando adjunto mi currículum y una carta de mi profesor.

Muchas gracias.

Le saluda atentamente,
Angélica Dorado.

c 🏠 **Escribe una carta parecida solicitando un puesto de los anunciados en la página 71. Si prefieres, prepárala para otro trabajo de tu elección.**

3a 🎧📖 **Escucha y lee. ¿Quién habla? Empareja los nombres con los dibujos.**

Ejemplo: Luci — b

Hice mis prácticas de trabajo en un banco.
Luci

Hice mis prácticas de trabajo en una tienda de animales domésticos.
Pablo

Trabajé en una fábrica de galletas del barrio. ¡Un rollo!
Juan

Pasé mis prácticas en una oficina del centro.
Marta

Trabajé en un colegio. Fue genial.
Suzi

Trabajé en una agencia de viajes. No fue muy interesante que digamos.
Javier

b 🎧🏠 **¿Qué más dicen estos jóvenes? Copia y completa la tabla con los detalles que faltan.**

	¿Cuándo?	¿Cuánto tiempo?	Horario	Transporte
Ejemplo: Luci	*marzo*	*tres semanas*	*9–5*	*coche*
Pablo				
Suzi				
Juan				
Marta				
Javier				

c 💬 **Trabaja con tu pareja. Usa la información de arriba. Practica preguntas y contéstalas.**

Ejemplo: Luci

A: ¿Dónde hiciste tus prácticas de trabajo?
B: Trabajé en un banco.
A: ¿Cuándo hiciste tus prácticas de trabajo?
B: Hice mis prácticas de trabajo en marzo
A: ¿Cuánto tiempo duraron las prácticas?
B: Duraron tres semanas en total.
A: ¿Cuál era tu horario?
B: Empezaba a las nueve y terminaba a las cinco.
A: ¿Cómo ibas al banco?
B: Iba en coche con mi madre.

¡Mola!

4a 📖👤 **Mira el ejemplo. Sigue el código. Usa las imágenes para ayudarte a escribir frases acerca de tus prácticas de trabajo.**

Ejemplo:

1 g *Mis prácticas de trabajo duraron quince días.*
  j *Trabajé en una tienda de recuerdos.*
  a *Cada día iba en autobús.*
  o *Empezaba a las diez de la mañana y terminaba a las dos de la tarde.*
  s *En mi opinión el trabajo era aburrido y no me gustaba nada.*

2 e, k, c, m, r
3 h, l, b, p, q
4 f, i, d, n, q

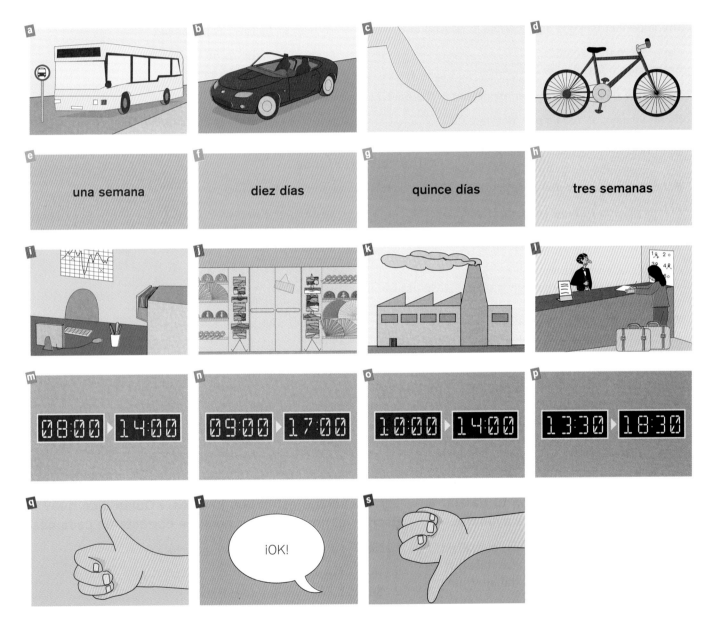

b 👤 **Ahora escribe un pequeño párrafo o una serie de frases sobre tus propias prácticas de trabajo.**

Gramática

The imperfect and preterite tenses

The imperfect tense

*Mis prácticas de trabajo duraron una semana. Trabajé en un supermercado y cada día **iba** a pie. **Empezaba** a las nueve de la mañana y **terminaba** a las cinco de la tarde con un descanso al mediodía. En mi opinión el trabajo **era** poco interesante y no me **gustaba** mucho.*

*Mis prácticas de trabajo duraron dos semanas. Trabajé en una fábrica y cada día **iba** en bicicleta. **Empezaba** a las ocho de la mañana y **terminaba** a las tres de la tarde con dos descansos al día. En mi opinión el trabajo **era** muy fácil y me **gustaba** mucho.*

The highlighted verbs in the text above are in the imperfect tense. You met this tense in Module 1.
The imperfect tense is a past tense. It is used to describe what **used to** happen. For example:

*Cada día **iba** en autobús.*
__Empezaba__ a las diez de la mañana.

Every day I **used to** go by bus.
I **used to** start at 10 a.m.

It can also describe what **was** happening in the past. For example:

*En mi opinión, el trabajo **era** aburrido.*

In my opinion, the work was boring (**while I was there**).

The preterite tense

If the action happened at a particular time in the past, you need to use the preterite tense. For example:

*El mes pasado **trabajé** en una tienda.*
*En junio del año pasado **empecé** a trabajar en el restaurante.*
*Ayer **terminé** el trabajo en el joyería.*

Last month I worked in a shop. (the activity is **finished**)
In June last year I began to work in the restaurant.
Yesterday I finished work in the jeweller's.

¿Cuál es el verbo correcto?

1 El mes pasado **hice/hacía** mis prácticas de trabajo en un restaurante.
2 Cada día **fui/iba** en metro.
3 Normalmente **empecé/empezaba** a las seis pero el lunes **empecé/empezaba** a las siete.
4 En mi opinión, trabajar en un hospital **fue/era** poco interesante.
5 La visita al hospital **fue/era** una experiencia inolvidable.
6 El trabajo **fue/era** repetitivo y no muy variado.
7 **Trabajé/trabajaba** en la cantina de un hospital.
8 El primer día **olvidé/olvidaba** traer dinero para comprar comida.
9 Lo peor **fue/era** hacer el café.
10 El trabajo **fue/era** variado y no **estuvo/estaba** mal.

5 💬 **Haz un diálogo con tu pareja. Usa las preguntas para ayudarte.**

- ¿Dónde hiciste tus prácticas de trabajo?
- ¿Cuánto tiempo duraron los trabajos?
- ¿Cuándo empezabas los trabajos por la mañana?
- ¿Cuándo terminabas por la tarde?
- ¿Cómo ibas al trabajo?
- ¿Cómo era el trabajo?

6 🎧 **Escucha a estos dos jóvenes. ¿Quién dice qué? Escribe el nombre de la persona correcta en cada caso.**

Ejemplo: 1 Iba en bicicleta.   Mari Carmen.

1 *Iba en bicicleta.*
2 Sus trabajos duraron quince días.
3 El trabajo era muy aburrido.
4 Trabajó en una tienda.
5 El día era demasiado largo.
6 Le gustó el trabajo.

¡Mola!

7a 📖✏️ **Lee en el recuadro de al lado lo que dice alguna genta sobre sus experiencias de trabajo. Decide cuáles son negativas, cuáles son positivas y cuáles no estaban mal.**

era aburrido	había mucha variedad
era interesante	mi jefe era antipático
era fácil	me llevaba bien con todos los demás
era útil	el día era demasiado largo
era insoportable	el trabajo era un poco repetitivo

b **Busca más comentarios que puedas dar sobre tus prácticas de trabajo. Usa un diccionario para ayudarte. Escríbelos en la tabla también.**

Me gustaba	No estaba mal	No me gustaba
Ejemplo: era interesante		

8 📖✏️ **Lee los siguientes párrafos. Mira la lista de abajo y escribe las palabras que faltan en cada hueco.**

1 Pasé dos semanas trabajando en una peluquería en el centro de la cuidad. Era muy interesante pero el trabajo era un poco repetitivo. Cada día tenía que

para los clientes,

y también

.

2 Trabajar en una oficina estaba bastante bien. Tenía que

, y ,

lo que no me gustaba mucho. Pero la oportunidad de

y

era, en mi opinión, una experiencia muy útil.

3 Hice mis prácticas de trabajo en una agencia de viajes. Tenía muchas oportunidades. Por ejemplo:

, y mucho más. Lo único que no me gustaba era mi jefe: era un poco frío y yo tenía que

cada día.

barrer el suelo   hablar con clientes   lavar el pelo

llevar cartas a Correos   coger el teléfono   mandar faxes

preparar la comida   hacer el café   archivar   escribir mensajes electrónicos   usar el ordenador

9 🗨️ **Haz una encuesta entre tus compañeros de clase. Averigua dónde hicieron sus prácticas de trabajo, qué horario tenían que hacer, y qué opinan de sus experiencias. Usa las siguientes preguntas.**

- ¿Dónde hiciste tus prácticas de trabajo?
- ¿Qué tenías que hacer?
- ¿Te gustó? ¿Por qué (no)?

10 ✏️ **Escribe una carta a tu corresponsal acerca de tus prácticas de trabajo. ¡No te olvides de dar tus opiniones! Menciona lo siguiente.**

- dónde trabajaste
- durante cuánto tiempo
- cómo llegabas al trabajo
- las horas que trabajabas
- lo que tenías que hacer

Al teléfono

11 📖 **Lee el texto.**

Llamando por teléfono

A pesar de que muchísima gente hoy en día tiene teléfono móvil, una gran cantidad de personas tienen problemas con usar el teléfono convencional en su lugar de trabajo. A mucha gente le causa ansiedad ¡e incluso trauma! Cada empleado tiene que vencer sus temores y encontrar una manera de superar esas preocupaciones. Si tienes problema con usar el teléfono, a lo mejor te ayudan los consejos siguientes.

Haciendo la llamada
Hacer una llamada se puede dividir en tres fases principales:
- la preparación
- la llamada
- la evaluación

La preparación
Asegúrate de a quién estás llamando. Apunta la razón de la llamada y de lo que te quieres enterar y ten eso delante de ti antes de llamar. Antes de hacer una llamada superimportante practica con un colega. Eso te ayudará a relajarte y a saber cuáles pueden ser los problemas que surgen. Si tienes una lista de llamadas ponlas en orden de dificultad con la que te parece la más fácil primero. Así ganarás confianza antes de hacer la que más te asusta. No dejes para luego llamadas difíciles — eso sólo servirá para hacerlo más estresante todavía.

La llamada
A menudo lo más difícil es conseguir comunicar con la persona a quien llamas. Si contesta una operadora, por ejemplo, ten a mano el número de extensión de la persona y su nombre. Si hace falta, explícale brevemente por qué llamas. Sé flexible con lo que dices y ante todo muéstrate tranquilo y bien educado y habla despacio — sobre todo si estás llamando al extranjero.

La evaluación
Apunta lo que pasa durante la llamada para tener un archivo de los hechos. Si una llamada no ha sido demasiado exitosa, intenta decidir por qué para evitarlo en el futuro. Mantén una actitud positiva y acuérdate de que con la práctica las llamadas se hacen más fáciles.

Recibiendo llamadas
Sólo contesta las llamadas cuando estás preparado. Aprende frases apropiadas que puedas usar al contestar. Saluda a la persona que llama; da el nombre de tu empresa y tu nombre y pregunta en qué puedes ayudarle. Si recibes la llamada en un sitio donde hay mucha gente o ruido no te distraigas — concéntrate en la llamada. No te preocupes por los silencios — es bastante común. La persona que te llama a lo mejor puede estar nerviosa también.

a 🔺 **Answer the following questions in English.**

1 In the article, what three stages are identified when making a telephone call?
2 During preparation, what is it a good idea to have written down?
3 Why is it inadvisable to put off difficult calls?
4 Which three adjectives are used to describe how you should ideally sound during your call?
5 What are you advised to do if calling abroad?
6 Why is it important to analyse why a call might not have been successful?
7 How can you improve your telephone skills?
8 What information should you give when you answer a call?
9 What might silences indicate?

¡Mola!

12a 🎧📖 **Escucha y lee lo que dicen estas personas.**

> **1** Buenos días. Hotel Bella Vista, ¡Dígame!
>
> Quisiera hablar con el señor Fidel, por favor.
>
> ¿De parte de quién?
>
> Señora Delibe.
>
> Ya le pongo.

> **2** Buenas tardes. Oficina de turismo. ¡Dígame!
>
> Quisiera hablar con el señor Fidel, por favor.
>
> Lo siento. No está en este momento. ¿Quiere dejar un recado?

> **3** Buenos días. Restaurante Tía Miranda. ¡Dígame!
>
> Quisiera hablar con la señora Orenes.
>
> Está al teléfono. ¿Quiere esperar?
>
> Sí, gracias.

b 📖 **Empareja el inglés con el español.**

¡Diga! ¡Dígame!	Thank you very much.
¿Puedo hablar con .....?	Hello!
Quisiera...	Can I take a message?
De parte de...	He/She isn't here.
Lo siento...	Don't mention it/You're welcome.
Está ocupado/a...	Would you like to wait/hold on?
No está.	I would like to...
¿Puedo coger un recado?	Goodbye.
¿Puedo dejar un recado?	Can I leave a message?
Muchas gracias.	On behalf of...
De nada.	He/She is on the phone.
Está al teléfono.	I'm sorry...
¿Quiere esperar?	Can I speak to...?
Adiós.	He/She is busy.

13 🗣 **Trabaja con tu pareja. Practica esta conversación. Úsala como ejemplo para practicar tus propias conversaciones.**

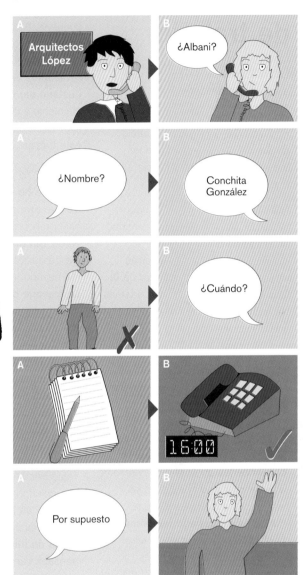

Ejemplo:

A: *Dígame. Arquitectos López. ¿En qué puedo servirle?*

B: *Oiga. Quisiera hablar con el señor Albani, por favor.*

A: *¿De parte de quién?*

B: *Soy Conchita González.*

A: *Desafortunadamente no está aquí.*

B: *¿Cuándo volverá?*

A: *No estoy seguro. ¿Quiere dejar un mensaje?*

B: *Sí. Pídele al señor Albani que me llame a las cuatro.*

A: *Por supuesto.*

B: *Muchas gracias. Hasta luego.*

14 📖 Lee el texto.

Las prácticas de trabajo

Las prácticas de trabajo ofrecen amplias oportunidades.

Hoy en día no es suficiente con el título para conseguir el trabajo de tus sueños. Hace falta tener experiencia y habilidades más allá de lo académico.

Habrás estudiado mucho y habrás aguantado mucho estrés y cantidad de preocupación para lograr tu plaza en la universidad. **Querrás descansar un poco**, disfrutar de la vida con tus nuevos amigos además de estudiar para la carrera. ¿Pero qué pasa después de terminarla?

Ser licenciado no es todo. Cada vez más los empresarios quieren más. Quieren a individuos con experiencia, y que sepan tratar con la gente. Quieren a personas que estén dispuestas a seguir mejorando su nivel profesional. **Tendrás que convencerles** que tú eres la persona a quien buscan y que tienes las cualidades adecuadas. Así que **nunca es demasiado temprano** para conseguir experiencia en el mundo del trabajo. ¡Nunca es temprano para empezar tu currículum! Hoy no es extraño empezar un pequeño trabajo durante los fines de semana o las vacaciones a la edad de catorce años.

¿Qué piensa la gente?

Preguntamos a unos jóvenes acerca de su experiencia de trabajo. Lee lo que dijeron:

Silvia, 14 años
'Trabajé en el departamento de pediatría de un hospital cerca de donde vivo. Fue una experiencia verdaderamente positiva para mí. Aprendí mucho. Cada día fue diferente. Ayudaba a preparar las comidas y jugaba con los niños. Los empleados eran majos y nos llevábamos muy bien. **Creo que me gustaría ser** enfermera cuando deje el colegio y esta experiencia me ha ayudado a entender de lo que trata este trabajo.'

Enrique, 15 años.
'**Siempre he querido ser** mecánico así que tuve mucha suerte conseguir hacer mis prácticas en un garaje del barrio. **Sin embargo** la verdad es que me desilusioné un poco porque no me dejaron trabajar en los vehículos. **La mayoría del tiempo** tenía que preparar el café o lavar los coches. A veces acompañaba a un mecánico si había una avería, lo cual me gustaba mucho. El horario estaba bien. Empezaba a las nueve y terminaba a las cuatro. Creo que haré otra cosa cuando deje el colegio. Ser mecánico es bastante duro.'

Pablo, 16 años
'Pasé tres semanas trabajando en una peluquería. Fue una experiencia valiosa y **es lo que de verdad quiero hacer** cuando termine el colegio. **Antes de hacer mis prácticas** pensaba que era un trabajo fácil, pero no lo es. Hay que estar de pie todo el día, lo que cansa mucho. Algunos de los clientes son desagradables y hay que estar sonriente todo el rato — cosa que no encuentro fácil. De todos modos ahora sé mucho más y tengo una buena idea de lo que tengo que hacer **para tener éxito** en esta profesión.'

¿Has hecho ya las prácticas de trabajo? ¿Dónde las hiciste? ¿Qué hiciste? ¿Cómo fue? Escríbenos para contar tus experiencias y opiniones.

a 📖 👤 **Match the phrases in bold with their equivalent in English listed below. Use a dictionary to help you.**

Ejemplo: hoy en día — nowadays

- nevertheless
- it's never too early
- I think I'd like to be
- being a graduate isn't the be all and end all
- I've always wanted to be
- most of the time
- before doing my work experience
- to be successful
- you'll have to convince them
- you'll want to rest a little
- it's what I really want to do

b 📖 **Según lo que dice el artículo, indica si las frases siguientes son verdaderas (V) o falsas (F).**

1 Todos los chicos quieren trabajar en lo que hicieron en sus prácticas.
2 Todos piensan que la experiencia fue útil.
3 A veces es difícil tratar con el público.
4 Sus experiencias les han ayudado a tomar decisiones con respecto a su futuro.
5 Les dejaban hacer todo tipo de tareas.
6 Han aprendido mucho.

c 👤 **Escribe una contestación a la revista dando tus ideas y opiniones sobre tus propias prácticas de trabajo. Menciona:**

- dónde trabajaste
- durante cuánto tiempo
- qué hiciste exactamente cada día
- si era una experiencia positiva o negativa y por qué
- tu opinión sobre las prácticas de trabajo en...

3 El futuro

1 🎧📖 **Escucha y lee lo que piensa hacer esta gente y pon las letras en el orden en que se mencionan.**

*Ejemplo: **1** — b*

1 *Voy a buscar trabajo.*

2 Me voy a casar.

3 Voy a trabajar como voluntaria.

4 Voy a ir a otro colegio.

5 Voy a trabajar en un banco.

6 No voy a hacer nada.

7 Voy a hacer un aprendizaje.

8 Voy a dejar el colegio.

9 Voy a viajar.

10 Voy a ganar mucho dinero.

11 Voy a seguir estudiando.

Gramática

The immediate future

To form the immediate future tense use *ir + a*.

The verb *ir* (to go) is formed as follows:

voy

vas

va

vamos

vais

van

2 👤 **¿Qué quieren hacer? Empareja las personas con las frases correctas. Piensa en qué persona del verbo es apropiada en cada caso.**

1 Ana	¿qué vas a hacer el año que viene?
2 Pablo y Marta	voy a trabajar en el banco.
3 Iñigo,	va a seguir estudiando.
4 Conchi y yo	van a ir a Inglaterrra.
5 Yo	¿vais a hacer algo?
6 Juan y Susana,	vamos a buscar un empleo.

3 💬 **Pregunta a tus compañeros de clase lo que van a hacer el año que viene.**

Ejemplo: ¿Qué vas a hacer el año que viene?
El año que viene voy a...

4   **Escucha a estos jóvenes hablando de su futuro. Rellena los huecos en las frases siguientes con los verbes correctos.**

Ejemplo: **1** — *Buscaré un trabajo.*

1 _____ un trabajo.
2 _____ más. Quiero estudiar ciencias y diseño.
3 _____ un año y luego _____ a estudiar.
4 _____ un poco antes de empezar a trabajar.
5 _____ como voluntaria en el extranjero.
6 _____ un aprendizaje. Quiero ser mecánico.

trabajaré   buscaré
viajaré   haré
descansaré
estudiaré   volveré

¡Ojo!

Todas estas palabras son verbos.
¿Qué tienen en común?

5 **Ahora escucha otra vez. Empareja cada persona con la frase adecuada abajo.**

Quiere un puesto pagado.   *Ejemplo:* **1**
Quiere aprender mientras trabaje.
Quiere conocer el mundo.
Seguirá con sus estudios.
Quiere unas vacaciones antes de estudiar.
No le importa el dinero.

80

¡Mola!

Gramática

The future tense

This verb tense is used when talking about future actions: 'I will' and 'I shall'. For example:

Buscaré un trabajo
I will look for a job

Esta tarde haré mis deberes.
This afternoon **I will do** my homework

The future tense is formed by adding the following endings to the infinitive (the part found in the dictionary):

-é
-ás
-á
-emos
-éis
-án

For example: *estudiar* (to study)

estudiaré	I **will** study
estudiarás	you **will** study
estudiará	he/she **will** study
estudiaremos	we **will** study
estudiaréis	you **will** study
estudiarán	they **will** study

Remember where accents are and are not necessary.

6a 🎧 📖 **Escucha y lee lo que dicen estos jóvenes sobre sus planes futuros. Haz una lista de todos los verbos en el futuro que encuentras.**

> Tengo planes y sueños. Hay una diferencia entre los dos, pero el futuro no siempre es seguro. Primero, lo que sí es seguro, es que me iré del colegio. Me gusta estar aquí, pero creo que la gama de asignaturas es aburrida. Seguiré estudiando y quiero ser ingeniero. Después de mis estudios cogeré un año de descanso y me iré de viaje. Haré algún trabajo voluntario — construyendo carreteras y pozos en África o algo así. Más tarde buscaré un trabajo mejor pagado. En mis sueños, el futuro ideal para mí es así: compraré una casa grande y me casaré. Pero el tiempo decidirá. Ya veremos.

Toni, 17 años

> El año que viene me quedaré en el cole para terminar mis estudios. Luego me iré a la universidad y estudiaré idiomas. Si es posible, trabajaré en el extranjero, en Estados Unidos o en China. No estoy segura. Dentro de diez años, en el mundo de mis sueños, tendré mi propia empresa. Seré rica y famosa. ¿Casarme? Sé que no me casaré — por lo menos dentro de los próximos diez años.

Ana, 16 años

b **Decide cuáles de estas frases son verdaderas (V) y cuales son falsas (V).**

Ejemplo: Toni va a seguir estudiando en el cole. F

1 Toni quiere estudiar asignaturas más interesantes que las del cole.
2 Toni quiere visitar otras partes del mundo.
3 A Toni no le importa ayudar a los demás.
4 Ana se va inmediatamente del cole.
5 Ana quiere viajar.
6 Para Ana un matrimonio es más importante que su carrera.

Gramática

Verbs with irregular stems in the future

Note that some verbs have *irregular* stems. For example:

hacer: **har**é, **har**ás, **har**á, **har**emos, **har**éis, **har**án

Can you find the future stem for the following verbs?

decir	querer	tener
poder	saber	valer
poner	salir	venir

7a 📖 ✏️ **Lee lo que dice Alberto de sus planes para el futuro. Apunta todos los verbos en el futuro.**

Alberto

¿Qué pienso hacer en el futuro? Pues, seguiré estudiando hasta terminar la universidad y buscaré un trabajo. Por supuesto, cuando tenga éxito mi grupo, viajaré con ellos por todo el mundo. Me haré famoso y ¡tendré mucho dinero! Entonces ayudaré a la gente pobre en, por ejemplo, África. Veré todos los sitios que me han interesado durante muchos años, como África o Cuba. Más adelante me imagino que conoceré a mi media naranja. No me casaré porque no creo en ello, pero a lo mejor tendré algunos hijos. Si Dios quiere, disfrutaré de buena salud y ¡seré feliz! ¡Y esto es todo!

b ✏️ **Ahora usa lo que dice Alberto para escribir sobre lo que harás en el futuro.**

8a **La mayoría de la gente no consigue cumplir sus sueños. Lee con lo que soñaban estas personas y lo que les pasó.**

 ¡Ojo!

All the verbs in bold are in the conditional tense. What do they mean?

1

Inés, 6 años
Me gustaría ser conductor de trenes. **Viviría** en una casa pequeña cerca de la estación y **sería** muy feliz.

Inés, 40 años
Soy dentista. Vivo en un pequeño piso en el centro de la ciudad con mi marido y mis dos hijos.

2

Marisol, 16 años
Me gustaría ser azafata. **Viajaría** por todo el mundo y **hablaría** muchos idiomas diferentes.

Marisol, 22 años
Trabajo en una agencia de viajes. Sueño con vacaciones exóticos pero no gano suficiente dinero de momento.

3

Adalia, 12 años
En mi mundo ideal **tendría** dos hijos — un chico y una chica. No **trabajaría**. **Viviría** en una casa del campo.

Adalia, 35 años
Tengo dos hijos. Trabajo en una oficina en la ciudad. Estoy muy contenta pero no es lo que pensaba.

4

Ico, 15 años
Me encanta cantar y bailar. **Me encantaría** ser famoso. **Actuaría** en el teatro y bailaría en todos los mejores espectáculos.

Ico, 50 años
Soy profesor de música en un colegio secundario. Me encanta mi trabajo, pero ¡no es exactamente lo que tenía planeado! ¡Quizás un día uno de mis estudiantes será famoso!

5

Moisés, 7 años
Me encantaría ser piloto o quizás piloto de un coche de carreras. **Sería** famoso y muy rico.

Moisés, 26 años
Soy mecánico. Trabajo para mi padre en un garaje y ¡es genial! No es el futuro con que soñaba, pero la verdad es que es el mejor trabajo del mundo para mí y ¡eso me gusta!

b Empareja el español con el inglés.

Ejemplo: 1 — b

1 Me gustaría ser...
2 Viviría
3 Estaría
4 Viajaría
5 Hablaría
6 Tendría
7 No trabajaría
8 Actuaría
9 Me encantaría
10 Sería

a I would be
b I would like to be...
c I would be
d I would live
e I would act
f I would love to
g I would have
h I would speak
i I would not work
j I would travel

¡Mola!

9a 🎧 Escucha los sueños de estos jóvenes. Pon las actividades en el orden en que se mencionan.

Ejemplo: **1 — f**

Gramática

The conditional tense

This tense is used when talking about events that *would* happen. For example:

Buscaría un trabajo. — **I would look** for a job.

Compraríamos una casa en las montañas. — **We would buy** a house in the mountains.

The conditional tense of regular verbs is formed by adding the following endings to the infinitive (the part found in the dictionary):

-ía	-íamos
-ías	-íais
-ía	-ían

For example: *estudiar* (to study)

estudiaría	I **would** study
estudiarías	you **would** study
estudiaría	he/she **would** study
estudiaríamos	we **would** study
estudiaríais	you **would** study
estudiarían	they **would** study

b 💬 Mira la lista de actividades de ensueño. Trabaja en pareja. Decide lo que te gustaría o lo que no te gustaría hacer.

Ejemplo: comprar un coche de lujo
Compraría un coche de lujo./
No compraría un coche de lujo.

comprar un coche de lujo
visitar América del Sur
tocar un instrumento
bailar en un escenario
cantar en público
escribir una obra maestra
hablar un idioma nuevo
aprender a cocinar
montar a caballo
conocer a alguien famoso

c Escribe tu lista. Empieza con lo más importante para ti.

10 🎧📖 **Escucha y lee lo que dice Manolo sobre un mundo perfecto.**

Mi vida ideal

Durante mi vida ideal tendría muchas experiencias
emocionantes para contar a mis nietos. Querría
seguir estudiando, así por fin sabría mucho más
que ahora acerca de mis asignaturas favoritas
- la historia y la literatura. Como tendría
un trabajo interesante, bien remunerado y que
valdría la pena, podría permitirme el lujo
de viajar mucho y conocer otras culturas.
Saldría con mis amigos todos los fines de semana
o les invitaría a mi casa, que sería grande
y bonita - muy lejos de los vecinos. ¡Pondría
mi música favorita a todo volumen sin que nadie
se quejara! Habría un cine y una piscina en el
jardín. Vendría mi familia a visitarme también.
Me gustaría tener suficiente dinero para ayudarles.
¡Mucho más tarde diría la gente que yo había
sido una persona inteligente, generosa, simpática
y divertida! No pido mucho, ¿verdad!?

Manolo Montoso-Sánchez, 16 años

✏️ **Escribe una lista de todos los verbos
condicionales en el texto y lo que significan
en inglés. Lee otra vez la gramática que
explica cómo formar el condicional e
identifica cuáles de los verbos en tu lista son
regulares y cuáles no. Practica deletrearlos.**

11 ✏️ **¿Cómo sería tu vida ideal?
Escribe tu propio párrafo.**

12 ✏️ **¿Cuántos trabajos,
profesiones y lugares de
trabajo conoces en español?
Haz una lista así:**

Profesión/ trabajo	Inglés	Lugar de trabajo	Inglés
profesor	*teacher*	*colegio*	*school*

13 **Lee este artículo sobre las cualidades necesarias para realizar las ambiciones.**

¿Qué es lo que hace falta para lograr tus sueños? Preguntamos a unos alumnos que se están preparando para sus exámenes qué es lo que les parece esencial para realizar sus ambiciones. Aquí están los resultados:

- Un 35% dice que lo importante es estudiar y repasar **cuidadosamente** para aprobar los exámenes.
- Un 15% habla de cómo hay que leer **exactamente** las instrucciones para contestar **bien** las preguntas en los exámenes.
- La mayoría de los alumnos creen que al escribir es imprescindible expresarse **claramente**.
- Con respecto a los exámenes orales, un 37% dice que lo más importante es hablar con **soltura**.
- Un 13% da importancia a tratar los problemas de matemáticas **lógicamente**.

Pie chart labels: Usar lógica, Repasar, Hablar con soltura, Leer las instrucciones

How do students best achieve their goals as far as exams are concerned? What skills are necessary? Answer the following questions in English.

1 How should they revise?
2 How should they read instructions?
3 How should they write?
4 How should they speak?
5 How should they solve mathematical problems?

14 **¿Qué adverbios conoces en español? Haz una lista.**

Ejemplo: cuidadosamente, con cuidado;
            hábilmente, con habilidad

15a **Cambia estos adjetivos a adverbios añadiendo '–mente'. ¿Qué significan en inglés? ¡Se permite usar un diccionario!**

Ejemplo: afortunado, afortunadamente — fortunately

- afortunado
- agradable
- alegre
- claro
- correcto
- cortés
- falso
- feliz
- furioso
- igual
- lento
- normal
- nuevo
- perfecto
- primero
- reciente
- útil
- verdadero

Adverbs

The words highlighted in the article are all adverbs.
Adverbs tell you how something is done.
They often end in –ly in English. For example: carefully, exactly, well, clearly, fluently, logically.

To form most adverbs in Spanish, first choose the adjective, make it feminine and then add –mente.

Adjective	Feminine form	Adverb	English
ciudadoso	*cuidadosa*	*ciudadosamente*	carefully
tranquilo	*tranquila*	*tranquilamente*	quietly
fácil	*fácil*	*fácilmente*	easily

Remember that some adjectives do not change in the feminine form.

When two adverbs appear together, the first one you use does **not** have –mente. For example:

*Para aprobar mis exámenes estudié **cuidadosa** y **tranquilamente**.*
To pass my exams I worked **carefully** and **calmly**.

The following adverbs do not end in –*mente*:

bien	*Mi profesora de ingles es muy buena, enseña muy bien.* My English teacher is very good, she teaches very well.
mal	*El trabajo está muy mal escrito.* The work is very badly written.
despacio	*No entiendo. ¡Habla más despacio, por favor!* I don't understand. Speak more slowly, please!

The adverb 'quickly/fast' has two forms: *rápido* and *rápidamente*.

b **Trabaja con una pareja. Usando adverbios, busca maneras de hacer estas acciones.**

Ejemplo: ¿Cómo se puede hablar bien español?
            Se puede hablar claramente.

- hablar bien español
- trabajar
- aprobar exámenes
- jugar al fútbol

Vocabulario

1 ¿Qué tal tu cole? (páginas 62–70)

Las asignaturas	Subjects
¿Qué estudias?	What are you studying?
¿Tienes una asignatura preferida?	Have you got a favourite subject?
¿Qué opinas…	What do you think…
…del dibujo?	…of art?
…de la geografía?	…of geography?
…de la religión?	…of religious studies?
Estudio ocho asignaturas.	I'm studying eight subjects.
Me encanta estudiar…	I love studying…
…idiomas.	…languages.
…geografía.	…geography.
… informática.	…ITC.
No me gustan las matemáticas en absoluto.	I don't like maths at all.
Se me da bien la historia.	I'm good at history.
Se me dan bien las ciencias.	I'm good at science.
Tenemos música/deporte/español dos veces a la semana.	We have music/sport/Spanish twice a week.
Estoy estudiando para mis exámenes de GCSE.	I'm studying for my GCSE exams.
Los (miércoles) tenemos…	On (Wednesdays) we have…
…club de ajedrez.	…chess club.
…club de baile.	…dance club.
…club de fotografía.	…photography club.
¿Quién es tu profesor preferido?	Who is your favourite teacher?
Mi profesor preferido es el de geografía/historia.	My favourite teacher is the geography/history teacher.
Recibo buenas notas.	I get good marks.
Tenemos muchos deberes.	We have a lot of homework.
Hay recreo de quince minutos por la mañana.	There's a break of 15 minutes in the morning.
las actividades extracurriculares	extra-curricular activities
hacer un examen	to take an exam
aprobar un examen	to pass an exam
suspender un examen	to fail an exam

Las reglas del colegio	School rules
¿Qué se permite/prohíbe en tu cole?	What is allowed/forbidden in your school?
¿Qué está permitido/prohibido en tu cole?	What is allowed/forbidden in your school?
¿Tienes que llevar uniforme?	Do you have to wear a uniform?
Se prohíbe usar pistolas de agua.	Water pistols are forbidden.
Se prohíbe tirar bolas de nieve.	Throwing snowballs is forbidden.
Está prohibido…	It's forbidden…
…comer chicle.	…to chew gum.
…hacer plagio.	…to plagiarise.
…el uso de MP3.	…to use an MP3 player.
Nos dejan comer sólo dentro de la cantina.	We are only allowed to eat food in the canteen.

¡Mola!

No nos permiten llevar zapatillas.
No se permite vender objetos dentro del colegio.
Hay que llevar uniforme.

We aren't allowed to wear trainers.
We aren't allowed to sell objects in school.
We have to wear a uniform.

El uniforme

¿En qué puedo servirle?
¿Qué talla usas/tienes?
¿Qué color prefiere?
¿Cuánto cuesta(n)/vale(n)?
Quisiera…
   …unos pantalones.
   …una chaqueta.
   …unas botas.
Uso/tengo la talla 40.
Me gusta más el rojo/negro.
La camiseta azul/el jersey verde vale (x) euros.
Las botas/las medias cuestan (x) euros.

The uniform

How can I help you?
What size are you?
What colour do you prefer?
How much does it/do they cost?
I'd like…
   …some trousers.
   …a jacket.
   …some boots.
I'm size 40.
I like the red/black one best.
The blue shirt/The green jumper costs (x) euros.
The boots/tights cost (x) euros.

En la tienda del colegio

Este lápiz, ¿cuánto es?
Por favor, ¿cuánto cuesta un rotulador?
¿Se venden grapadoras?
Vale/Cuesta un euro con cincuenta.
Son 5 euros con 75 en total.
Se venden…
   …cuadernos.
   …gomas.
   …calculadoras.
Quisiera estas tijeras.

In the school shop

How much is this pencil?
How much does a felt-tipped pen cost?
Do you sell staplers?
It costs one euro fifty.
That's 5 euros, 75 in total.
We sell…
   …exercise books.
   …rubbers.
   …calculators.
I'd like this pair of scissors.

Los objetos perdidos

¿En qué puedo ayudarte?
¿Qué has perdido?
¿Cuándo/Dónde lo/la perdió?
¿Lo/la/los/las has encontrado?
He perdido…
   …mi bici.
   …mi llave.
   …mi estuche.
Lo/la dejé en el aula.
Lo/la perdi esta mañana.
No, no lo/la/los/las hemos encontrado.
¿Qué contenía?
Contenía dos cuadernos y un boli.

Lost property

How can I help you?
What have you lost?
When/Where did you lose it?
Have you found it/them?
I've lost…
   …my bike.
   …my key.
   …my pencil-case.
I left it in the classroom.
I lost it yesterday.
No, we haven't found it/them.
What did it have in it?
It had two exercise books and a biro in it.

Vocabulario

2 Las prácticas de trabajo (páginas 71–78)

Solicitando un puesto	**Applying for a job**
¿De dónde eres?	Where are you from?
¿Cuál es tu fecha de nacimiento?	What is your date of birth?
¿Cuáles son tus preferidas asignaturas en el colegio?	What are your favourite subjects at school?
¿Cuáles son tus cualidades personales?	What are your personal qualities?
¿Por qué te interesa este empleo?	Why does this post interest you?
Soy de Manchester.	I'm from Manchester.
Nací el 2 de mayo de 1995.	I was born on 2 May 1995.
Se me da(n) bien el inglés/las matemáticas.	I'm good at English/maths.
Me llevo bien con la gente.	I get on well with people.
Tengo buen sentido del humor.	I have a good sense of humour.
Trabajo bien en equipo.	I'm a good team worker.
Creo que sería interesante.	I think it would be interesting.
Se busca(n) secretarias.	Secretaries wanted.
Cuando termine el colegio…	When I finish school…
buscar un trabajo	to look for a job
una empresa	a company, business
el trabajo temporal	temporary work
un anuncio de trabajo	job advert

La carta de solicitud	**The letter of application**
Estimado Señor…	Dear Sir…
Quisiera solicitar un puesto.	I'd like to apply for a job.
Le saluda atentamente	Yours sincerely
Le agradecería que me considerara para un puesto.	I should be grateful if you would consider me for a job.
Le mando adjunto (mi currículum vitae).	Please find enclosed (my curriculum vitae).
Tengo mucha experiencia de este tipo de trabajo.	I have a lot of experience in this kind of work.
A la espera de su respuesta…	Awaiting your reply…

Las prácticas de trabajo	**Work experience**
¿Dónde/Cuándo hiciste tus prácticas de trabajo?	Where/When did you do your work experience?
¿Cuánto tiempo duraron las prácticas?	How long did your work experience last?
Hice mis practicas…	I did my work experience…
…en una agencia de viajes.	… in a travel agency.
…en una fábrica.	…in a factory.
Trabajé…	I worked…
…en un banco.	…in a bank.
…en una cafetería.	…in a café.
…en una oficina.	…in an office.

Mis prácticas de trabajo duraron dos semanas.	My work experience lasted two weeks.
Trabajé allí en julio.	I worked there in July.
¿Dónde quieres hacer tus prácticas de trabajo?	Where do you want to do your work experience?
Quiero hacer mis prácticas en una tienda de deportes.	I want to do my work experience in a sports shop.
Gané 10 euros por hora.	I earned 10 euros an hour.

En el lugar de trabajo

In the work place

¿Qué tal fue?	What was it like?
Fue una experiencia inolvidable.	It was an unforgettable experience.
No había nada que hacer.	There was nothing to do.
Mi jefe era simpático/antipático.	My boss was nice/unpleasant.
Había mucha variedad.	There was a lot of variety.
Era poco interesante.	It was uninteresting.
¿Cómo era tu horario?	What were your hours like?
El día era demasiado largo.	The day was too long.
Empezaba a (las nueve de la mañana) y terminaba a (las cinco y media de la tarde).	I began at (9.00 a.m.) and I finished at (5.30 p.m.).
¿Qué tenía que hacer?	What did you have to do?
Tenía que…	I had to…
…hacer el café.	…make the coffee.
…barrer el suelo.	…sweep the floor.
No había mucho que hacer.	There wasn't much to do.
¿Cómo ibas al trabajo?	How did you go to work?
Iba al trabajo…	I went to work…
…en autobús.	…by bus.
…en coche.	…by car.
…andando.	…on foot.
…en bici(cleta).	…by bike/bicycle.

Llamando por teléfono

Making a telephone call

¡Diga! ¡Dígame!	Hello?
¿Puedo hablar con…?	Can I speak to…?
¿De parte de quién?	Who is speaking?
Está al teléfono.	He/She is on the phone.
¿Puedo coger/dejar un recado?	Can I take/leave a message?
¿Quiere esperar?	Would you like to wait?
¿Me das tu/su número de teléfono?	Will you give me your telephone number?
No cuelgue, por favor.	Hold the line, please.
Está ocupado/comunicando.	It's engaged.

3 El futuro (páginas 79–85)

¿Qué piensas hacer en el futuro?

En el futuro espero tener un trabajo bien remunerado.

Sueño con casarme con una persona muy rica.

Me gustaría ser…
 …azafata.
 …mecánico.
 …doctor(a).
 …profesor(a).

Seré…
 …una estrella de cine.
 …un escritor famoso.
 …un profesor de italiano.

Quiero ser bombero.

Voy a buscar un empleo…
 …como taxista.
 …en el servicio de rescate de montañistas.
 …como profesora/a de niños sordos.
 …en la Bolsa.
 …como periodista de televisión.
 …como bombero/a.

What do you intend to do in the future?

In the future I hope to have a well-paid job.

I dream of marrying a very rich person.

I'd like to be…
 …an air hostess.
 …a mechanic.
 …a doctor.
 …a teacher.

I'll be…
 …a film star.
 …a famous writer.
 …a teacher of Italian.

I want to be a firefighter.

I'm going to look for a job…
 …as a taxi-driver.
 …in the mountain rescue service.
 …as a teacher of deaf children.
 …on the Stock Exchange.
 …as a televison journalist.
 …as a firefighter.

¿Dónde quieres vivir?

Quiero vivir en…
 …un país extranjero.
 …el sur de España.

Quisiera ir a Chile a comprar una casa
 en las montañas.

Me gustaría vivir en Los Ángeles.

No sé, pero ¡lejos de aquí!

No quiero dejar mi barrio.

Viviré…
 …en un piso de lujo.
 …en la casa de mis sueños.

Where do you want to live?

I want to live…
 …abroad.
 …in the south of Spain.

I'd like to go to Chile and buy a house
 in the mountains.

I'd like to live in Los Angeles.

I don't know, but a long way from here!

I don't want to leave my neighbourhood.

I'll live…
 …in a luxury flat.
 …in the house of my dreams.

¿Qué vas a hacer el año que viene?

Voy a seguir estudiando.

Descansaré un año.

Haré un aprendizaje.

Buscaré un empleo.

Quisiera trabajar en una agencia de viajes.

What are you going to do next year?

I'm going to continue studying.

I'll have a break/rest for a year.

I'll do an apprenticeship.

I'll look for a job.

I'd like to work in a travel agency.

Me quedaré en el cole para terminar mis estudios. — I'll stay at school to finish my studies.
Iré a otro colegio. — I'll go to another school.
No haré nada. — I won't do anything.
Me apetecería pasar un año en Sudamérica. — I'd like to spend a year in South America.

Antes de ir a la universidad… / Before going to university…
…cogeré un año de descanso. — …I'll take a year out.
…trabajaré como voluntario en América del Sur. — …I'll work as a volunteer in South America.
…voy a visitar a mis parientes en África/India/España. — …I'm going to visit my relatives in Africa/India/Spain.
…intentaré aprender ruso/chino. — …I'll try to learn to speak Russian/Chinese.
…voy a cuidar huérfanos en el Tercer Mundo. — …I'm going to look after orphans in the Third World.

En la universidad / At university
Quiero estudiar diseño. — I want to study design.
Estudiaré… — I'll study…
…idiomas. — …languages.
…ingeniería. — …engineering.
…derecho. — …law.
…medicina. — …medicine.
…historia. — …history.
Me iré a la universidad a estudiar medicina. — I'll go to university to study medicine.
Me encantaría estudiar empresariales. — I'd love to do business studies.

Después de mis estudios… / When my studies are over…
…me iré de viaje. — …I'll go travelling.
…pasaré un año viajando con amigos. — …I'll spend a year travelling with friends.
…ayudaré a mi padre en su empresa. — …I'll help my father in his business.
…me entrenaré para los Juegos Olímpicos. — …I'll train for the Olympic Games.
…buscaré un puesto bien pagado. — …I'll look for a well-paid job.
…me encantaría… — …I'd love…
…viajar. — …to travel.
…actuar. — …to act.
…trabajar para un periódico. — …to work for a newspaper.
Quiero trabajar en un hospital. — I want to work in a hospital.
Voy a trabajar para una ONG (organización no gubernamental). — I'm going to work for an NGO.
Me gustaría viajar… — I'd like to travel…
…por España. — …around Spain.
…por Europa. — …Europe.
…por el mundo. — …the world.

El mundo del trabajo   Módulo 3

GCSE Spanish

91

Módulo 4

El mundo es un pañuelo

1 El transporte
2 De vacaciones
3 El tiempo y el medio ambiente

- ✔ Talk about travelling around
- ✔ Compare types of transport
- ✔ Use interrogatives
- ✔ Use prepositions

1 El transporte

¿Cómo viajar?

1a 📖 **Empareja las palabras con la imagen adecuada.**

Ejemplo: a — el coche

el autobús   la bicicleta   el avión
el autocar   el coche   a pie
el taxi   la moto   el tren   el barco   el metro

b 💬 **Trabaja con tu pareja. Habla de los transportes que usas.**

Ejemplo: ¿Cómo vas al colegio?
Para ir al colegio siempre voy a pie.
¿Cómo vas al colegio cuando tienes prisa?
Cuando tengo prisa prefiero ir en taxi.

- para ir al colegio
- para ir de vacaciones
- para ir de compras
- cuando tienes dinero
- para estar seguro
- cuando tienes prisa
- para visitar la región
- para salir con amigos
- para salir con la familia
- cuando hace mal tiempo

c 🎧 **Escucha lo que dicen estos jóvenes de los modos de transporte que usan. ¿Qué modos de transporte menciona cada persona?**

1 Raquel
2 Sabrina
3 Miguel Ángel
4 Rafa
5 Mario
6 Enrique

92

¡Mola!

2a 🎧 📖 **Escucha y lee lo que dicen estos jóvenes acerca de cada método de transporte. ¿Qué piensan?**

Ejemplo: *metro = más rapido* — underground is quicker

a Creo que es más rápido viajar al centro en metro.

b En mi opinión los autobuses son demasiado lentos.

c Es muy peligroso ir a pie

d Ir en autocar es muy interesante pero es caro.

e Ir en bicicleta es más sano y también es práctico.

f No me gusta viajar en avión, prefiero viajar en barco.

g Los trenes son incómodos y sucios.

h Ir en taxi es fácil pero cuesta demasiado dinero.

i Viajar en coche daña el ambiente.

b 👤 **Usando la tabla para ayudarte, escribe tus opiniones de los diferentes métodos de transporte.**

Creo que En mi opinión Prefiero (No) me gusta	ir viajar	en coche a pie	es	muy demasiado bastante	barato caro rápido lento cómodo incómodo práctico sano seguro peligroso

c 💬 **¿Estás de acuerdo? Compara tus opiniones con las de tu pareja.**

Ejemplo: A: *En mi opinión ir en avión es peligroso. También es demasiado caro. Prefiero viajar en coche.*
B: *No estoy de acuerdo. Me gusta viajar en avión. Aunque es caro, es muy rápido y práctico.*

3 🎧 **¿Quién viaja? ¿Adónde van? ¿Cómo? ¿Por qué? Copia y completa la tabla con los detalles que faltan.**

	¿Quién?	¿Adónde?	¿Cómo?	¿Por qué?
Ejemplo:	padre	Londres	avión	rápido
1				

4a **Lee lo que dicen los jóvenes. Copia y rellena la tabla.**

Persona	✈	🚶	🚌	🚲	🚃	🚆	🚊	Otro
Ejemplo: Raquel		✓					✓	
Sabrina								
Miguel Ángel								
Rafa								
Mario								
Enrique								

El modo de transporte que uso a diario para ir al colegio es el metro. Vivo en el centro de la ciudad y mi colegio, San Vincente de la Vega, está a unos 15 minutos en metro. A veces voy andando con mis amigos. ¡En primavera, por ejemplo!

Raquel

A mí me gusta estar en forma y me preocupo por el ambiente, así que voy todos los días a la facultad en mi bicicleta de montaña. Tardo unos 30 minutos. Sin embargo, los fines de semana me encanta ir de compras a uno de los grandes centros comerciales y para llegar allí necesito ir en coche. Me lleva mi hermana mayor, Patricia, que tiene coche.

Sabrina

Después del cole, ¡que por cierto está al lado de mi casa!, voy a visitar a mis amigos. Como es un pueblo bastante pequeño y no hay tanto tráfico, voy patinando sobre ruedas. También voy a veces en mi pequeña moto.

Miguel Angel

Vivo en las afueras de la ciudad y tengo que coger un tren de cercanías para ir al colegio o quedar con mis amigos. Después voy unos 15 minutos a pie. ¡Es un viaje bastante largo!

Rafa

Interrogatives

These are the words used to ask a question. Look at the following table.

Singular	Plural	Meaning
¿Qué?	¿Qué?	What?
¿Cuál?	¿Cuáles?	Which (one(s))?
¿Quién?	¿Quiénes?	Who?
¿Cuánto/a?	¿Cuántos/as?	How much/many?

Remember, when asking the question 'Which?' in front of a noun, use *¿Qué?* rather than *¿Cuál?*.

*¿**Cuál** prefieres, el tren o el coche?*
Which do you prefer, train or car?

*¿**Qué** método de transporte prefieres, el tren o el coche?*
Which method of transport do you prefer, train or car?

Write out the following sentences in Spanish:
1 How much does it cost to travel to work by taxi?
2 Who travels by bus?
3 How do you get to your friend's house?
4 How many people go to school on foot?
5 What form of transport do you prefer?

Durante la semana voy al colegio en un autobús que pasa al lado de mi casa. Los fines de semana trabajo en una granja y para ir allí tengo que coger un autocar hasta el pueblo.

Mario

Como ahora soy famoso no puedo ir andando, ¡sin que me reconozcan! Por eso, me llevan a todos los sitios en coche…¡en una limusina! Para ir a los conciertos o en los viajes de promoción, voy mucho en avión.

Enrique

b **Contesta las preguntas.**

Ejemplo: **1** ¿Cómo va Raquel al colegio?
  Raquel va al colegio andando y en metro.

2 ¿Cómo va Sabrina a la facultad?
3 ¿Qué módo de transporte usa Sabrina para ir de compras?
4 ¿Cómo va Miguel Angel a casa de sus amigos?
5 ¿Qué módo de transporte usa Rafa?
6 ¿Cómo va Mario al trabajo?

¡Mola!

c 💬 **Trabaja con tu pareja. Contesta las preguntas.**

1 ¿Cómo vas al colegio/al trabajo/a casa de tus amigos?
2 ¿Qué módo de transporte usas cuando estás con amigos/con tus padres?
3 ¿Cómo viajas de una ciudad a otra?
4 ¿Cómo viajas al extranjero?

d 👥 **Haz una encuesta. Pregunta a tus compañeros cómo van a los sitios. Usa esta información para escribir frases como en el ejemplo.**

Ejemplo: Katie siempre va al colegio en autobús. Para ir de compras va en el coche de su madre. Va andando a la pista de tenis.

e 📖 **Empareja las frases con la imagen adecuada.**

a Prefiero ir en bicicleta.
b Ir en tren es muy cómodo.
c Me encanta viajar en barco.
d El jueves voy a ir a Marbella en autocar.
e Siempre vamos andando.
f Salen de su casa a las ocho y cogen el autobus.

Gramática

Prepositions

Most forms of transport take the preposition *en*, for example *en tren*. There is one exception: *a pie*. When using *andando*, there is no preposition: *voy andando*.

To talk about going and travelling, use the prepositions: *a* (to) or *de* (from). For example:

Voy a Madrid.
Voy de mi casa.
I am going to Madrid.
I am going from my house.

When *a* or *de* appear before the word *el*, they are shortened to *al* or *del*. This is because it is easier to pronounce. For example:

Voy al colegio…(a + el)
I go to school…

Vuelvo del trabajo…
(de + el)
I come home from work…

Read the following sentences. Where there are errors, write out a corrected version. Translate each sentence into English.

1 Me gusta ir a el cine.
2 ¿Vas a menudo a la playa?
3 ¿Cuántas veces viajas a pie?
4 ¿Te gusta ir en coche?
5 Voy todos los días a el colegio andando.
6 Marta vuelve de el colegio a las cinco.
7 ¿A qué hora vuelves del trabajo?
8 ¿A qué hora vuelves a el trabajo?

¿Cómo vamos?

5a Marta y Alex deciden qué transporte usar para el viaje fin de curso. Escucha y lee lo que dicen. Copia la tabla abajo y escribe los aspectos positivos y negativos de cada modo de transporte. ¿Qué deciden al final?

> ¡Así que las fechas ya están decididas! Podríamos ir en avión. Sería lo más rápido, ¡pero es más caro! Sugiero ir en barco y en autocar, ¡mucho más barato!

> Lo que pasa es que el viaje es más largo y, ¡por supuesto!, más aburrido.

> Entonces, quizás es más cómodo ir en tren y en barco. El tren es mucho más rápido y amplio.

> Claro. Ir en tren y barco es mucho mejor. Además, ir en barco me parece mucho más sano porque se puede salir a tomar el aire fresco.

> ¡Pues, ya está!

Alex

Marta

Modo de transporte	Ventajas	Desventajas
Ejemplo: avión	*rápido*	*caro*
barco		
autocar		
tren		

b Pregunta a tu pareja qué opina de cada modo de transporte.

Ejemplo:
A: ¿Qué opinas de viajar en barco?
B: En mi opinión ir en barco es muy cómodo y barato, pero se tarda más.

6 Lee el mensaje electrónico de Luisa. Escribe tu respuesta.

> ¡Hola!
>
> Las vacaciones se acercan y, como sabes, voy a ir a Salamanca con mi familia. Vivimos bastante cerca y por eso vamos a ir en coche. Es más práctico y barato. En Salamanca hay muchos autobuses, pero prefiero ir andando porque es más sano...¡y barato! Dime, ¿adónde vas a ir de vacaciones? ¿Cómo vas a ir? ¿Y por qué?

7 Haz diálogos con tu pareja.

- Quisiera un billete de ida/de ida y vuelta para..., por favor.
- ¿Cuánto cuesta (un billete sencillo)?
- Necesito un bonometro.
- ¿A qué hora sale el próximo/último tren/autobús/metro para...?

Ejemplo:
A: Buenos días. En que puedo servirle?
B: Quisiera un billete de ida para Pinto.
A: Aquí tiene. 3 euros.
B: Gracias. ¿A qué hora sale el último tren?
A: A las once y media.

De viaje

8 📖 **¿Dónde están estas personas? Empareja las señales con cada declaración.**

Ejemplo: 1 — b

a	ASEOS
b	Facturación
c	Sala de espera
d	Cambio
e	✈ Salidas
f	✈ Llegadas
g	Objetos perdidos
h	Consigna
i	Cafetería
j	ⓘ Información
k	P

VUELO	NÚMERO	SALIDA
DUBLIN	DB 774	15:16
BRUSELAS	BRS 152	16:50
LISBOA	LS 854	17:04
LONDRES	LND 6584	17:23
PRAGA	PRG 267	17:29
ROMA	RM 767	18:00
MALMO	MLM 1795	18:45

1 Tengo una reserva.

2 Tengo hambre.

3 ¿De qué puerta sale el avión?

4 Necesito comprar unos euros.

5 Quiero encontrar un sitio donde dejar mi maleta.

6 Estoy esperando el vuelo de mis amigos.

7 He perdido mi equipaje.

8 Queda una hora antes de que salga nuestro vuelo.

9 Quiero lavarme las manos.

10 ¿A qué hora sale el próximo avión?

11 Tenemos que encontrar el coche.

12 El vuelo de Mamá sale de la puerta número 12.

9 🎧 🏔 **En la agencia de viajes. Escucha a la gente hablando con el empleado. Completa la tabla de abajo.**

- ¿Adónde quieren ir?
- ¿Cómo quieren viajar?
- ¿Cuándo quieren ir?
- ¿Qué más quieren saber?

	Ejemplo:	1	2	3
Destino	*Madrid*			
Transporte	*avión*			
Día/Fecha	*lunes 14 de julio*			
Hora de salir	*08:00*			
Hora de llegar	*12:30*			
Otros detalles	*sin equipaje*			

Escucha y lee el texto.

Un viaje en tren asombroso

Cada año en Méjico muchísima gente hace el largo viaje de 673 kilómetros en tren entre Chihuahua y Los Mochis, **que se sitúa** en la costa pacífica. Una de las **rutas** más **pintorescas** del mundo, es un viaje a través de un paisaje impresionante.

Noventa años en construcción, el ferrocarril Chihuahua Pacífico, **conocido como** El Chepe, viaja a través de la sierra mejicana, **también llamada** El Cañón de Cobre. **Se completó** por fin en 1961 después de un esfuerzo increíble y **se considera una** de las grandes obras de ingeniería del siglo XX. Tiene en total 86 túneles y 36 puentes.

Hay **compartimentos de primera y segunda clase** y sale **a diario** en cada dirección. Cada año este ferrocarril transporta a más de medio millón de pasajeros. Para los turistas a quienes les encanta la comodidad, primera clase es **la única opción**. Los compartimentos tienen aire acondicionado y **asientos cómodos**. Hay un restaurante buenísimo. A veces, **no hay más remedio que** viajar en segunda clase. Es básico, no muy limpio, pero barato. **Se tarda** entre 14 y 17 horas.

Los pasajeros que hacen este viaje tienen **la oportunidad única** de ver un paisaje espectacular. Es un viaje precioso durante el cual se ven cataratas impresionantes, **flora y fauna** de todo tipo y color y árboles magníficos que salen de las paredes de la roca.

¡Será una de las experiencias más inolvidables de tu vida!

b Usando un diccionario para ayudarte, explica lo que significa en cado caso el texto en negrita.

Ejemplo:
que se sitúa — which is situated

c Ahora decide si estas frases son verdaderas (V) o falsas (F).

Ejemplo: 1 — (V)

1 *Este artículo habla de un viaje en tren.*
2 *Las vistas no son nada buenas.*
3 *Es un viaje corto.*
4 *Se tardó mucho en construir.*
5 *La primera clase es mejor que la segunda.*
6 *Es una experiencia sin igual.*
7 *Se ven muchas cosas de interés.*
8 *Los trenes salen con frecuencia durante el día.*
9 *Vale la pena hacer el viaje.*

¡Mola!

2 De vacaciones

1 🎧 **Escucha lo que dicen estos jóvenes de sus próximas vacaciones. Une los dibujos y los números.**

Gramática

The immediate future

When talking about things that are about to happen, we use the immediate future tense (see also Module 3 p. 79). This is expressed in exactly the same way in both Spanish and English. We use the verb *ir* (to go) followed by *a* and the infinitive form of the main verb. For example:

Voy a ir de vacaciones.
I'm going to go on holiday.

¿Dónde vas a alojarte en vacaciones?
Where are you going to stay on your holiday?

María va a visitar las montañas.
Maria is going to visit the mountains.

Ivan y Ana van a montar a caballo.
Ivan and Ana are going to go riding.

2a 🎧 📖 **Subraya todas las veces que se usa 'voy a' o 'vamos a'. Traduce las frases al inglés.**

Ejemplo: Voy a ir a Estados Unidos.
I'm going to go to the USA.

1
Este año voy a ir a Estados Unidos con mis amigos del colegio. Vamos a pasar 15 días en Nueva York y vamos a visitar todos los sitios de interés. ¡Va a ser genial!

2
En verano creo que voy a ir a Francia con mis padres. Voy a ir a la playa todos los días y al cine o a la discoteca por la tarde.

3
Voy a ir de vacaciones a Italia. Voy a pasar tres semanas con unos primos que tengo allí. ¡Me encanta! Voy a estudiar italiano y a aprender cómo preparar pasta.

4
En septiembre voy a ir a África de safari. Voy a pasar dos semanas buscando animales salvajes. Además voy a descansar y a leer.

5
En Semana Santa voy a ir con mi familia a Gran Canaria, una de las islas Canarias. Vamos a tomar el sol, visitar las islas, descansar e ir al parque acuático. ¡Guay!

b 🏔 **Escribe un pequeño párrafo sobre lo que vas a hacer de vacaciones este año.**

3 📖 👥 **Lee el texto. Para cada destino, da razones en español para escogerlo para sus vacaciones.**

Ejemplo: Voy a ir a Salamanca porque me interesa la cultura y quiero estudiar.

Destinos de vacaciones

1 Salamanca

Ésta es la ciudad de universidad por excelencia: la Universidad de Salamanca fue la primera en ser fundada en España y es también una de las más antiguas de Europa. Los edificios hermosos con su gran valor cultural han sido hogar para algunos de los mayores pensadores, artistas y escritores españoles.

2 Granada

Esta ciudad tiene un sabor árabe inequívoco. Sus platos típicos, sus artes y edificios son una consecuencia de la historia gloriosa de la ciudad. Este lugar tiene un encanto inolvidable. Forma parte del patrimonio universal, junto con la Alhambra y el Generalife, y ha sido un centro cultural importante a lo largo de siglos, tanto durante el período musulmán como el cristiano.

3 Madrid

La capital de España es una ciudad cosmopolita y vibrante. Como un centro de economía, finanzas, administración y servicios, esta ciudad combina la infraestructura más moderna con una herencia cultural y artística importante.

4 Mallorca

Famosa por sus playas hermosas y mar de aguas transparentes, esta isla tiene todo lo que hace falta para unas vacaciones relajantes, sobre todo para aquellos que disfrutan con los deportes acuáticos. El paisaje costero es resplandeciente con calas, playas y acantilados preciosos. Una isla hermosa y diversa con una vida cultural muy rica.

5 Barcelona

De origen romano, Barcelona tiene una larga e interesante historia. Para visitantes que disfrutan de museos, exposiciones y esculturas al aire libre esta ciudad tiene en programa durante todo el año música, teatro y baile.

6 Méjico

Se puede hacer una visita diferente a Chichén Itzá, un enclave arqueológico maya en la Península de Yucatán. Éste era el centro político y económico de la civilización maya entre 750 y 1200 A.C. Sus extraordinarios edificios ilustran el interés de los mayas por el espacio arquitectónico y la composición, así como sus conocimientos astronómicos amplios.

7 Cuba

La isla de Cuba es la más grande de las Antillas Mayores. Localizada muy cerca de la costa del sur de Florida entre el Océano Atlántico y el Mar Caribe, la isla tiene un clima subtropical que es ideal durante todo el año.

8 Argentina

Cosmopolita y vibrante, Buenos Aires es una ciudad moderna con un aire claramente europeo. La arquitectura es espectacular; tiene excelentes museos y parques en abundancia. Las calles se llenan de vida los domingos con el

mercado de antigüedades semanal. Hace falta descubrir esta ciudad, lugar de sepultura de Eva Perón. Al anochecer se puede cenar en uno de los muchos restaurantes excelentes, asistir a una obra de teatro en el famoso Teatro de Colón, o simplemente disfrutar aprendiendo un tango argentino tradicional.

¡Mola!

4 📖 **¿Adónde van y qué piensan hacer? Lee lo que piensan hacer estos chicos para sus vacaciones. Empareja las personas 1–8 con la letra de la imagen que corresponda.**

Ejemplo: 1 — g

1
Voy a ir a Mallorca para pasar mis vacaciones descansando en la playa.

2
Las próximas vacaciones voy a ir al bosque porque me gusta mucho pasear con el perro y estar al aire libre.

3
Me gusta dormir al aire libre, así que tengo preparadas la mochila y la tienda. ¡Me voy!

4
Yo busco vacaciones con aventura y emoción y por eso voy a ir a los parques de atracciones de Florida.

5
Voy a ir de vacaciones a los ríos de Canadá porque me gustan los deportes acuáticos.

6
Como creo en la terapia que proporcionan las compras, me voy de vacaciones a la ciudad de París, donde hay cantidad de tiendas y centros comerciales.

7
En Semana Santa voy a ir con mis padres a esquiar.

8
Vamos a ir al campo para las próximas vacaciones. Preferimos estar muy lejos del ruido del tráfico y de las ciudades grandes.

Cultura

Did you know that Spanish is the third most spoken language in the world? Do some research and identify which of the countries below has Spanish as its first language:

- Argentina
- Austria
- Belgium
- Bolivia
- Chile
- China
- Cuba
- Dominican Republic
- Denmark
- Ecuador
- El Salvador
- New Zealand
- Nicaragua
- Panama
- Paraguay
- Peru
- Poland
- Slovenia

El alojamiento

5 🎧 📖 **¿Dónde se van a alojar? Empareja las imágenes con la palabra adecuada.**

Ejemplo: 1 b — un camping

un hotel
un albergue juvenil
un camping
un chalet
un apartamento
una casa

6a 💬 **Trabaja con tu pareja. Pregunta y contesta sobre tus planes de vacaciones, como en el ejemplo.**

1 Santander — tres semanas

2 Cancún — dos semanas

3 Francia (Colegio) — diez días

4 Londres (La familia Jones) — un mes

5 Estados Unidos — diez días

Ejemplo: 1

A: ¿Adónde vas a ir de vacaciones este verano?
B: Voy a ir a Santander este verano.
A: ¿Con quién vas a ir de vacaciones?
B: Voy a ir con mis padres.
A: ¿Cuánto tiempo vas a pasar?
B: Voy a pasar tres semanas.
A: ¿Dónde vas a quedarte?
B: Voy a quedarme en un hotel.

b 📱 **Elige unas vacaciones de la lista arriba. Escribe un correo electrónico a un amigo hablándole de tus vacaciones.**

Ejemplo: Este verano voy a...

¡Mola!

7a 📖 **Empareja las imágenes con la palabra adecuada.**

Ejemplo: 1 — f

1	ascensor
2	piscina
3	tiendas
4	balcón
5	discoteca
6	ducha
7	patio para niños
8	cuarto de baño
9	restaurante
10	aparcamiento
11	polideportivo
12	recepción
13	cambio
14	vistas al mar
15	televisor

b 🎧 **Escucha lo que dice esta gente. Empareja las imágenes del ejercicio 7a con lo que escuchas.**

Ejemplo: 1 — e

c 💬 **Trabaja con tu pareja. ¿Cuántas preguntas puedes hacer acerca de lo que tiene el hotel?**

Ejemplo: *¿Hay una piscina?*
¿A qué hora es el desayuno?
¿Dónde se puede comprar postales?
Por favor, ¿me puede cambiar dinero?

Cultura

Paradores de Turismo de España is a chain of luxury hotels in Spain. The *Paradores* were founded by King Alfonso XIII to promote tourism, the first hotel opening in Gredos, Ávila in 1928.

A profitable state enterprise, these hotels are often situated in castles, palaces, fortresses, convents, monasteries and other historic buildings. They are very popular with tourists and are typically Spanish in character.

Parador Carmona

8 🎧 **Escucha estas conversaciones y contesta las preguntas en español. Pon una X en la casilla del alojamiento que mejor corresponda con las frases indicadas.**

	Hotel Bella Vista	Albergue Las Olas	Camping Río Grande
Ejemplo: Es un camping.			X
Está en la costa.			
Se puede comer allí.			
Hay que compartir con más de una persona.			
Se puede llevar mascota allí.			
Quieren pasar dos semanas allí.			
Se puede dejar el coche allí.			
Es un grupo escolar.			

9 📖 💬 **Practíca los tres diálogos con tu pareja.**

1

A: Buenos días, hotel Bella Vista. En qué puedo servirle?

B: Nos gustaría reservar dos habitaciones con cuarto de baño para quince días a partir del quince de agosto, si es posible.

A: ¿Pensión completa o media pensión?

B: Pensión completa, por favor, y a ser posible con vistas al mar o a la piscina.

A: Todas nuestras habitaciones tienen vistas al mar. ¿Algo más?

B: Sí, una cosa más. ¿Hay aparcamiento?

A: Sí, señor.

2

A: ¿El albergue juvenil Las Olas?

B: Sí, ¿en qué puedo servirle?

A: ¿Tiene habitaciones libres para un grupo de estudiantes desde el 27 de julio hasta el 16 de agosto?

B: ¿Cuántos estudiantes son?

A: Seis chicos, seis chicas y dos profesores.

B: ¿Les importaría compartir habitación?

A: Los estudiantes pueden compartir sin problema, pero para los profesores individuales, por favor.

B: Muy bien. Le puedo ofrecer seis habitaciones dobles y dos individuales cada una con ducha. ¿Eso le vale?

A: Vale. ¿Está incluido el desayuno?

B: Sí, pero la cena es aparte.

A: Muchas gracias.

3

A: Hola, aquí el camping Río Grande.

B: Hola. Llamo para preguntar si tiene sitio para una tienda y una caravana para tres noches empezando el 12 de julio.

A: Sí, tenemos. El precio es por persona por cada noche. La caravana y la tienda cuestan más.

B: Muy bien. ¿Aceptan perros?

A: Sí, pero hay que llevarlos con la correa puesta.

B: ¿Me puede decir si hay cafetería y restaurante?

A: No hay restaurante en el camping, pero cerca hay muchos sitios donde se puede cenar.

B: Muchas gracias.

10 📖 **Lee la carta abajo.**

lunes el 4 de agosto

Querida Angelina,

¡Escribo para contarte mi plan de vacaciones para el verano y, por supuesto, ¡para averiguar lo que vas a hacer! Sabes que mis padres acaban de comprar un chalet en el sur de España y naturalmente allí es adonde vamos este verano. Viajamos en coche y como es un camino muy largo vamos a pasar una noche en un hotel por el camino. No voy a estudiar en absoluto para mis exámenes durante las vacaciones, sólo voy a relajarme y a pasar el tiempo en la piscina o en la playa.

¿Y tú? ¿Vas a Florida otra vez este verano? Si la respuesta es sí, ¿a qué parques vas esta vez? ¿Qué tiempo hará? ¿Vas a comprar mucho? Mi padre dice que todo es muy barato en los EE. UU. ¿Va tu hermana contigo este año o va a buscar un trabajo?

Contéstame y cuéntamelo por favor.

Un saludo de tu amigo

Alberto

a 📖 **Busca las seis frases correctas.**

Ejemplo: 1

1 *Es una carta de Alberto.*
2 Pasa sus vacaciones en un hotel.
3 Su familia viaja a España.
4 El viaje durará mucho.
5 Alberto tiene que estudiar para sus exámenes.
6 Va a quedarse en la costa.
7 Va a estar muy ocupado durante las vacaciones.
8 Alberto busca información.
9 En Florida hay pocos parques temáticos.
10 Estados Unidos no es caro.
11 La hermana de Angelina trabaja en los EE. UU.

b 🏔 **Imagínate que eres Angelina. Escribe una respuesta a la carta de Alberto. Asegúrate de que contestas a todas sus preguntas y luego pregúntale algo tú. Por ejemplo, pregúntale cuándo se va de vacaciones; cuánto tiempo se queda allí; dónde está su casa etc.**

11a 📖 Lee esta carta.

C/ Portaceli, 11–8ºD
42011 SEVILLA
Tel: 754 008 426
E-mail: famjuan@yahoo.es

10 de mayo

Estimado señor,

Me gustaría reservar dos cuartos individuales en su hotel, cada uno con cuarto de baño y balcón, por una semana desde el 6 hasta el 12 de julio. Nos gustaría pensión completa.

Por favor, ¿puede decirme cuánto cuesta esta reserva?

En espera de su respuesta,
Atentamente,
Juan García-Mendez

Pienso... Quisiera... Me gustaría...	...pasar quince días ...una semana	...desde el 2 de agosto. ...hasta el 20 de agosto.
Me gustaría reservar una habitación...		...con una cama para dos personas ...con dos camas ...con una ducha ...con cuarto de baño
¿Tiene sitio libre...		...para una caravana? ...para una tienda?
Quisiera...		...pensión completa ...media pensión
Me gustaría saber... ¿Puedes decirme...		
En espera de su respuesta...		

b 🖊 **Escribe una carta formal a uno de los lugares en los anuncios. En cada caso esta reserva es para ti y tu familia.**

1 Hotel María Cristina, Puerto Banus

4 estrellas ★★★★

Muy cerca del casco viejo

Rodeado de paseos y jardines

A cuatro manzanas de la playa principal

Piscina grande y restaurante

2 Delfin el-Verde

4 estrellas ★★★★

Es imposible no volver a casa bronceado dado su playa, sol interminable, arena y deportes. Querrás volver aquí año tras año.

Abierto desde el 31 de marzo hasta el 14 de septiembre.

12 🏛 **¿Qué tal tu geografía?**
**Encuentra estos países
en un atlas y busca los
nombres en español.
Después, añade las
nacionalidades apropiadas
en la tabla siguiente.**

Europa	
País	Nacionalidad
España	español/la
Inglaterra	inglés/esa
Francia	francés/esa

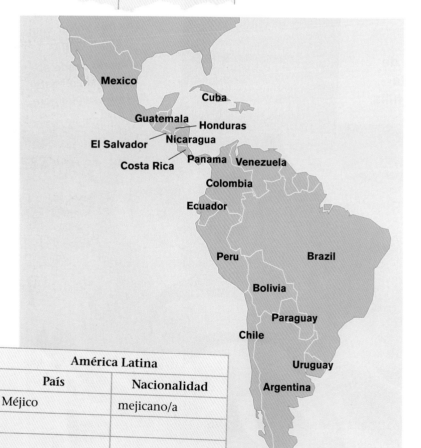

América Latina	
País	Nacionalidad
Méjico	mejicano/a

Lengua clave

When you look up a word in a bilingual dictionary, it is followed by a number of related words. The part of speech of each word is indicated as follows:

- (v.) — verb
- (n.m.) — masculine noun
- (n.f.) — feminine noun
- (adj.) — adjective

For example:
viajar (v.) — to travel
viaje (n.m.) — journey
viajero (n.m.) — traveller/passenger

Look up the following verbs related to travel and transport. Can you find the Spanish for the English nouns listed?

- *parar* (to stop) — bus stop
- *sentarse* (to sit) — seat
- *entrar* (to enter) — entrance
- *salir* (to go out) — exit
- *volar* (to fly) — flight
- *conducir* (to drive) — driver
- *visitar* (to visit) — visitor
- *llegar* (to arrive) — arrival

Can you find any more related words?

¡Mola!

3 El tiempo

✔ **Talk about the weather**
✔ **Compare climates**
✔ **Use different tenses and verbs to describe the weather**
✔ **Learn about fiestas**

1 📖 **Une los dibujos y las frases.**

Ejemplo: 1 — d

1 hace calor
2 hace mal tiempo
3 llueve
4 hace frío
5 hay hielo
6 hace viento
7 hace sol
8 hace buen tiempo
9 está nublado
10 hay niebla
11 hay tormenta
12 nieva

2a 🎧 **Escucha el pronóstico del tiempo y empareja el tiempo con la ciudad correcta.**

b 💬 **Trabaja con tu pareja. Usa la información en 2a para hablar del tiempo en diferentes ciudades de España.**

Ejemplo: ¿Qué tiempo hace en Madrid?
En Madrid hace calor y hace sol.

3a Mira el mapa de Chile. Usa la información para decidir cuáles de las frases siguientes son verdaderas (V) y cuáles son falsas (F).

1 Hoy hace sol en Antofagasta.

2 Hoy hace calor en Santiago.

3 Hoy está nublado en Temuco

4 Hoy hay nieve en Punta Arenas.

5 Hoy llueve en Concepción.

b Mira el mapa otra vez. Con tu pareja, contesta las preguntas utilizando las expresiones en la página 109 (Grámatica).

Ejemplo:

A: ¿Qué tiempo hace hoy en Concepción?
B: Hoy en Concepción hace calor, pero está lloviendo.

1 ¿Qué tiempo hace hoy en Santiago?
2 ¿Qué tiempo hace hoy en Antofagasta?
3 ¿Qué tiempo hace hoy en Temuco?
4 ¿Qué tiempo hace hoy aquí?

4 Empareja la estación del año con la imagen adecuada.

1 verano
2 invierno
3 primavera
4 otoño

5 Trabaja con tu pareja. Copia y rellena la tabla siguiente con palabras y frases que asocies con diferentes estaciones.

Verano		Invierno	
Tiempo	Actividades	Tiempo	Actividades
hace sol	*ir a la playa*	*llueve*	*ir al cine*

6 Escucha la descripción del clima de Chile. Copia los puntos cardinales de la brújula abajo y haz apuntes sobre el tiempo.

7 Completa las frases siguientes con el nombre correcto de las estaciones según el hemisferio.

*Ejemplo: En junio, julio y agosto en Chile es **invierno** y en España es **verano**.*

1 En diciembre, enero y febrero en Chile es _____ y en España es _____ .
2 En septiembre, octubre y noviembre en Chile es _____ y en España es _____ .
3 En marzo, abril y mayo en Chile es _____ Y en España es _____ .

¡Mola!

8 🎧📖💬 **Escucha otra vez la información sobre el clima de Chile, pero esta vez léela también y hazle preguntas a tu pareja sobre el clima.**

Ejemplo: A: *¿Qué tiempo hace en el norte de Chile en verano?*

B: *En el norte de Chile en verano hace calor.*

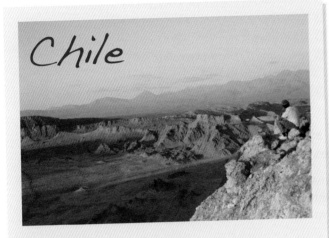

Chile

La República de Chile es uno de los muchos países hispanohablantes. Como se ve en el mapa, se encuentra en América del Sur, a lo largo de la costa, entre las montañas de los Andes y el Océano Pacífico. Comparte su frontera con Argentina al este, Bolivia al noreste y Perú hacia el norte.

Dado que el país tiene cuatro mil kilómetros de largo, no es ninguna sorpresa que el clima de Chile sea tan variado como sus tierras.

El verano en Chile es de diciembre a marzo.

En el centro del país durante esta estación la temperatura llega a unos 30 grados centígrados. En invierno, sin embargo, la región central recibe muchas precipitaciones, mientras que sus zonas más expuestas experimentan vientos violentos.

En las zonas del sur, donde hay muchos lagos, en verano las temperaturas no llegan a más de 14 grados. Y en invierno llueve más que en el centro. En el extremo sur incluso se registran vendavales. Las lluvias son abundantes excepto en Patagonia, donde tienen un clima muy seco.

La zona del norte de Chile se caracteriza por veranos cálidos e inviernos suaves.

vendaval = gale

Gramática

Different tenses and verbs to describe the weather

To talk about the weather in Spanish, we usually use the third person of *hacer*, *estar* or *haber*.

¿Qué tiempo hace en Inglaterra?	What's the weather like in England?
Hace frío.	It's cold.
Hace calor.	It's hot.
Hace sol.	It's sunny.

To say it's very hot, cold or sunny, just add *mucho*:

Hace mucho calor.	It's very hot.
Hace mucho frío.	It's very cold.
Hace mucho sol.	It's very sunny.

However, when talking about any form of precipitation (rain, snow etc.), use *estar*:

Está lloviendo.	It's raining.
Esta nevando.	It's snowing.
Está nublado.	It's cloudy.

Mucho can be used after the verb, except with *está nublado*, which requires *muy* (*está muy nublado*)

It is also possible to use *hay* plus a noun:

Hay sol.	It's sunny.
Hay niebla.	It's foggy.
Hay lluvia.	It's raining.

If you want to talk about the weather in the past, simply use the past tense of *hacer*, *estar* or *haber*:

Hizo sol.	It was sunny.
Estuvo lloviendo.	It was raining.
Hubo tormenta.	There was a storm.

An easy way to talk about the weather in the future is to use the third person of the present tense of *ir* with the infinitive of the relevant verb:

Va a hacer sol.	It's going to be sunny.
Va a hacer calor.	It's going to be hot.
Va a haber tormenta.	There will be a storm.

Finally, there are two verbs relating to the weather, namely *llover* and *nevar*, that can be used on their own in the relevant tense:

Llovió.	It rained.
Llueve.	It's raining.
Va a llover.	It's going to rain.
Nevó.	It snowed.
Nieva.	It's snowing.
Va a nevar.	It's going to snow.

Care must be taken with these verbs as they are radical changing.

9 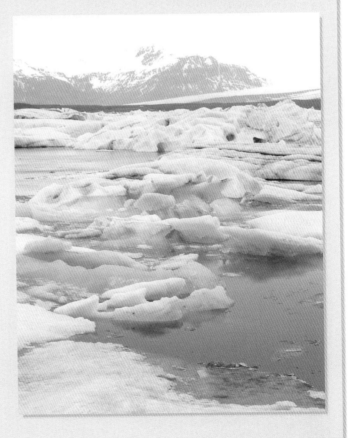 Haz investigaciones por Internet para descubrir el clima de otro país hispanohablante, y después úsalo como modelo para escribir y dar tu propia presentación sobre ese país. ¡Podrías hacer un PowerPoint para acompañarlo!

10 Empareja el español con la frase adecuada en inglés.

1 En mi pueblo hace mucho frío en invierno.
2 Ayer hizo mucho calor en la playa.
3 Mañana va a hacer mucho viento.
4 En vacaciones hizo mucho sol.
5 En otoño llovió todos los días.
6 Hoy está nublado.
7 En el centro del país normalmente hace mucho calor.
8 En Navidades nevó todos los días.

a Tomorrow it's going to be very windy.
b In my town it's very cold in winter.
c At Christmas it snowed every day.
d Yesterday it was very hot on the beach.
e On holiday it was very hot.
f In autumn it rained every day.
g It's cloudy today.
h In the centre of the country it's usually very hot.

11a Escucha y lee la información de cómo afecta al Polo Norte el cambio de clima. Toma apuntes y decide cuál de las frases siguientes es la más apropiada.

1 El clima mundial es más o menos consistente y constante y no debemos estar preocupados.
2 No tienen importancia para la raza humana los cambios que están ocurriendo en el clima global.
3 Ha habido unos cambios en el clima mundial que ya tienen consecuencias significativas.

Estamos destruyendo nuestro mundo

Parece ser que durante los últimos **cien años** la temperatura **del mundo ha aumentado** medio grado. No parece mucho, pero incluso medio grado puede tener un efecto **profundo** en nuestro planeta.

Según muchos estudios, el nivel del mar ha subido entre seis y ocho pulgadas (quince a veinte centímetros).

Se piensa que estas temperaturas **elevadas** están causando la descongelación de las capas polares, y que son una **consecuencia** del calentamiento global.

Esa subida de temperaturas aumenta **el volumen** de agua en el océano, lo cual hace que algunas partes del mundo hoy en día **sufran** inundaciones catastróficas — como en partes de Gran Bretaña, India y Bangladesh. También **quiere decir** que aumenta la cantidad de icebergs.

Lo que **está claro** es que está cambiando el clima global y tendremos que prepararnos para las consecuencias.

¡Mola!

b **Ahora, con la ayuda de un diccionario, busca las palabras del texto en negrita que correspondan con las palabras o frases siguientes.**

Ejemplo: **1** *un siglo — cien años*

1 un siglo
2 se ha hecho más grande
3 altas
4 de la Tierra
5 la cantidad

6 resultado
7 es obvio
8 significa
9 padezcan de
10 creen que

12 **Mira las imágenes. ¿Puedes emparejar cada una con estas actividades? Usa un diccionario para ayudarte.**

Ejemplo: a — *una corrida de toros*

cantar
una procesión
una hoguera
beber
una fiesta
un belén
el baile flamenco
una corrida de toros
una verbena
la misa
una batalla
una imagen
un disfraz
montar a caballo
fuegos artificiales
comer

España, ¡el hogar de las fiestas!

En cada uno de sus múltiples pueblos y ciudades se puede ver algún tipo de fiesta casi todas las semanas del año. Estas fiestas hacen que la gente salga a la calle para compartir las celebraciones. Puede ser esto el motivo de las buenas relaciones y camaradería entre los vecinos en la península.

En Andalucía hay corridas de toros, flamenco, conciertos, música y fiestas de vino, mientras que en otros sitios se puede encontrar todo tipo de celebraciones extrañas, como la fiesta del caracol en Lleida, la del marisco en Logroño y la de la paella de Chueca.

Cara, la revista del momento, les ofrece aquí toda la información imprescindible sobre dos de las fiestas inolvidables de España. ¡No te las pierdas!

San Isidro — Madrid

San Isidro es el patrón de la capital de España, Madrid. El 15 de mayo los madrileños van andando hacia el Prado de San Isidro donde es costumbre tomar agua bendita que sale de una fuente que hay en el patio. Es tradicional vestirse de chulapo o chulapa (el traje típico de la ciudad de Madrid).

A pesar de su significado religioso, San Isidro es una buena excusa para celebrarlo con comida, copas, música y baile hasta la madrugada. Es típico, por ejemplo, comer barquillos y rosquillas. Esta fiesta dura varios días repletos de actividades culturales — concursos de chotis, conciertos de música y ferias de artesanía.

Las fiestas más famosas en el extranjero son los encierros de Pamplona, las Fallas de Valencia con sus impresionantes fuegos artificiales, las batallas de moros y cristianos representadas en Alcoi, o quizás las fiestas de Semana Santa por toda Andalucía, sin olvidarse de la enorme Feria de Abril de Sevilla.

Las Navidades españolas

En España, las vacaciones de Navidad están llenas de festividades tradicionales, pero hay una que es única. Llamada 'Hogueras', esta tradición es anterior a la Navidad cristiana. Es la fiesta del invierno, el día más corto del año. En ella, la gente salta por encima del fuego como símbolo de protección contra las enfermedades. Se celebra principalmente en Granada y Jaén.

Las tradiciones más comunes incluyen la construcción de enormes belenes — representando el Nacimiento, árboles de navidad, mercadillos por todo el país, donde se venden frutas, flores, dulces de navidad (mazapanes, turrones y polvorones), velas, decoraciones y artesanías — y por supuesto hoy en día regalos para todos. A menudo, con la aparición de la estrella navideña en el cielo, se encienden lámparas de aceite. Con el avance de la noche disminuyen las muchedumbres y se puede ver a la gente que

se retira hacia sus hogares. La alegría familiar se interrumpe con el canto de las campanas que llaman a todos a la iglesia para celebrar la Misa del Gallo. La más bella de estas celebraciones se ve en el monasterio de Montserrat, que se sitúa en lo alto de una montaña cerca de Barcelona. Se distingue por el coro de niños que cantan con una voz dulce y única.

No se come la cena hasta después de medianoche. Es una celebración familiar y uno de los platos típicos es el pavo trufado. Después de la cena se cantan los villancicos y a continuación los jóvenes salen de juerga. Las celebraciones siguen hasta la madrugada que como dice en la canción: 'Esta noche es Nochebuena, Y no es noche de dormir'.

El Día de Navidad se va otra vez a la iglesia antes de los aperitivos y la comida.

En España Santa Claus y los regalos en Navidad no es una costumbre tradicional. Los regalos los traen el día 6 de enero los Reyes Magos. La víspera del día 6 los niños dejan sus zapatos limpios fuera para que los encuentren los Reyes. Si el niño ha sido bueno durante el año, le dejan regalos. Si ha sido malo sólo recibe carbón de reyes (un dulce hecho de azúcar de color negro que parece carbón). El día 6 es fiesta nacional, y lo tradicional es comer el roscón de reyes (un bollo dulce en forma de anillo grande que contiene frutos secos y a menudo relleno de nata). Quien encuentre al comer su trozo la sorpresa escondida en la masa, se supone que tendrá suerte durante el resto del año.

a Empareja estos verbos con su significado en inglés. Usa un diccionario para ayudarte.

1 comer
2 beber
3 tomar copas
4 bailar
5 cantar
6 celebrar
7 originarse
8 se ve
9 se caracteriza por

Se puede + infinitive

This means 'one/you can do something'. For example:

En mi pueblo se puede pasear a orillas del mar.
In my village you can walk by the sea.

14 Trabaja con tu pareja. Contesta las preguntas siguientes usando las pistas en la casilla.

Ejemplo:
¿Qué se puede hacer en la fiesta de San Isidro? En la fiesta de San Isidro se puede bailar hasta la madrugada.

San Valentín
El día de los Inocentes
Semana Santa
La Víspera de Todos los Santos
Navidad

1 ¿Qué se puede hacer en _____?
2 ¿Qué fiestas celebras?
3 ¿Qué se puede hacer?
4 ¿Qué se puede ver?

Vocabulario

1 El transporte (páginas 92–98)

¿Cómo viajas?	**How do you travel?**
¿Cómo vas…	How do you go/travel…
…al colegio?	…to school?
…al trabajo?	…to work?
…al centro comercial?	…to the shopping centre?
Voy…	I go…
…a pie.	…on foot.
…en coche.	…by car.
…en autobús.	…by bus.
Siempre voy andando al colegio.	I always walk to school.
Me lleva en coche mi hermano mayor/mi madre.	My older brother/my mother takes me by car.
Para volver a casa cogemos un tren de cercanías.	To go home we catch a suburban train.
Hay que coger el autobús.	I/You have to take the bus.
Cojo el metro todos los días.	I take the underground every day.

¿Qué modo de transporte prefieres?	**What means of transport do you prefer?**
Prefiero ir…	I prefer to travel…
…en tren.	…by train.
…en bici.	…by bike.
…a pie.	…on foot.
Me encanta…	I love…
…volar.	…flying.
…viajar en tren.	…travelling by train.
No me gusta viajar en autocar.	I don't like travelling by coach.
Voy al centro…	I go to the centre…
…en metro.	…by underground.
…en taxi.	…by taxi.

¿A qué hora vas a/vuelves de…?	**At what time do you go to/return from…?**
Voy al colegio a las ocho y cuarto.	I go to school at a quarter past eight.
Vamos a ver al abuelo el sábado a las 10.00.	We're going go to see granddad on Saturday at 10.00.
Vuelvo de la piscina a las 4 de la tarde.	I come back from the swimming pool at 4 p.m.
Volvemos del colegio a las cinco.	We come back from school at 5 o'clock.

¿Cuántas veces viajas a pie/en tren…?	**How often do you go on foot/by train…?**
Voy todos los días…	Every day I go…
…a la playa a pie.	…to the beach on foot.
…al colegio en autobus	…to school by bus.
A menudo vamos a la discoteca andando.	We often walk to the disco.
Vamos a ver a nuestros primos una vez a la semana.	We go to see our cousins once a week.
Nunca viajo en metro.	I never go by the underground.

¡Mola!

¿Cuánto cuesta el billete?

¿Cuánto cuesta un billete sencillo/de ida y vuelta?

¿Cuánto cuesta ir al instituto/colegio…
   …en taxi?
   …en autobús?

Es demasiado caro viajar…
   …en avión.
   …en autocar.
   …en tren.

Cuesta mucho ir en barco a Estados Unidos.

Cuesta poco ir en metro en Madrid.

Cuesta más si viajas de primera clase.

How much does the ticket cost?

How much does a single/return ticket cost?

How much does it cost to go to school…
   …by taxi?
   …by bus?

It's too expensive to travel…
   …by plane.
   …by coach.
   …by train.

It costs a lot to travel by ship to the USA.

It doesn't cost much to travel by the metro in Madrid.

It costs more if you travel first class.

¿Quieres reservar una plaza?

Tengo una reserva.

¿De qué andén sale el tren?

¿Para cuándo quiere reservarlo?

¿Quedan plazas?

Quisiera reservar dos plazas en el próximo vuelo.

Do you want to reserve a seat?

I have a reservation.

Which platform does the train leave from?

When do you want to book it for?

Are there any seats left?

I'd like to reserve two seats on the next flight.

¿Está cerca/lejos?

Mi colegio está a diez minutos en autobús.

La casa de mi amigo está muy cerca.

Estamos a dos kilómetros de la frontera.

La terminal no está lejos.

Is it near/far?

My school is 10 minutes by bus.

My friend's house is very near.

We are 2 kilometres from the border.

The terminal isn't far.

¿Cómo viajas al extranjero?

Aprovecho los vuelos baratos.

Me gusta viajar en tren porque es muy cómodo.

No me gusta nada viajar en barco.

Cada verano vamos de vacaciones en una caravana.

How do you travel when you go abroad?

I use cheap flights.

I like to travel by train because it's very comfortable.

I really don't like travelling by boat.

Every summer we go on holiday in a caravan.

Estamos de viaje.

El vuelo despega/aterriza a las ocho.

Ha perdido su equipaje.

El tren sale/llega a las 17.30.

Hacemos transbordo en Córdoba.

Tengo prisa.

El tren lleva 30 minutos de retraso.

We're travelling.

The plane takes off/lands at eight.

He's lost his luggage.

The train leaves/arrives at 17.30.

We change at Córdoba.

I'm in a hurry.

The train is running 30 minutes late.

Vocabulario

2 De vacaciones (páginas 99–106)

¿Adónde vas/vais de vacaciones?

Voy a ir con mi familia a Ibiza.

Vamos a pasar tres semanas en Lanzarote.

Pienso ir a Salamanca en agosto a
   aprender español.

Vamos a visitar el Prado en Madrid.

Iré a Bilbao a ver el museo Guggenheim.

Where are you going on holiday?

I'm going to Ibiza with my family.

We're going to spend 3 weeks in Lanzarote.

I'm intending to go to Salamanca in August to
   learn Spanish.

We're going to visit the Prado in Madrid.

I'll go to Bilbao to see the Guggenheim Museum.

¿Con quién vas a ir de vacaciones?

Iré con mis padres a Acapulco, en Méjico.

Voy de pesca con mi tío, lejos del ruido
   de la ciudad.

Voy a Almería con mi amiga española.

Iré con mi hermano a hacer surf.

Voy a Benidorm con mi novio.

Mis primos y yo vamos a Barcelona.

Mi hermano y yo iremos a Francia con los abuelos.

Who are you going on holiday with?

I'm going with my parents to Acapulco in Mexico.

I'm going fishing with my uncle, far away from the
   noise of the city.

I'm going to Almeria with my Spanish friend.

I'm going surfing with my brother.

I'm going to Benidorm with my boyfriend.

My cousins and I are going to Barcelona.

My brother and I will go to France with our grandparents.

¿Dónde vas a alojarte de vacaciones?

Voy a alojarme en un albergue juvenil.

Me alojaré en un hotel de cuatro estrellas.

Prefiero hacer camping, porque me gusta el aire libre.

Mis primos me han invitado a quedarme en su casa.

Vamos a alojarnos en un hostal.

Vamos a quedarnos en casa de mi tío.

Where are you going to stay on holiday?

I'm going to stay in a youth hostel.

I'll be staying in a four-star hotel.

I prefer to camp because I like the open air.

My cousins have invited me to stay at their house.

We are going to stay in a guesthouse.

We are going to stay at my uncle's house.

¿Cuánto tiempo vas/vais a pasar allí?

Voy a pasar unos días en Barcelona.

Pasaré quince de días allí.

Pensamos pasar el mes en París.

Vamos a quedarnos…
   …diez días allí.
   …ocho días allí.

How long are you going to spend there?

I'm going to spend a few days in Barcelona.

I'll spend a fortnight there.

We intend to spend the month in Paris.

We're going to spend…
   …10 days there.
   …a week there.

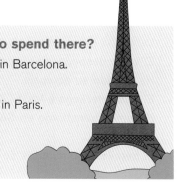

¡Mola!

¿Qué piensas/pensáis hacer

Voy a...
  ...tomar el sol.
  ...ir a la playa todos los días.

Pienso visitar museos.

Vamos a un parque temático.

Mi hermano y yo vamos a nadar con delfines
  en Florida.

Pienso pasar las vacaciones esquiando en
  los Pirineos.

What are you planning to do?

I'm going to...
  ...sunbathe.
  ...go to the beach every day.

I intend to visit museums.

We're going to a theme park.

My brother and I are going to swim with the dolphins
  in Florida.

I intend to spend my holidays skiing in
  the Pyrenees.

En el hotel

Quisiéramos pasar ocho/quince días en un hotel.

Quisiera reservar una habitación doble/individual.

He reservado una habitación.

Me gustaría una habitación...
  ...con ducha.
  ...con cuarto de baño.

Queremos...
  ...pensión completa.
  ...media pensión.

Hay...
  ...una piscina.
  ...un restaurante.
  ...aparcamiento.

¿A qué hora es...
  ...el desayuno?
  ...la comida?
  ...la cena?

¿Dónde está el ascensor?

El desayuno está incluido.

Por favor, ¿me puede cambiar dinero?

¿Tiene acceso a Internet?

In the hotel

We'd like to spend a week/a fortnight in a hotel.

I'd like to book a double/single room.

I've reserved a room.

I'd like a room...
  ...with a shower.
  ...with a bathroom.

We want...
  ...full board.
  ...half board.

There is...
  ...a swimming-pool.
  ...a restaurant.
  ...parking.

What time is...
  ...breakfast?
  ...lunch?
  ...dinner?

Where is the lift?

Breakfast is included.

Can you change some money, please?

Have you got internet access?

En el albergue juvenil

Un albergue juvenil es más barato que un hotel.

Por favor, ¿puede decirme cuánto cuesta por día?

¿Cuánto es por persona?

¿Dónde se puede comer en la zona?

¿Le(s) importa compartir?

¿Se alquilan bicicletas?

In the youth hostel

A youth hostel is cheaper than a hotel.

Can you tell me how much it costs per day, please?

How much is it per person?

Where can we eat in the area?

Do you mind sharing?

Do you hire out bikes?

Vocabulario

3 El tiempo (páginas 107–113)

¿Qué tiempo hace?	What's the weather like?
Hace mucho frío.	It's very cold.
Llueve en Galicia.	It's raining in Galicia.
Siempre hace mucho viento en Tarifa.	It's always very windy in Tarifa.
Nieva en el centro del país.	It's snowing in the centre of the country.
Hay tormentas en los Pirineos.	It's stormy in the Pyrenees.
El cielo está despejado.	The skies are clear.
Hace un tiempo malísimo.	The weather is very bad.
El pronóstico es bueno.	The forecast is good.

¿Qué tiempo hará mañana?	What will the weather be like tomorrow?
Hará…	It will be…
…sol.	…sunny.
…mucho calor.	…very hot.
…viento en Cataluña.	…windy in Catalonia.
Hará buen tiempo.	The weather will be good.
Habrá…	It will be…
…hielo en Soria.	…icy in Soria.
…niebla en Guadalajara.	…foggy in Guadalajara.

¿Qué tiempo hizo ayer?	What was the weather like yesterday?
Hizo calor en Buenos Aires.	It was hot in Buenos Aires.
Hizo mucho frío en Oviedo.	It was very cold in Oviedo.
Nevó en en el norte del país.	It snowed in the north of the country.
Llovió en Sevilla por la mañana.	It rained in Seville in the morning.

El cambio climático	Climate change
Está cambiando el clima.	The climate is changing.
La Tierra se calienta cada vez más.	The Earth is is getting warmer and warmer.
Las temperaturas están aumentando poco a poco.	Temperatures are gradually rising.
Las capas polares se están descongelando.	The polar ice-caps are melting.
Habrá más inundaciones.	There will be more floods.
El nivel del mar sube.	The sea level is rising.
Habrá consecuencias catastróficas.	There will be catastrophic consequences.
Hay que salvar el planeta.	We have to save the planet.

¿Qué fiestas celebran en España?

Se celebra la Semana Santa en todo el país.

Los españoles festejan la Navidad en familia.

El 6 de enero todo el mundo celebra los Reyes Magos.

La Feria de Sevilla no es una fiesta religiosa.

En Alcoi, moros y cristianos se pelean.

En Valencia hay fuegos artificiales impresionantes.

What fiestas do they celebrate in Spain?

Holy Week is celebrated throughout the country.

Spaniards have a family Christmas.

On 6 January everyone celebrates the Three Kings.

The Feria in Seville is not a religious festival.

In Alcoy, Moors do battle with Christians.

In Valencia there are impressive firework displays.

¿Qué se puede hacer?

La gente…
   …sale a la calle.
   …bebe mucho.
   …come bien.
   …va a la corrida.
   …se disfraza.

Bailan durante toda la noche.

En Pamplona, los toros corren por la calle.

En Navidades, los madrileños…
   …comen rosquillas.
   …construyen belenes.
   …celebran La Misa del Gallo.

El 6 de enero…
   …los niños buenos reciben regalos.
   …los niños malos reciben carbón de reyes.

What can you do?

People…
   …go out into the street.
   …drink a lot.
   …eat well.
   …go to the bullfight.
   …put on disguises.

They dance all night.

In Pamplona, the bulls run through the streets.

At Christmas, the people of Madrid…
   …eat rosquillas.
   …make cribs.
   …celebrate La Misa del Gallo.

On 6 January…
   …good children receive presents.
   …bad children receive the 'Kings' coal'.

¿Qué se hace en las fiestas de tu país/ciudad?

En Navidades…
   …recibimos muchos regalos.
   …tenemos un árbol de Navidad.
   …cantamos villancicos.
   …comemos pavo relleno asado.
   …mandamos tarjetas de Navidad.

Visitamos a nuestros parientes.

El 5 de noviembre tenemos hogueras enormes.

En verano…
   …comemos al aire libre.
   …vamos a la playa.

Hay conciertos y ferias de artesanía.

What do you do at festival time in your country/town?

At Christmas…
   …we get lots of presents.
   …we have a Christmas tree.
   …we sing Christmas carols.
   …we eat stuffed roast turkey.
   …we send Christmas cards.

We visit our relatives.

On 5 November we have enormous bonfires.

In summer…
   …we eat in the open air.
   …we go to the beach.

There are concerts and craft fairs.

Así es mi vida

1 Una vida sana
2 De compras
3 ¡A comer fuera!
4 ¡Vivir a tope!

1 Una vida sana

☑ Learn the parts of the body
☑ Discuss health, healthy eating and exercise
☑ Use informal and formal imperatives
☑ Use impersonal verbs

1a 📖 ✏️ **¿Qué sabes ya? Descifra las palabras y emparéjalas con la imagen adecuada.**

Ejemplo: a — la cabeza

al bazeca
sol ídsoo
al ziran
al cabo
le razob
al ripnea
le ipe
al noam
le locule
le bromho
al drollia
al palesad
le joo
le masetógo

Gramática

The imperative

To give someone an instruction or to tell him or her what to do we use the imperative. There are two forms for the informal imperative, singular (*tú*) and plural (*vosotros*).

Look at the box below

	-ar	-er	-ir
tú	habla	come	escribe
vosotros	hablad	comed	escribid

A few imperatives are irregular in the *tú* form:

decir   di (say)
salir   sal (go out)
hacer   haz (do/make)
ser   sé (be)
ir   ve (go)
tener   ten (have)
poner   pon (put)
venir   ven (come)

Write these instructions in English.

1 Respira hondo.
2 Levantad las manos.
3 Estira las piernas.
4 Haz unos ejercicios de calentamiento.
5 Doblad las piernas.
6 Abre los ojos.
7 Ten cuidado cuando haces ejercicios.
8 Ven conmigo al gimnasio.
9 Levanta las manos.
10 Agáchate hacia el suelo.

b 🎧 **En el gimnasio. Apunta las partes del cuerpo en el orden en que las oyes. Usa el vocabulario del ejercicio arriba.**

c ✏️ 💬 **Inventa tu propia rutina de ejercicio. Pruébalo con tu pareja.**

2 📖 Lee este artículo y apunta verdadera (V) o falsa (F) para cada una de las frases abajo.

Ejemplo: **1** *Hace falta hacer ejercicio para mantenerse en forma. — V*

¿Qué tipo de ejercicio debería ser parte de mi rutina diaria?

Mantenerse sano requiere una rutina adecuada de actividad física. El ejercicio aeróbico es un buen ejemplo. Aumenta el pulso, trabaja los músculos, y altera la respiración. Para la mayoría de la gente es mejor intentar hacer 30 minutos diarios por lo menos 4 veces a la semana. Si llevas bastante tiempo sin hacer ejercicio, puedes empezar con 5 o 10 minutos al día y aumentarlo poco a poco. Por ejemplo, se puede comenzar con un paseo de 10 minutos después de cada comida. Otro beneficio del ejercicio es que ayuda a controlar el peso. Unos ejemplos de ejercicio aeróbico son:

- dar un paseo rápido cada día dentro, en una máquina de correr, o al aire libre
- bailar
- hacer una clase de aerobic
- nadar
- patinar o hacer patinaje sobre ruedas
- jugar al tenis
- montar en bici

Además, hay muchas posibilidades cada día para ser más activo. Si te mueves mucho gastarás muchas calorías! Cuanto más te mueves, más calorías gastas. Lo siguiente puede ayudarte a aumentar tu actividad:

- Cuando tengas la oportunidad, anda en vez de coger el autobús o pedir que te lleven tus padres en coche.
- Sube por las escaleras en vez de usar el ascensor.
- Trabaja en el jardín o haz algo de limpieza en casa cada día.
- Baja del autobús una parada antes del colegio y anda desde allí.

1 Hace falta hacer ejercicio para mantenerse en forma.
2 El ejercicio aeróbico es bueno para el corazón.
3 Hay que hacer 30 minutos de ejercicio cada día.
4 Hay que hacer ejercicio inmediatamente después de comer.
5 No perderás peso si no haces ejercicio.
6 El ejercicio aumenta la energía.
7 El tenis es un ejercicio aeróbico.
8 Hacer tareas de casa es buen ejercicio.

3 🎧 How do you lead a healthy life? Listen to the recording and answer the questions in English.

1 What does Señora Fernández mean by the 'magic number 5'?
2 How much sleep does she recommend?
3 What does she say is the best sleeping pattern?
4 What two things should we avoid to ensure a good night's sleep?
5 What four things does she view as the common-sense approach to achieving a healthy lifestyle?

Gramática

Giving instructions and advice

For instructions and advice in Spanish in a **formal** context the *usted* form of the imperative is used.

- *-ar* verbs end in *-e*
  ¡Escuche! Listen!
- *-er* and *-ir* verbs end in *-a*
  Coma fruta cada día.
  Eat fruit every day.

  ¡Escriba la carta ahora!
  Write the letter now!

Many irregular verbs form the *usted* imperative from the irregular first person singular of the present tense:

Haga mucho ejercicio.
Do a lot of exercise.

For more information see pp. 162–63 of the grammar summary. Look at the following examples:

¡Coma cinco raciones de fruta y verdura al día!
Eat five portions of fruit and vegetables every day!

¡Tome por lo menos cinco vasos de agua diarios también!
Have at least five glasses of water a day as well!

¡Siga una dieta equilibrada!
Make sure you have a balanced diet!

Traduce estas frases utilizando el imperativo formal:
1 Eat salad and lean meat.
2 Drink water with every meal.
3 Follow a varied diet.
4 Don't eat too much fat, salt or sugar.
5 Do aerobic exercise.

4a 🗨 **Haz una entrevista con tu pareja. Utiliza el cuadro de abajo para ayudarte.**

Ejemplo: A: *¿Qué haces para estar en forma?*
B: *Duermo ocho horas cada noche y bebo mucha agua.*
A: *¿Qué actividades me aconsejas para estar en forma?*
B: *Haz deportes y evita el estrés.*
A: *¿Qué hay que hacer para llevar una vida sana?*
B: *Hace falta relajarse durante el día y no se debe fumar o tomar alcohol.*

¿Qué haces para estar en forma?	Duermo/Como/Bebo/Evito/Hago...
¿Qué actividades me aconsejas para estar en forma?	Duerme/Come/Bebe/Evita/Haz...
¿Qué hay que hacer para llevar una vida sana?	Hay que relajarse/dormir... Hace falta comer/acostarse... No se debe fumar/tomar drogas/estresarse.

b ✏ **Escribe un párrafo contestando a las preguntas.**

5 📖 **¿Qué te pasa? Empareja las imágenes con las frases.**

Ejemplo: 1 — d

1 Me duele la garganta.
2 Me duele el oído.
3 Tengo el brazo roto.
4 Tengo una insolación.
5 Tengo un resfriado.
6 Me duele la espalda.
7 Tengo tos.
8 Tengo una picadura.
9 Estoy mareado.
10 Me duele el estómago.
11 Tengo una quemadura.
12 Tengo dolor de cabeza.
13 Tengo fiebre.
14 Tengo el tobillo torcido.
15 Tengo dolor de muelas.

6a **En la farmacia. Escucha el diálogo. Luego copia y completa la tabla con los detalles que faltan.**

	Problema	Remedio	Precio
Ejemplo:	dolor de cabeza	aspirinas	6 euros
1			

b **Trabaja con tu pareja. Adapta el diálogo de abajo para practicar comprando medicamentos en una farmacia.**

Ejemplo:
A: *Buenos días.*
B: *Buenos días. ¿Qué le pasa?*
A: *No me siento bien. Me duelen la garganta y la cabeza.*
B: *Le recomiendo estos comprimidos y estas pastillas. ¿Qué tamaño quiere?*
A: *Grande por favor. ¿Cuánto le debo?*
B: *Son ... euros.*
A: *Aquí tiene. Gracias. Adiós.*

7 **Lee el artículo siguiente. Pon títulos para los contenidos como en el ejemplo.**

Gramática

Impersonal verbs

To talk about ailments and symptoms in Spanish, the verb *doler* is very important.

Me duele(n) + body part
Te duele(n)
Le duele(n)
Nos duele(n)
Os duele(n)
Les duele(n)

Look at the examples below:
Me duele la cabeza.   My head hurts.
Me duelen los dedos.   My fingers hurt.
Me duele la garganta.   My throat hurts.
Me duelen las piernas. My legs hurt.

Doler as an impersonal verb is similar to the verb *gustar*. See page 34.

Alternatively, *tengo dolor de* + body part can be used:
Tengo dolor de cabeza.
Tengo dolor de dedos.
Tengo dolor de garganta.
Tengo dolor de piernas.

Note that the article is not necessary here.

Guía para exploradores

Botiquines

Un botiquín bien provisto de cosas para primeros auxilios es imprescindible. Elige una caja resistente y suficientemente grande para tener el contenido visible y accesible sin tener que sacar todo a la hora de usarlo. Guarda una lista del contenido y manténlo en un sitio apropiado.

Sugerencias para el contenido del botiquín:

- jabón
- vendas
- tiritas
- termómetro
- tijeras
- pinzas
- crema de sol
- linterna
- algodón hidrófilo
- agua esterilizada
- imperdibles
- crema antiséptica

8 🎧📖 **Read and listen to this article and then answer the questions in English.**

La comida sana

¿Sabías que la mayoría de las personas deberíamos comer más?

Una dieta bien equilibrada puede ayudar a mantener un peso corporal sano, mejorar el bienestar general y reducir el riesgo de enfermedades serias. Sigue estas simples reglas para asegurarte de la mejor rutina alimenticia posible.

Primero y lo más importante es elegir una variedad de estos cuatro grupos de alimentos cada día:

- pan, otros cereales y patatas
- fruta y verduras
- leche y productos lácteos
- carne y pescado
- aceite, mantequilla, azúcar

Las comidas del quinto grupo que contienen grasa y azúcar pueden formar parte de tu régimen, pero sólo si no sustituyen alimentos de los otros grupos. Tampoco es bueno comerlas en cantidades grandes o muy a menudo. Aprovechar de una amplia variedad de alimentos en tu dieta es importante para la salud. Por último, sigue los siguientes consejos adicionales:

- Disfruta de lo que comes.
- Come una dieta variada.
- Bebe mucha agua.
- Come lo suficiente para mantener un peso sano.
- Come muchos alimentos ricos en carbohidratos y fibra.
- Come mucha fruta y verdura.
- No comas demasiados alimentos con mucha grasa.
- No comas demasiados alimentos abundantes en azúcar.
- Si bebes alcohol, sé moderado.

1 Give two advantages of maintaining a healthy diet.

2 Which group of foods is least favourable to your health?

3 Name one item noted in each of the food groups 1–5.

4 What should you **not** do with fatty foods?

5 What are you told about drinking?

9 📖✏️ **Copia y completa esta tabla añadiendo las palabras adecuadas del recuadro. ¿Cuántas palabras puedes añadir a la lista? Usa un diccionario para ayudarte.**

Bread, cereals and starch	Vitamins and fibre	Dairy products	Meat/fish and alternatives	Sugar and fats
pan	naranjas	leche	pollo	mantequilla

zanahorias   queso   pasta   aceite   yogur

mermelada   atún   huevos   nata   arroz

manzanas   jamón   patatas   zumo de frutas

10 💬 **Trabaja con tu pareja. Habla de las comidas que tomaste ayer. Decide si eran sanas o no.**

Ejemplo: A: *Ayer comí pizza con patatas y bebí agua.*
B: *Eso no es sano. Debes tomar ensalada.*

11a 🎧📖 **Escucha a Ana y Carlos. ¿Qué comen y beben? Copia la tabla y complétala con la información correcta, utilizando las palabras del recuadro.**

	Desayuno	Almuerzo	Merienda	Cena
Ana	cereales	ensalada		
Carlos	leche		yogur	carne

zumo de frutas   mantequilla   chocolate   pan   galletas
ensalada   cereales   fruta   café
mermelada   arroz   atún   carne   tortilla   tostada
helado   sopa   pizza   yogur   pollo   leche
carne   tarta   manzana   pescado   agua mineral

b 💬 **Trabaja en pareja. Pregunta y contesta las siguientes preguntas.**

- ¿Qué desayunas normalmente?
- ¿Dónde comes?
- ¿Qué comes?
- ¿Sueles merendar durante el día?
- ¿A qué hora cenas?
- ¿Qué sueles comer y beber para la cena?

12a 🎧📖 **Escucha y lee lo que dicen estas personas.**
Luego copia y completa la tabla.

Normalmente no tengo tiempo para desayunar, pero sí tomo un vaso de agua y un vaso de zumo. Sé que no es sano y como consecuencia cuando llego al colegio estoy muerta de hambre. Durante el recreo suelo comer un plátano o una manzana. Luego por las tardes mi madre insiste que nos sentemos todos juntos a cenar en familia. Tomamos la cena a eso de las ocho y normalmente es algo como pasta con ensalada. No hago mucho deporte o ejercicio, pero voy al cole cada día en bici. No peso demasiado y eso probablemente es porque, como dicen en los estudios, no como suficiente. Mi madre siempre me da la lata con ello, pero por lo menos no fumo ni bebo alcohol.

Elena

Soy muy particular con respecto a la comida, según mis padres. No me gustan las verduras y sólo tomo los refrescos con gas. Supongo que eso no es muy sano, pero no me importa. Sin embargo me gusta desayunar bien y cada día me tomo fruta con yogur. Me encantan el chocolate y los caramelos y como mucho de ello durante el día. Eso me da energía. La comida que más me gusta es la comida rápida. Hamburguesas y patatas es lo que compro para mi comida. Por las tardes tomamos pollo con patatas o algo así. ¿Deporte? ¡Nunca lo hago! Prefiero ver en vez de practicar.

Conchi

Generalmente me levanto a las 7 de la mañana, me ducho deprisa y después me siento a tomar un desayuno fuerte de cereales, leche y fruta. Durante el recreo tomo más fruta y a la hora de comer algo como ensalada con jamón o pollo. Después del cole hago natación y dos veces a la semana voy al gimnasio local. Por las tardes comemos arroz o patatas con pescado o carne. Me gusta acostarme bastante temprano durante la semana, pero no los fines de semana. ¿Fumar? ¡Ni hablar! ¡Es una locura!

Ramón

	Desayuno	Mediodía	Tarde	Otra información
Elena				
Ramón				
Conchi				

b 🏛 **Escribe un párrafo sobre lo que comes y bebes y lo que haces para mantener la salud.**

Ejemplo: Suelo desayunar cereales con leche cada mañana.
Intento no beber café o té porque no son buenos para la salud...

13 📖 **Descifra estas palabras y emparéjalas con la imagen adecuada. Usa un diccionario para ayudarte.**

Ejemplo: a — mantel

talpolil   cochulil   naltem

llivtersea   zaat   lapot

osva

rachacu   raraj   netoder

y las neitimpa

topal donoh

14 📖 **Lee este artículo. Pon una X en las casillas con las cuatro frases correctas en la tabla abajo.**

Querido Doctor David,

¿Me pregunto si es grosero comer con los codos en la mesa? Tengo dos hijos, de 9 y 10 años, que me miran con cara de alucine cuando les digo que eso no se hace. Le agradecería cualquier consejo sobre las buenas maneras en la mesa que pudiera ofrecerme. Quiero que mis hijos crezcan bien educados.

¡Espero que pueda ayudarme!
Una madre preocupada
Málaga

Querida preocupada,

En comidas informales es aceptable tener los codos encima de la mesa. Pero sólo si no estás comiendo. Mientras comes, hay que evitarlo.

Sería aconsejable decirles a tus hijos que las normas de la mesa no sólo tratan de comer educadamente, sino que también son consideración hacia los demás. Diles que aunque tu sabes que son majos y bien educados, los demás también les juzgarán.

Ser bien educado en la mesa da una buena impresión a los demás. Tus hijos no querrán ser maleducados. ¿Verdad?

No importa si estás en casa o en un restaurante, aquí hay diez normas básicas para tus hijos:

1 Come con cuchillo y tenedor a no ser que sea comida en plan estilo *buffet*. ¡Sólo los bebés comen con sus dedos!

2 No te llenes la boca demasiado – queda horrible y no es sano.

3 Mastica siempre con la boca cerrada. Nadie quiere verte la comida. Eso quiere decir que no se debe hablar con comida en la boca.

4 No digas cosas despectivas sobre la comida que te sirvan. Eso ofende mucho.

5 Siempre di 'gracias' cuando alguien te sirve. Es cortesía básica y demuestra que aprecias al chef o al anfitrión.

6 No empieces hasta que todos tengan la comida servida en sus platos.

7 Come despacio. Alguien habrá pasado bastante tiempo preparando la comida, así que es apropiado disfrutarlo como es debido. Eso quiere decir que debes esperar por lo menos 5 segundos después de tragar antes de meter más comida en la boca.

8 No te asomes para coger algo por delante de otra persona — pide que te lo pasen.

9 Siempre usa una servilleta para limpiarte la boca o las manos. Mantén la servilleta en tus rodillas cuando no lo estás usando.

10 Siempre recuerda dar las gracias al cocinero y decirle lo delicioso que es la comida — ¡incluso si no te gustó!

Ejemplo:	*Normalmente hay que usar cuchillo y tenedor.*	**X**
1	No se debe mantener la boca cerrada.	
2	¡Habla y canta con la boca llena!	
3	Sólo di cosas positivas sobre la comida servida.	
4	A veces hay que dar las gracias.	
5	Es de buena educación esperar a los demás.	
6	No hay que darse prisa comiendo.	
7	Las servilletas no sirven para nada.	
8	Hay que echar piropos al cocinero.	
9	Hay que pelear para conseguir la comida.	

¡Mola!

2 De compras

Talk about shops and places of business
Learn quantities, sizes and shapes
Discuss eating out
Use ordinal numbers

1a 🎧 **¿Cómo es donde vives? Pon las imágenes en el orden en que oyes los lugares.**

Ejemplo: 1 — c

b 📖 **Empareja las palabras con las imágenes.**

Ejemplo: a — la carnicería

el quiosco de periódicos
la farmacia
Correos
la carnicería
el estanco
los grandes almacenes
la panadería
el supermercado
el mercado
la frutería
la librería
la pescadería
la tienda de ropa
el banco
la floristería

2a 🎧📖 **Escucha y lee el texto. Escribe el nombre de la persona que corresponda con las frases abajo.**

Ejemplo: Vive en una ciudad turística. — Alina

No me gusta mucho ir de compras, aunque sí compro música y revistas — cosas que me encantan — normalmente por Internet. Cerca de donde vivo no hay muchas tiendas interesantes, pero hay una ciudad grande a unos kilómetros. Aunque para mí es bastante difícil llegar. **Jesulín**

A mí me encanta ir de compras, pero hay pocas tiendas en mi barrio. Para comprar comida normalmente vamos al centro comercial donde hay un supermercado bueno. Está bastante lejos, pero tiene un aparcamiento grande, así que es bastante práctico. **Vicky**

Vivo en una zona turística así que te puedes imaginar que hay todo tipo de tiendas. Puedes comprar regalos y recuerdos para cualquiera. A veces voy a la ciudad de compras con mis amigos porque nos gustan los grandes almacenes y no hay muchos en nuestro pueblo. La verdad es que hay mayor surtido en la ciudad. **Alina**

No suelo ir a la ciudad para comprar porque el supermercado del barrio tiene todo lo que necesito. En el centro no hay tantas tiendas y son bastante caras. En el supermercado de aquí las cosas tienen precios más razonables y a veces encuentras gangas. **Bernardo**

Me encanta ir al mercado de mi barrio para comprar. Se puede comprar fruta y verduras frescas y hay mucha variedad. También venden ropa, libros y CDs. Tiene un ambiente animado gracias a toda la gente que compra allí. **Marina**

1 Dice que las compras son más baratas en su barrio.
2 No compra comida en su barrio.
3 Le entusiasma el ambiente de donde compra.
4 De vez en cuando va de compras a la ciudad — pero no sola.
5 Compra por Internet.
6 Le gusta leer.

b 🗨 **Trabaja con tu pareja. Pregunta y contesta las preguntas siguientes.**

- ¿Te gusta ir de compras?
- ¿Qué tiendas hay en tu barrio?
- ¿Adónde vas normalmente para comprar?
- ¿Por qué?

3a 📖 **Read this e-mail. Write down in English what Sergio says about shopping.**

Ejemplo: bakery — opens early

¡Hola!

Me has pedido información sobre las tiendas de mi barrio.
Sé que es muy diferente en Inglaterra y que no tenéis muchas
tiendas pequeñas. Pero aquí en España todavía hay muchos
locales pequeños - sobre todo en los barrios de las afueras
y en los pueblos.

La gente no suele ir lejos para comprar, a pesar del sistema
de transporte público maravilloso. Por ejemplo, tenemos
una panadería donde compramos pan. Nos conviene porque abre
temprano cada mañana, así que tenemos pan recién hecho cada
día para desayunar.

La mayoría de la gente hace la compra en los
supermercados porque es práctico y ahorra mucho tiempo,
lo que supongo es una verdadera ventaja. Tenemos
mercadillo los miércoles y sábados donde compramos fruta
y verduras frescas. También hay hipermercados que
normalmente se ubican en las afueras de las ciudades.

En todos los barrios suele haber una farmacia y a veces
también una librería. Por todas partes hay quioscos donde
se compran bonos de lotería o quinielas.

Para tiendas buenas especializadas - como las de ropa o música
- hay que ir a las ciudades. En pueblos turísticos normalmente
hay también tiendas de recuerdos. Las tiendas suelen estar
abiertas más horas que en tu país, aunque las tiendas pequeñas
cierran a la hora de comer y de echar la siesta.

Si compras en el barrio normalmente resulta barato.
Sin embargo, en las ciudades las cosas suelen ser más caras.

Bueno, espero que esto te ayude con tus estudios
- y que estés bien.

Por favor, escríbeme pronto con noticias tuyas.

Un abrazo,
Sergio

Cultura

Have you noticed that most shop names in Spanish end in **–ía**? Make a list of them, and a separate one of those that don't end in **–ía**.

Even nowadays, when lots of things have become more uniform throughout Europe, Spanish shop opening times still tend to revolve around lunchtime. This is traditionally between 2 p.m. and 5 p.m. In most *pueblos* and *barrios*, establishments close during this time to allow proprietors to have a substantial lunch and possibly a *siesta*. However, large department stores, supermarkets, hypermarkets and shopping centres now stay open most of the day — possibly from 9 a.m. to 9 p.m. The exception to this is when there is one of the frequent *fiestas*. On these days, it is hard to find any shops open at all.

¡Ojo!

Intenta acordarte de estas frases útiles que tienen que ver con las compras.

echar un vistazo	to have a look
buscar una ganga	to look for a bargain
tres por el precio de uno	three for the price of one
de oferta	on offer
las rebajas	the sales
la caja	the checkout/pay point
los probadores	the changing rooms

b ✍ **Escribe una respuesta a Sergio. Háblale de las tiendas que hay donde vives y de tus hábitos a la hora de hacer la compra.**

En mi barrio hay...

¿Dónde se compra?

4a 📖 ¿Dónde se encuentra cada cosa en la lista de compras?

Ejemplo: 1 — e

Lista de compras

1 manzanas
2 leche
3 gambas
4 pasta de dientes
5 aceite
6 patatas fritas
7 mermelada
8 periódico
9 panecillos
10 limonada

a – Sección de congelados
b – Panadería
c – Pescadería
d – Quiosco
e – Frutería
f – Bebidas
g – Lácteos y huevos
h – Sección de alimentación
i – Droguería
j – Ultramarinos

b 🎧 ¿En qué tienda/puesto están? ¿Qué quieren comprar? ¿Cuánto gastan? Copia y completa la tabla.

	Puesto	Artículo	Precio
Ejemplo:	frutería	naranjas	5.60€
1			

Lengua clave

un kilo	a kilo
medio kilo	half a kilo
un cuarto kilo	quarter of a kilo
cien gramos	100 grams
quinientos gramos	500 grams
un litro	a litre
medio litro	half a litre
un vaso	a glass
una botella	a bottle
una lata	a tin
un paquete	a packet
un pedazo	a slice
un trozo	a piece
una bolsa	a bag
una caja	a box
una docena	a dozen
un cartón	a carton
un tubo	a tube
una barra	a loaf

5 ✏️ Completa la lista siguiente añadiendo una cantidad apropiada.

Ejemplo: una lata de sardinas

Lista de compras

sardinas   pasteles
tomates   azúcar
jamón   aceitunas
queso   zanahorias
vino   café
leche   pan

6 💬 Trabaja con tu pareja. Practica comprando comida y bebida.

¿Qué desea?   ¿Algo más?   ¿Tiene…?   ¿Cuánto es?

Quisiera…   Déme…   Eso es todo.

7 📖 **En los grandes almacenes. Mira el directorio de abajo. ¿En qué planta se compra cada artículo?**

Ejemplo: *a — 1a*

Directorio

6ª	Cafetería, Agencia de viajes
5ª	Electrónica, sonido, informática
4ª	Deportes
3ª	Moda Él y Ella
2ª	Regalos de boda y juguetes
1ª	Papelería
PB	Complementos moda: cinturones, bolsos, zapatos
Sot	Supermercado

6a	Sexta planta
5a	Quinta planta
4a	Cuarta planta
3a	Tercera planta
2a	Segunda planta
1a	Primera planta
PB	Planta baja
Sot	Sótano

8 🔊 **Trabaja con tu pareja. Usa el directorio de arriba. ¿Adónde hay que ir para ver las cosas en las imágenes?**

> Necesito unos zapatos   Hay que ir a la planta baja.

1 una camiseta   2 un cinturón   3 un refresco   4 un CD

5 un bolígrafo   6 un balón de fútbol   7 unos tomates   8 una muñeca

Gramática

Ordinal numbers

An ordinal number is an adjective that describes the numerical position of an object, for example first, second, third etc.

Below are the ordinal numbers, first to tenth:

primero	first	*sexto*	sixth
segundo	second	*séptimo*	seventh
tercero	third	*octavo*	eighth
cuarto	fourth	*noveno*	ninth
quinto	fifth	*décimo*	tenth

Like many other adjectives, the ordinal numbers have both a masculine and a feminine form, singular and plural. In other words, ordinal numbers have four forms, just like other adjectives that end in *-o*.

For example:
primero(s), primera(s)
segundo(s), segunda(s)
tercero(s), tercera(s)

When used before a noun, *primero* and *tercero* drop the *-o* in the masculine singular form: *el primer día, el tercer año*.

Ordinal numbers usually precede the noun. However, if the noun they refer to is royalty, a pope or a street, they come after the noun:

Isabel II (segunda)	'segunda' comes after 'Isabel' (royalty)
Alejandro VI (sexto)	'sexto' comes after 'Alejandro' (pope)
la Calle octava	'octava' comes after 'calle' (street)

Ordinal numbers are not normally used after 10:
el siglo veintiuno   the twenty-first century

1st, 2nd, 3rd, 4th and so on are normally indicated in Spanish as *1°, 2°, 3°, 4°*.

Escoge la forma correcta del número en cada frase.

1 Vivo en el tercer/tercero piso.
2 Hay que ir al primer/a la primera planta.
3 Julio es el quinto/la quinta hijo de mi vecina.
4 Hoy es el primer/el primero/la primer de julio.

¡Mola!

9 **Read the text and answer the questions that follow in English.**

De compras en España

A pesar de la gran cantidad de supermercados e hipermercados que hay ahora en España — como en la mayor parte del mundo — todavía existen algunas tiendas que pertenecen a empresas familiares. Como en otros países, los centros comerciales, que ahora son tan populares, tienden a estar en los alrededores de las ciudades.

Horarios

Esto varía mucho entre regiones, ciudades, pueblos y también depende del tipo de tienda. Las tiendas pequeñas abren cada vez más horas para competir con sus rivales más grandes.

Las que siguen horarios tradicionales abren entre 08.30 y 09.30 (o más temprano si son tiendas de comida) y cierran de las 14.00 hasta las 17.00, y abren por la tarde hasta las 21.00. Este horario se debe a las temperaturas altas que hay durante los meses de verano y justifican la popular siesta española — tan conocida en todo el mundo. Antes, en un país católico las tiendas no abrían los domingos. Ahora, sin embargo, se puede hacer compras todo el fin de semana sin problema. ¡Los tiempos han cambiado mucho!

Es menos común ahora, pero algunas tiendas pequeñas cierran un día entre semana y el domingo.

Muchos grandes almacenes y centros comerciales tienen horarios alargados — de 09.30 o 10.00 hasta las 20.00 o las 22.00 de lunes a sábado.

¿Qué comprar?

Se puede comprar de todo en España, pero los productos más populares entre turistas son artículos de cerámica y artesanía de cada región, vinos y dulces típicos. Calzado y ropa de cuero se venden mucho también, aunque los españoles se han dado cuenta del valor artístico de sus productos y hoy en día no suelen ser tan baratos como en el pasado. Además, ahora hay muchos diseñadores españoles famosos por todo el mundo — ¡Agata Ruíz de la Prada y Alfonso Domínguez son sólo dos ejemplos!

Mercados

El mercado sigue siendo una institución en España. Todavía hay un mercado cubierto en cada barrio, donde se encuentran puestos de todo tipo de comida y bebida. Suelen seguir el mismo horario que las demás tiendas de los barrios.

En ciertos lugares hay mercados tradicionales cada semana o varias veces al mes donde se pueden ver calles enteras de puestos variados. Un buen ejemplo de esto es el Rastro de Madrid, famoso también por la cantidad de puestos dedicados a artículos de segunda mano. Son tan populares como aquí nuestros 'car boot sales'. Siempre se puede encontrar una ganga, pero como en todos los sitios ¡hay que tener cuidado con los posibles engaños y la seguridad personal! Como se suele decir, ¡no es oro todo lo que reluce!

1 What are you told about the building of new supermarkets and shopping centres in Spain?

2 What are you told about traditional shop opening and closing times in Spain?

3 Why do shops close during the middle of the day?

4 What are the most popular ítems on sale to tourists in markets?

5 What is the Rastro in Madrid famous for?

10 **¿A qué hora? Escucha los mensajes y emparéjalos con la hora adecuada.**

Ejemplo: 1 — a

a 21:30
b 14:15
c 07:20
d 13:45
e 23:30
f 22:00
g 12:00
h 19:30
i 01:00
j 18:50

3 ¡A comer fuera!

- Learn about regional specialities
- Discuss restaurants and places to eat and drink
- Learn food types and recipes
- Use disjunctive pronouns

1a 📖 Empareja las imágenes con las palabras adecuadas del menú. Usa un diccionario si hace falta.

Ejemplo: b — fruta del tiempo

Restaurante Casa Guanche
Menú del día

Primer plato
Sopa de fideos
Ensalada mixta con jamón
Cóctel de gambas

Segundo plato

Carne y aves
Chuletas de cordero
Pollo asado
Bistec en salsa de fruta

Pescados
Langostinos y almejas
Merluza

Arroces y pastas
Paella valenciana
Espaguetis a la boloñesa

Postres
Fruta del tiempo
Flan
Helados

Pan, vino, agua y café incluidos
No se admiten propinas

b 🎧 ¿Qué pide cada persona? Copia y completa la tabla con los detalles que faltan.

	Primer plato	Segundo plato	Postre
Ejemplo:	*sopa*	*chuletas*	*helado*
1			

2 🎧 **Pon las imágenes en el orden correcto según el diálogo.**

a

b

c

Menú

d

e

3a 🎧📖 **Escucha el diálogo.
Pon las frases en el orden correcto.**

1. Para empezar, para mí, paté, y para mi amigo melón.

2. De acuerdo.

3. ¿Y qué quieren para beber?

4. Un helado de piña para mí y para mi amigo un helado de vainilla.

5. Gracias. Tráiganos el menú, por favor.

6. Muy bien. ¿Y de segundo plato?

7. Entonces, dos helados de vainilla.

8. Pollo con patatas para dos, por favor.

9. Una botella de vino tinto y una botella de agua mineral con gas.

10. ¿Y de postre?

11. Buenas tardes. ¿Tiene una mesa para dos personas?

12. Aquí tiene. ¿Qué van a tomar?

13. Sí. Hay esta mesa aquí, en la terraza.

14. Lo siento, señor, pero de piña no hay.

Gramática

Disjunctive pronouns

Look at the following example phrase from the dialogue in Exercise 3a:

Para *mí* paté.   Pâté for *me*.

Here, *mí* is a disjunctive pronoun. It is used because the word *mí* (me) follows the preposition *para* (for). Disjunctive pronouns are used after prepositions and are listed in the table below.

	Singular	Plural
First person	*mí* (me)	*nosotros/as* (us)
Second person	*ti* (you) *usted*	*vosotros/as* (you)
Third person	*él* (him) *ella* (her)	*ellos* (them) *ellas*

Escribe estas frases en español.

1. A coffee for me and a tea for her.
2. I'd like chicken for them, Pablo and Juan.
3. Water for him and wine for us.
4. An ice cream for her and fruit for him.
5. Ana and María? A glass of water for them.

b 💬 **Trabaja con tu pareja. Practica el diálogo.
Inventa tus propias conversaciones.**

4 📖 **Busca la palabra intrusa. Usa un diccionario para ayudarte.**

Ejemplo: *desayuno   almuerzo   cena   **comedor**   merienda*

1	zumo	naranja	pomelo	melocotón
2	sopa	consomé	tortilla	gazpacho
3	merluza	gambas	bacalao	cerdo
4	carne	pescado	aves	legumbres
5	arroz	postre	pasta	patatas
6	queso	mantequilla	huevos	leche

5 📖 **Read the article and answer the questions that follow in English.**

Las regiones culinarias de España

España está rodeada de mar; tiene tres lados de costas. En el norte tiene el mar Cantábrico; al oeste está el Océano Atlántico y hacia el este hay el mar Mediterráneo. Justo al otro lado del Estrecho de Gibraltar están Marruecos y Argelia. Con tantas millas de costa se puede entender por qué los españoles comen tanto marisco y pescado. Así tienen una dieta bien variada y sana.

España se caracteriza por la diversidad culinaria de sus regiones.

Hola! Me llamo Arturo y soy de Bilbao en el norte de España. Mi región es famosa por el pescado, sobre todo el bacalao. También comemos mucho marisco, cordero y verduras.

Soy María de la zona montañosa de los Pirineos. Somos muy conocidos en España por nuestros pimientos, tomates y cebollas.

Soy Marcelo de Guadalajara en el centro de España. Aquí comemos mucha carne: cerdo, cordero y ternera. Son conocidos nuestros quesos, como el delicioso queso Manchego, uno de los mejores quesos del mundo.

Soy Ángel. Mi región es Andalucía en el sur de España. Cultivamos mucha fruta aquí. Esta zona es famosa por sus aceitunas y exportamos el aceite de oliva a países de todo el mundo. Quizás nuestro plato más famoso es el gazpacho, una sopa fría hecha de tomates y pepino. ¡Qué rico!

Me llamo Juan y soy de Barcelona en Cataluña. Lo más típico de allí son nuestros guisos de carne o pescado. También son conocidos los embutidos.

Hola! Soy Alicia y soy de Valencia en el este. Esta región es famosa por el arroz y sus platos típicos como la paella. ¡Deberías probarla!

1 Why do the Spanish eat a lot of fish?
2 Which region is famous for its cheese?
3 What are the main ingredients of *gazpacho*?
4 Where in Spain is rice the staple diet?
5 What meat can you find in particular in central Spain?

6a 👥 **Completa lo siguiente eligiendo las palabras adecuadas de la lista de abajo.**

¡Hola! _____ Ana. Soy de Lancashire en el _____ de Inglaterra. Mi región es famosa por sus productos lácteos, como el _____ También comemos mucho _____ aquí porque estamos cerca de la costa atlántica. Nuestro plato más famoso es el Lancashire Hotpot. Es un _____ hecho de _____ y _____ .

guiso   soy   pescado   norte
queso   patatas   cordero

b 💬 **Prepara una breve presentación sobre los platos típicos de tu región. Usa el ejemplo arriba para ayudarte.**

¡Mola!

7 📖 Lee la receta. Empareja las instrucciones con la imagen adecuada.

Ejemplo: a — *Añade los tomates, guisantes, gambas*
y azafrán.

Paella Valenciana

Ingredientes
4 tazas de arroz de paella
8 tazas de caldo de pescado
8 langostinos
8 mejillones
200 gramos de gambas (50 gramos sin pelar)
200 gramos de guisantes (frescos o congelados)
2 tomates, pelados y trozeados
2 dientes de ajo picados
unos hilos de azafrán machacados
cuartos de limón
aceite de oliva para freír

Método
1 Fríe el ajo en la paellera.
2 Añade los tomates, guisantes, gambas y azafrán.
3 Cocínalo durante unos minutos.
4 Añade el arroz y el caldo.
5 Cuece durante aproximadamente veinte minutos.
6 Cuece el marisco durante unos minutos.
7 Decora con gambas y mejillones.
8 Decora la paella con cuartos de limón.
9 Sirve directamente de la paellera.

8a 📖 Lee las instrucciones para preparar la tortilla. Usando un diccionario para ayudarte, explica lo que significa cada palabra o frase en negrita en el texto.

Ejemplo: **1** *pela — peel*

Tortilla española

Ingredientes
4 huevos
$\frac{1}{2}$ kilo de patatas
una cebolla
un pimiento
aceite
sal y pimiento

Método
1 **Pela** las cebollas y las patatas.
2 **Pica** las cebollas en trozos no muy pequeños y ponlas a freír en una sartén
con abundante aceite.
3 Mientras tanto pica las patatas en dados, sazónalas y añádelas a la sartén.
Corta el pimiento y **fríe** todo a fuego medio, removiendo de vez en cuando,
hasta que se dore todo un poco. Retíralo y escúrrelo.
4 **Prepara** un recipiente y **bate** los 4 huevos. **Añade** las patatas, cebollas
y pimiento.
5 **Pon** un poco de aceite en una sartén y vierte la mezcla. **Cuaja** el huevo,
primero a fuego vivo y después un poco más suave. **Da la vuelta** a la tortilla
para que se dore por ambos lados y **sírvela** caliente con una ensalada.

The *tú* imperative form
is generally used to give
recipe instructions.

-ar	-er	-ir
corta	cuece	sirve

Corta la carne.
Cut the meat.

*Cuece el marisco durante
20 minutos.*
Cook the shellfish for
20 minutes.

Sirve caliente.
Serve hot.

b **Escribe una receta.**

La comida rápida. ¿Cuáles conoces?

A pesar de la enorme expansión en los siglos XX y XXI de la industria que proporciona la comida rápida, todavía quedan muchas tradiciones interesantes con respecto a la comida y la merienda callejera. ¿Cuántos de estos conoces?

Tapas españolas

'Tapas' es como se denomina una gran variedad de platos que 'se pican' (se toman) normalmente en bares y cafeterías. Tradicionalmente se sirven acompañando a vinos y cañas para **reducir los efectos** del alcohol cuando se bebe con el estómago vacío. Las tapas pueden ser servidas frías, como aceitunas, jamón curado o queso, o calientes, **como por ejemplo** la tortilla, el pollo, el pescado o patatas.

Como pueden ser apreciadas por **cualquiera** que las pruebe, hoy en día hay bares y restaurantes por todo el mundo donde se sirven las tapas. En muchos de esos lugares, **a pesar de** las tradiciones, se piden varias tapas diferentes para completar una comida o una cena entera. Algunos creen que las tapas tienen su origen en tiempos de Alfonso X. Como el Rey sólo podía tomar porciones pequeñas de comida, solía preferir picar **cantidades muy escasas** con un buen vaso de vino.

Churros

Churros, **a menudo descritos como** 'el donut español', son cintas de masa fritas en aceite hirviendo. A menudo se venden de puestos que se encuentran por las calles. En España **son muy populares** como desayuno y por eso se sirven en bares y cafeterías.

Salchipapas

A todo el mundo le encantan los perros calientes, pero en Ecuador y Perú son muy especiales. ¡Una salchipapa es la comida rápida de Latinoamérica! Se preparan en el momento y se venden en la calle. **Proporcionan** una merienda deliciosa **compuesta de** lonchas de salchicha frita y servida con patatas fritas, huevo frito y salsa picante o mayonesa. **¡Exquisito!**

Méjico

Méjico D. F. es una de las ciudades del mundo donde más puestos de comida rápida se encuentran. Hay uno **en cada esquina** y venden todo tipo de comida y plato rápido. Seguro que conoces los *tacos*, pero ¿**has oído hablar de** las tortas? Una torta es como un bocadillo mejicano **hecho con** ricos panecillos rellenos de todo tipo de ingrediente: aguacate, carne picada, pollo, pescado o judías. Es un manjar que **no se debe perder!**

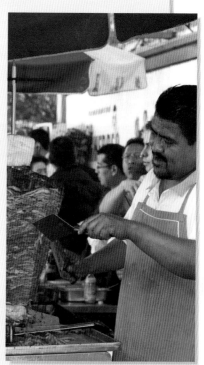

Colombia

Una comida rápida que se encuentra por zonas de Colombia, como Medellín, es la deliciosa torta *choclo* con queso. Básicamente es una torta de maíz frita rellena de queso. ¡Son deliciosas y **muy baratas**!

Por todas partes de América del Sur se encuentran puestos que venden zumos o 'jugos'. Como allí tienen tantas frutas exóticas, hay un gran surtido de sabores: maracuyá (de color amarilla), granadilla (de color naranja), papyuala, lulo (de color naranja), e higo. También **es muy popular** el zumo de papaya.

¡Hasta se venden postres! En Bogotá, por ejemplo, muy típicos son **raciones de** tarta de queso o vasitos de arroz con leche.

Chile — empanadas

Lo que más se ve por las calles en Chile son puestos de empanadas. Hechas de hojaldre, rellenas de muchos ingredientes diferentes, y fritas, son deliciosas y **fáciles de servir**. Se meten todo tipo de carne, queso, salsas, pescado — ilo que haya! Tienen nombres especiales también! El pino, por ejemplo, contiene carne picada, cebolla, pasas, aceitunas y trozos de huevo duro. Otra se llama *la mariscona*, y tiene marisco frito con un poco de espinacas.

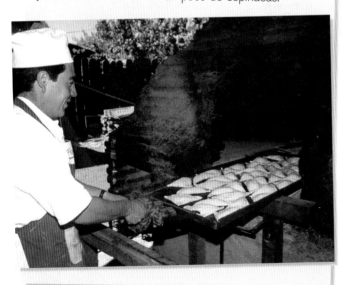

a Copia las palabras y frases en negrita del texto. Encuentra los equivalentes en inglés en la lista abajo.

Ejemplo: **1** *sentirse los efectos* — feel the effects

anyone

very cheap   on every corner   portions of

not to be missed   in spite of   reduce the effects

very small amounts   easy to serve   made with

like, for example   is very popular

delicious   they provide

have you heard of...?   often described as

they are very popular   consisting of

b Lee las frases siguientes y decide si son verdaderas (V) o falsas (F).

Ejemplo: **1** — V

1 Las tapas son típicamente españolas.
2 Las tapas son postres.
3 Las tapas son normalmente raciones pequeñas.
4 Los churros se toman normalmente por las mañanas.
5 Las salchipapas se sirven en restaurantes muy elegantes.
6 No hay comida rápida en Méjico.
7 La torta *choclo* se prepara usando aceite.
8 A los sudamericanos no les gusta la fruta.
9 En Sudamérica no suelen tomar postres.
10 Una empanada contiene muchos ingredientes.

10 Ahora busca comida típica callejera del mundo hispanohablante. Usa Internet y prepara una pequeña presentación sobre la información que has encontrado. Escribe una lista de páginas web útiles para tus compañeros.

Ejemplo:

En Guatemala se come mucho los rellenitos de plátano. Estos plátanos están fritos. Se preparan en casa para el desayuno o se compran en un puesto de la calle. Son muy fáciles de preparar y son deliciosos.

4 ¡Vivir a tope!

1 📖 Lee el texto.

¿Eres un joven a quien le importa el mundo a su alrededor? ¿Tienes opiniones sobre los asuntos que afectan a los jóvenes hoy en día?

De momento estamos trabajando juntos para representar las opiniones de la juventud sobre los siguientes temas importantes:

- el terrorismo
- los malos tratos
- las oportunidades para jóvenes
- el medio ambiente
- la inmigración
- la seguridad ciudadana
- el sexo sin riesgos
- la delincuencia
- las drogas
- el tabaco y el alcohol

¿Quieres mejorar tu mundo y ayudar a los demás? Si la respuesta es 'Sí', únete al Foro Juventud y ¡juntos haremos una diferencia!

Busca más información en nuestra página Web
www.osce.org

Cultura

El Foro Juventud is the Spanish branch of the European Youth Forum, which works to empower young people to actively participate in the shaping of Europe and the society in which they live.

a 📖 ✏️ Estudia esta lista de temas y empareja la palabra o frase española con el inglés adecuado. Usa un diccionario para ayudarte.

el terrorismo	smoking and alcohol
los malos tratos	the environment
oportunidades para jóvenes	immigration
el medio ambiente	terrorism
la inmigración	bullying/abuse
la seguridad ciudadana	safety in the streets
el sexo sin riesgos	opportunities for young people
la delincuencia	drugs
las drogas	safe sex
el tabaco y el alcohol	crime and delinquency

b 📖 Lee lo que dicen estos jóvenes europeos y decide qué tema de la lista del texto les interesa.

Ejemplo: 1 Marlene — el terrorismo

Tengo miedo de un ataque terrorista.
Marlene (Alemania)

Me interesa proteger el planeta.
François (Francia)

En mi ciudad hay muchos problemas de delincuencia.
Callum (Reino Unido)

Muchos de mis amigos fuman.
Sven (Suecia)

Hay que ser responsable con las relaciones sexuales.
Marta (España)

Creo que es cada vez más fácil comprar sustancias ilegales.
Giovanni (Italia)

En mi pueblo hay demasiada gente de otros países.
Linda (Holanda)

Tengo problemas en el colegio con los alumnos mayores.
Alex (Polonia)

No sé qué podría hacer en el futuro.
Pietre (Austria)

Quiero salir sin tener miedo de que me pase algo.
Isolde (Dinamarca)

c 🔊 **Practica este diálogo para saber lo que piensan tus amigos. Pregúntales qué temas de la lista son los más preocupantes.**

¿Cuál crees que es más preocupante — el terrorismo o la delincuencia?

Creo que el terrorismo es más preocupante que la delincuencia, pero menos que el problema de abuso del alcohol entre los jóvenes.

2 🎧 **Listen to these teenagers telling stories about things that have happened to them. Write notes in English for points 1 to 9 about what happened, and decide which category applies to each of the stories.**

What happened: Maria went to her tutor because some children in her class started to pick on her. She says the teacher is going to speak to them, but she doubts if it will do any good.

Category: Bullying (los malos tratos — bullying and abuse)

Gramática

Giving opinions

If you want to say 'I don't think…', expressing an opinion that something will not happen, for example 'I don't think it will rain' or 'I doubt if there's a solution', you have to use the subjunctive. The subjunctive is not a tense but a 'mood' of the verb. It can be used in several tenses. The present tense of the subjunctive is formed as follows:

-ar verbs	-er verbs	-ir verbs
comprar	*vender*	*vivir*
compre	venda	viva
compres	vendas	vivas
compre	venda	viva
compremos	vendamos	vivamos
compréis	vendáis	viváis
compren	vendan	vivan

For example:
No creo que compre esa camisa.   I don't think he will buy that shirt.

Es improbable que vendamos nuestra casa.   It is unlikely we will sell our house.

Dudo que viva mucho mi hámster.
I doubt if my hamster will live very long.

There are a number of verbs that are irregular in the subjunctive form. These include *ser* and *estar*:

ser	estar
sea	esté
seas	estés
sea	esté
seamos	estemos
seáis	estéis
sean	estén

For example:
No creo que esté muy contento de momento.   I don't think he/she is very happy at the moment.

Dudo que sean ricos.   I doubt if they are rich.

No quiero que hagas eso.   I don't want you to do that.

Hay (there is/there are), from the verb *haber*, also has a subjunctive form, *haya*. For example:
No creo que haya suficiente comida para todos.   I don't think there will be enough food for everyone.

Es posible que haya nubes.   It's possible that it will be cloudy.

Read these grammar notes carefully, then work out how to say the following phrases and write them down:

Example: I don't think there is a drugs problem in my school.
*No creo que **haya** problema de drogas en mi colegio.*

1 I don't think the environment is very important.
2 I don't think youth crime is a problem.
3 I doubt if we do enough to help the environment.
4 It's not likely there will be a lot of opportunities for young people.
5 I don't believe we buy enough recyclable things.
6 It's unlikely that we'll be living in the same kind of houses in the future.
7 In the Third World I doubt if there is adequate education about safe sex.
8 I don't think my new boyfriend smokes.
9 I doubt if it will rain.
10 Most young people don't believe drugs are good for your health.

3a 📖 **Lee estos pósteres y empareja las frases abajo con el póster adecuado (A o B).**

Ejemplo: *Trata del medio ambiente. — A*

1 Explica cómo proteger el mundo.
2 Da consejos sobre cómo evitar ataques personales.
3 Dice que debes mantener el contacto.
4 Dice que siempre tienes que tener compañía por las calles.
5 Quiere que ahorres energía.
6 Dice que tienes que dar buen ejemplo.
7 Tienes que presionar a la gente.
8 Dice que no te fíes de los desconocidos.
9 Aconseja que no vayas a sitios donde sería fácil cometer un crimen.
10 Te anima a promocionar la causa.

a

Ayúdenos a mejorar nuestro entorno

- Sea firme con la gente.

- Anímeles a respetar el mundo que es de todos.

- No deje que tiren basura.

- Haga que apaguen los aparatos electrónicos mientras no se usan.

- Sea ejemplar — una persona que evita usar el coche lo máximo posible.

b

¿Sabes cuidarte en las calles?

Sigue estas reglas básicas y podrás salir sin miedo.

¡Que te lo pases muy bien!

- Cuéntales siempre a tus padres dónde estás, con quién, cómo vas a volver y a qué hora.
- No salgas solo por la noche — vete por lo menos con otro amigo.
- No vayas a sitios aislados — quédate donde haya luz y gente.
- Si vas a beber hazlo con amigos que te cuiden.
- Nunca pierdas de vista tu bebida y no te vayas nunca solo con alguien desconocido.
- Lleva tu teléfono móvil siempre y ten un plan previsto por si lo pierdes o te quedas sin crédito.

*No te olvides de las reglas
*Que todos lo pasemos bien
*¡Ten cuidado!

¡Mola!

b 🖉 **Elige otro de los temas identificados por el Foro Juventud (ver ejercicio 1a) y prepara tu propio póster sobre él. Intenta usar el subjuntivo.**

Gramática

The imperative and present subjunctive forms

The imperative and the present subjunctive between them supply the Spanish commands (Do this!) and exhortative forms (Let's go! Let him try! May you be sorry!).

Informal (*tú/vosotros*) commands: the imperative form is used only in affirmative *tú/vosotros* commands.

Compra estos vaqueros.	Buy these jeans.
Aprended esta gramática.	Learn this grammar.

All negative commands use the subjunctive form.

No esperes más.	Don't wait any longer.
No desesperes.	Don't despair.

Formal (*usted*) commands: the subjunctive form is always used for formal commands, affirmative and negative.

Siga las instrucciones.	Follow the instructions.
No tire basura.	Don't throw rubbish.

The conjunction *que* generally introduces the exhortative forms in the third person (utterances with an implied 'Let them…')

Que venga ella si quiere.	Let her come if she wants to.
Que compren DVDs.	Let them buy DVDs.

Study the verb forms of the imperative in the singular then do the two tasks that follow it. If you are unsure of the imperative form of a verb, consult the verb tables at the back of the book.

Verb	Imperative (*tú*)	Negative Imperative (*tú*)	Imperative (*usted*), affirmative and negative
mirar (to look at)	*mira*	*no mires*	*mire/no mire*
ser (to be)	*se*	*no seas*	*sea/no sea*
decidir (to decide)	*decide*	*no decidas*	*decida/no decida*
salir (to go out)	*sal*	*no salgas*	*salga/no salga*

Exercise A: choose the correct form of the singular imperative of the verbs in brackets, using the *tú* form.

Ejemplo: Por favor, _____ (hablar) más despacio.
Por favor, habla más despacio.

1 _____ (mirar) a aquella chica. Se parece a tu hermana.
2 Javier, ¡_____ (comer) más rápido!
3 _____ (salir) a las ocho si no te llamo antes.
4 Marga, ¡_____ (darme) el boli enseguida!
5 No me _____ (esperar) después de medianoche.
6 ¡_____ (hacer) tus deberes!
7 ¡No _____ (ser) tonta, María!
8 Por favor, _____ (venir) a las ocho en punto.

Exercise B: translate the sentences, using the appropriate form of the singular imperative.

Ejemplo: Look at the picture.   *Mira la imagen.*
Don't look at the sun.   *No mires el sol.*
Let him look behind him.   *Que mire hacia atrás.*

1 Don't be stupid.
2 Let her decide what she wants to do.
3 Get out of the room!
4 Look at the film.
5 Let it be a girl!
6 Decide quickly, please.
7 Don't go out alone.
8 Be responsible with your litter.
9 Don't decide the environment isn't important.
10 Let her look where she is going.

4 🎧 📖 **Escucha el problema que menciona cada persona. Entonces lee las posibles soluciones. Empareja el problema (1–10) con la imagen (a–j) y con una solución escogida de la lista (i–x). Rellena la tabla.**

Problema (1–10)	Imagen (a–j)	Solución (i–xi)
Ejemplo: 1	*g*	*i*
2		

Por un Futuro más limpio, Recicla

Todo Tipo de Vidrio

Soluciones

i

Lo que deberíamos hacer es pensar bien en cuanto gastamos. Podríamos ducharnos en vez de bañarnos y poner algo en la cisterna del wáter para reducir el volumen de agua.

ii

Debería haber más policías en la calle para evitar problemas, y mejor educación sobre cómo respetar a otras personas — cómo cuidarlas y tratarlas bien. Podríamos apreciar mucho más a los viejos y aprender de ellos. Son muy interesantes.

iii ¡La gente debería ser menos perezosa! Podríamos contaminar menos reduciendo el uso de vehículos que consumen gasolina o gasóleo. En cambio deberíamos andar más, usar el transporte público y sacar la bicicleta. ¡Sería mucho más sano también!

iv El gobierno debería dar más dinero a los científicos que investigan otros combustibles para proporcionar nuestra energía. Sin nuevas tecnologías no vamos a encontrar ninguna solución. Ahora se puede aprovechar el viento y el agua. ¡Hay que espabilarse!

v Podríamos reciclar mucho más. De compras, por ejemplo, podrías devolver tus bolsas de plástico al supermercado para que se reciclen. ¡Todo ayuda!

vi Hay que ocupar a los jóvenes. Las autoridades podrían hacer más para animarles a estudiar o a ayudar a los demás. Muchos dicen que deberíamos empezar de nuevo el servicio militar.

vii Deberíamos seguir el ejemplo de varias religiones del mundo que toman como una obligación moral dar un porcentaje de nuestros bienes a los pobres. Podríamos fácilmente dar un poco cada mes a una institución de caridad, por ejemplo.

viii Podríamos malgastar menos y apreciar más lo que tenemos antes de tirar tanto. Sería muy fácil también comprar cosas de Comercio Justo para ayudar a los pobres. Me gustaría que nadie en este mundo tuviese hambre. ¡Ojalá que no fuera un sueño!

ix Deberíamos prohibir fumar en todos los lugares — dentro y fuera — y deberían poner más difícil el comprar alcohol, sobre todo para los jóvenes.

x Debería ser muy fácil apagar los aparatos cuando no están en uso. Se puede poner aislamiento en las paredes y los techos. ¿Y por qué no regulamos un poquito las temperaturas de la calefacción o el aire acondicionado?

¡Ojo!

To give suggestions of possible action rather than orders (using imperative forms), the conditional tense of verbs needs to be used. Before you start the writing activity, check the formation of the conditional tense and note especially the verb endings.

Examples:

Vendería la casa.	He/She would sell the house.
Debería ahorrar energía.	He/She should save energy.
Viviría en Gran Canaria.	I would live in Gran Canaria.

Note down the conditional verbs used in the list of solutions above and write what they mean in English. Use a dictionary to help you.

5a 🏰 **Escribe al Foro Juventud sobre los problemas que existen donde vives y si puedes, ofrece soluciones. Usa los problemas y soluciones de arriba para ayudarte. Empieza tu carta así.**

> Málaga 6 de enero
>
> Hola chicos del foro,
>
> Les estoy escribiendo para contarles lo que me preocupa de mi pueblo.
>
> En primer lugar _____
>
> _____ Yo creo que deberíamos _____ etc.

b 💬 **Ahora prepara una pequeña presentación de 2 a 3 minutos sobre uno de los temas identificados por el foro. Explica tus opiniones y cómo solucionarías el problema.**

Ejemplo: ¡Hola! Me llamo Francisco y tengo dieciséis años.

Me interesa proteger el planeta.

Soy ecólogo.

En mi opinión el medio ambiente es muy, muy importante.

El mundo está en peligro.

En un mundo ideal la gente no consumiría tanta energía...

Vocabulario

1 Una vida sana (páginas 120–26)

¿Qué haces para estar en forma?

What do you do to keep fit?

Hago ejercicio físico diariamente.	I do physical exercises every day.
Hago deporte.	I play sports.
Respiro hondo.	I breathe deeply.
Hace falta…	You need to…
…perder peso.	…lose weight.
…eliminar la grasa.	…get rid of fat.
…relajarse.	…relax.
Doy un paseo todos los días.	I go for a walk every day.
Me entreno cada fin de semana.	I train every weekend.
Bailo cada semana.	I dance every week
Peso demasiado.	I weigh too much.
Tengo que perder peso.	I have to lose weight.

¿Qué hay que hacer para llevar una vida sana?

What do you have to do to lead a healthy life?

Come bien.	Eat well.
No fumes.	Don't smoke.
No bebas demasiado.	Don't drink too much.
No tomes drogas.	Don't take drugs.
Hay que…	You must…
…tener una dieta equilibrada.	…have a balanced diet.
…saber relajarse.	…know how to relax.
…dormir bien.	…sleep well.
…evitar el estrés.	…avoid stress.

¿Qué sueles comer?

What do you usually eat?

¿Qué sueles comer para…	What do you usually eat…
…el desayuno?	…for breakfast?
…la comida?	…lunch?
…la cena?	…dinner?
No me gusta…	I don't like…
…el queso.	…cheese.
…el pescado.	…fish.
No me gustan…	I don't like…
…las aceitunas.	…olives.
…las berenjenas.	…aubergines.
En el desayuno suelo tomar un huevo frito y tostadas con mantequilla.	For breakfast I usually have a fried egg and toast and butter.
Como mucho pescado y poco pan.	I eat a lot of fish and not much bread.

De postre me gusta la fruta.	For dessert I like fruit.
Prefiero la comida rápida.	I prefer fast food.
No me gusta la comida basura.	I don't like junk food.
¿Te gusta agua con gas o sin gas?	Do you like sparkling water or still water?
Soy vegetariano/a.	I'm a vegetarian.

¿Qué te pasa?

Tengo.	I've got…
…un resfriado.	…a cold.
…una picadura.	…a sting/bite.
…una quemadura.	…a burn.
…tos.	…a cough.
…fiebre.	…a temperature.
Tengo dolor de muelas.	I've got toothache.
Tengo dolor de cabeza.	I've got a headache.
Me duele…	
…la garganta.	My throat aches/hurts.
…el brazo.	My arm aches/hurts.
…la espalda.	My back aches/hurts.
…mucho/un poco.	It hurts a lot/a little.
He cogido una insolación.	I've got sunstroke.
Estoy mareado/a.	I feel sick.
Toma estas pastillas tres veces al día.	Take these pills three times a day.
En el botiquín tenemos…	In the first-aid kit we've got…
…tiritas.	…plasters.
…crema de sol.	…sun cream.
…vendas.	…bandages.

¿Y tu comportamiento en la mesa?

Hay que demostrar cortesía.	You must be polite.
Es grosero…	It's rude…
…comer con los dedos.	…to eat with your fingers.
…hablar con comida en la boca.	…to speak with your mouth full.
Hay que comer …	You must eat…
…con la boca cerrada.	…with your mouth closed.
…despacio.	…slowly.
Tienes que comportarte como es debido.	You should behave properly.
Es importante…	It's important…
…dar las gracias cuando alguien te sirve.	…to say thank you when you are served.
…usar una servilleta para limpiarte la boca.	…to use a napkin to wipe your mouth.

Vocabulario

2 De compras (páginas 127–31)

¿Vas de compras?	Are you going shopping?
Voy al centro comercial.	I'm going to the shopping centre.
Mi madre y yo vamos al mercado cada semana.	My mother and I go to the market every week.
Todos los sábados hay mercadillo en la plaza.	Every Saturday there is a market in the square.
Me gusta el ambiente del mercado.	I like the atmosphere of the market.
En el mercado se encuentran gangas.	You find bargains at the market.
No me gustan los grandes almacenes.	I don't like department stores.
Todos los días voy a comprar pan.	I go to buy bread every day.

¿Qué tiendas hay en tu barrio?	What shops are there in your area?
Hay una gran variedad de tiendas.	There is a great variety of shops.
Voy a la carnicería para comprar chuletas.	I go to the butcher's to buy chops.
El supermercado del barrio tiene todo lo que necesitamos.	The supermarket in our neighbourhood has all that we need.
En el mercado compramos fruta y verduras frescas.	At the market we buy fresh fruit and vegetables.
Compramos bacalao en la pescadería.	We buy cod at the fish shop.

¿Qué desea?	What would you like?
¿En qué tienda/puesto está?	What shop/stall is it in/on?
Deseo una barra de pan.	I want a loaf of bread.
Quisiera…	I'd like…
…un kilo de tomates.	…a kilo of tomatoes.
…una docena de huevos.	…a dozen eggs.
Póngame…	Give me…
…medio kilo de patatas.	…half a kilo of potatoes.
…doscientos gramos de queso manchego.	…200 grams of manchego cheese.
Deme…	Give me…
…una docena de huevos.	…a dozen eggs.
…un kilo de manzanas.	…a kilo of apples.
¿Cuánto es?	How much is it?
¿Algo más?	Anything else?
No, gracias. Eso es todo.	No, thanks. That's all.

En unos grandes almacenes	In a department store
¿En qué planta está…	On which floor is…
…deportes?	…sports?
…moda para él y para ella?	…men and women's fashion?
Está en la primera/segunda/tercera/cuarta planta.	It's on the first/second/third/fourth floor.
Para la planta baja hay que bajar la escalera.	For the ground floor you have to go down the stairs.
¿Dónde está…	Where is…
…el ascensor?	…the lift?
…la salida?	…the exit?
¿Dónde están los aseos?	Where are the toilets?
Está cerrado/a el domingo.	It is closed on Sundays.
¡Hoy grandes rebajas!	Big reductions today!

¡Mola!

3 ¡A comer fuera! (páginas 132–37)

Comer fuera	Eating out
Quisiera una mesa para tres personas.	I'd like a table for three people.
De primer plato quiero…	For the starter I'd like…
…ensalada mixta.	…mixed salad.
…champiñones con espinacas.	…mushrooms stuffed with spinach.
…melón con jamón serrano.	…melon with serrano ham.
De segundo plato me gustaría…	For my main course I'd like…
…pollo asado.	…roast chicken.
…entrecote a la parrilla.	…grilled steak.
…langostinos al ajillo.	…king prawns with garlic.
…bacalao al pil-pil.	…cod fried in olive oil and garlic.
De postre, hay fresa con nata o helado de chocolate.	For dessert there are strawberries and cream or chocolate ice cream.
¿Y para beber?	What would you like to drink?
Dos vasos de vino tinto y uno de blanco.	Two glasses of red wine and one of white wine.
¿Agua con gas o sin gas?	Sparkling or still water?

Las recetas	Recipes
Esta receta es buenísima.	This recipe is very good.
No es difícil preparar una buena ensalada.	It's not difficult make a good salad.
Pela las patatas.	Peel the potatoes.
Corta los limones por la mitad.	Cut the lemons in half.
Mezcla todos los ingredientes.	Mix all the ingredients.
Cocina las tortillas en una sartén caliente.	Cook the omelettes in a heated frying pan.
Cocina a fuego lento durante 10 minutos.	Cook on a low heat for 10 minutes.
Calienta el aceite en una olla.	Heat the oil in a pan.
Añade sal.	Add salt.
Sirve…	Serve…
…caliente.	…hot.
…frío.	…cold.
…inmediatamente.	…immediately.

Las tapas	Tapas
¡Una amplia variedad de tapas/pinchos en la barra!	A wide range of tapas at the counter/bar!
Cenas y tapeo de lunes a sábado.	Evening meals and tapas from Monday to Saturday.
Para picar y compartir.	Nibbles to share
Quisiera una ración de…	I'd like a portion of…
…mejillones a la marinera.	…mussels in a creamy sauce.
…setas al ajillo.	…wild mushrooms with garlic.
…croquetas de jamón.	…ham croquettes.
…tortilla de patatas.	…Spanish omelette.
…calamares fritos.	…fried squid.
…pan con tomate.	…tomato bread.
…aceitunas mixtas.	…mixed olives.

4 ¡Vivir a tope! (páginas 138–43)

¿Cómo mejorar el mundo?

Debemos vencer el terrorismo.

Hay que reducir la delincuencia juvenil.

Podemos mejorar la seguridad de nuestras calles.

Tenemos que crear más empleo para los jóvenes.

Las campañas contra el tabaco han tenido
mucho éxito.

Es necesario prohibir las drogas blandas.

Debemos tratar mejor a los inmigrantes.

How can we make a better world?

We must defeat terrorism.

We must reduce youth crime.

We can improve the safety of our streets.

We must create more jobs for young people.

Campaigns against smoking have been
very successful.

We must ban soft drugs.

We must treat immigrants better.

¿Qué ocurre en tu ciudad?

Algunos jóvenes toman drogas.

Mucha gente se emborracha.

No hay bastantes policías en la calle.

Hay demasiado desempleo.

El transporte público es muy bueno.

Ahora nadie fuma en los bares.

El Ayuntamiento toma en serio los temas
medioambientales.

Ayudamos a la gente del Tercer Mundo.

Estamos hermanados con Segovia.

What's happening in your town?

Some young people take drugs.

A lot of people get drunk.

There are not enough police on the streets.

There's too much unemployment.

Public transport is very good.

Nobody smokes in bars now.

The Town Hall takes environmental
issues seriously.

We help people in the Third World.

We are twinned with Segovia.

¿Cuál es más preocupante?

Creo que el medio ambiente es más importante
que la política.

En mi opinión, el abuso del alcohol es menos
importante que tomar drogas.

Opino que es más importante ayudar a la gente
del Tercer Mundo que ganar más dinero.

Pienso que el desempleo es tan importante como
la delincuencia juvenil.

Which is more worrying?

I think that the environment is more important
than politics.

In my opinion, alcohol abuse is less important
than drug-taking.

I believe that it is more important to help people in
the Third World than to earn more money.

I think that unemployment is as important
as youth crime.

¿Es importante el medio ambiente?

En mi opinión el medio ambiente es el tema más
importante de todos.

El mundo está en peligro.

Me importa proteger el planeta.

Is the environment important?

In my opinion, the environment is the most important
issue of all.

The world is in danger.

I'm concerned about protecting the planet.

Debemos reciclar más.	We must recycle more.
Es importante no dejar encendidas las luces.	It is important not to leave lights on.
Los recursos naturales se agotan muy rápidamente.	Natural resources are being used up very rapidly.
No creo que aprovechemos bastante la energía solar/del viento.	I don't think we use solar/wind energy enough.
Dudo que la gente esté dispuesta a utilizar menos sus coches.	I doubt if people are ready to use their cars less.
Debemos devolver nuestras bolsas de plástico al supermercado.	We should return our plastic bags to the supermarket.

¿Qué ocurre en tu colegio?	**What's happening in your school?**
Los alumnos reciclan el papel y el vidrio.	The pupils recycle paper and glass.
Intentamos ahorrar energía.	We try to save energy.
Algunos estudiantes abusan de otros.	Some students bully others.
No creo que mis amigos tomen drogas.	I don't think my friends take drugs.
Los móviles están prohibidos.	Mobiles are banned.
Recaudamos dinero para el Tercer Mundo.	We collect money for the Third World.
Hacemos prácticas del trabajo.	We do work experience.
Hay proyectos para ayudar a los ancianos del barrio.	There are projects to help old people in the neighbourhood.

Cuídate en la calle	**Look after yourself in the street**
Diles a tus padres donde estás.	Tell your parents where you are.
No te olvides de decir a tus padres cuándo vas a volver.	Don't forget to tell your parents when you are coming back.
Siempre lleva tu móvil contigo.	Always take your mobile with you.
Nunca salgas por la noche sin un compañero.	Never go out at night unaccompanied.
Evita las calles donde no haya luz.	Avoid streets where there is no lighting.
No bebas demasiado.	Don't drink too much.
No vayas con gente desconocida.	Don't go anywhere with strangers.

Gramática

Nouns

Gender of nouns

As a general rule, nouns ending in -o are masculine and nouns ending in -a are feminine. However, there are some important exceptions:

el día	day
la mano	hand
el mapa	map
la moto	motorbike
el problema	problem
la radio	radio
el programa	programme
la modelo	(fashion) model
el tema	topic

The following groups of nouns are usually masculine:

- nouns ending in -aje or -or

el garaje	garage
el color	colour

- rivers, seas, mountains, fruit trees, colours, cars, days of the week and points of the compass

el Manzanares	the (river) Manzanares
el Mediterráneo	the Mediterranean
los Alpes	the Alps
el manzano	apple tree
el verde	green
el BMW	BMW
el domingo	Sunday
el norte	north

The following groups of nouns are usually feminine:
- nouns endings in: ión, -dad, -tad, -triz, -tud, -umbre, -anza, -ie

la región	region
la ciudad	town
la dificultad	difficulty
la actriz	actress
la inquietud	concern
la muchedumbre	crowd
la esperanza	hope
la serie	series

- letters of the alphabet

la eñe	the letter ñ

- islands and roads

las (islas) Canarias	the Canary Islands
la M50	the M50

Nouns ending in -ista have no separate masculine or feminine form:

el/la artista	artist
el/la periodista	journalist

Plurals

Spanish nouns form their plurals in various different ways:

- by adding -s, if the noun ends in a vowel, whether stressed or unstressed

el piso — los pisos	flat/s
la mano — las manos	hand/s
el café — los cafés	coffee/s

- by adding -es, if the noun ends in a consonant

el color — los colores	colour/s
el país — los países	country/-ies

- nouns ending in -z change the ending to -ces

la voz — las voces	voice/s

- nouns that have an accent on the last syllable lose the accent in the plural

la región — las regiones	region/s
el inglés — los ingleses	the English

- days of the week, except sábado and domingo, have the same form for singular and plural

el lunes — los lunes	Mondays
el sábado — los sábados	Saturdays

Articles

Definite article

The definite articles are el/los for the masculine and la/las for the feminine:

	Singular	Plural
Masculine	el día	los días
Feminine	la chica	las chicas

When the masculine singular definite article is preceded by a or de, the preposition combines with it to make one word:

Vamos **al** parque.
Let's go to the park. (a + el = al)

Salieron **del** cine.
They came out of the cinema. (de + el = del)

The other forms of the definite article, *la*, *los* and *las*, are unchanged after *a* and *de*.

The definite article is used in Spanish, but not in English, for:

- nouns used in a general sense

  *No me gusta **el** chocolate.*
  I don't like chocolate.

- languages, colours, days of the week (preceded by 'on' in English), the time, percentages, sports teams:

  El español es una lengua muy hermosa.
  Spanish is a beautiful language.

  *Me gusta más **el** rojo que **el** amarillo.*
  I like red better than yellow.

  El miércoles vamos a la piscina.
  On Wednesday we are going to the swimming pool.

  *a **las** dos*
  at 2 o'clock

  El 50% de los chicos tiene el pelo rubio.
  50% of the children have blond hair.

  el Real Madrid
  Real Madrid

- abstract nouns

  *Todos buscamos **la** felicidad.*
  We are all looking for happiness.

The definite article is omitted in Spanish, but used in English, for:

- the names of monarchs and popes with Roman numerals (when speaking):

  Alfonso XIII (Alfonso trece)
  Alfonso XIII (Alfonso the thirteenth)

- nouns that are in apposition

  Felipe González, antiguo presidente de España
  Felipe González, the former prime minister of Spain

Indefinite article

The indefinite articles are *un/unos* for the masculine and *una/unas* for the feminine:

	Singular (a/an)	Plural (some)
Masculine	*un piso*	*unos pisos*
Feminine	*una chica*	*unas chicas*

The indefinite article is omitted in Spanish where it is used in English:

- with occupations after *ser*

  Mi padre es enfermero.
  My father is a nurse.

- when the noun is in apposition

  Llegó Juan, amigo de mi padre.
  Juan, a friend of my father, arrived.

- with a number of common words, especially: *otro*, *qué* and *mil*

  El gamberrismo es otro problema.
  Hooliganism is another problem.

  ¡Qué milagro!
  What a miracle!

  Te he dicho mil veces.
  I've told you a thousand times.

The masculine definite and indefinite articles *el* and *un* replace the feminine forms *la* and *una* before feminine nouns in the singular that begin with stressed *a* or *ha*. These nouns remain feminine in gender:

Singular	Plural
el/un agua	*las/unas aguas*
el/un hambre	*las/unas hambres*

Lo + adjective

Lo is used as a neuter article and can act as a noun when followed by an adjective, e.g. *bueno*, *importante*:

  *Los exámenes han terminado y eso es **lo** bueno.*
  The exams are over and that's the good thing.

  Lo importante es no perder el tren.
  The important thing is not to miss the train.

Adjectives

Forms

Adjectives that end in *-o* (masculine) or *-a* (feminine) add *-s* for the plural:

	Singular	Plural
Masculine	*limpio*	*limpios*
Feminine	*limpia*	*limpias*

Gramática

Most adjectives that end in a vowel other than -o/-a or a consonant have the same form for masculine and feminine in the singular and plural. In the plural, -s is added to those ending in a vowel and -es to those ending in a consonant.

	Singular	Plural
Masculine	triste	tristes
Feminine	triste	tristes

	Singular	Plural
Masculine	azul	azules
Feminine	azul	azules

Adjectives ending in -z change the z to c in the plural:

	Singular	Plural
Masculine	feliz	felices
Feminine	feliz	felices

Adjectives denoting region or country that finish in a consonant normally have a feminine form ending in -a:

	Singular	Plural
Masculine	inglés	ingleses
Feminine	inglesa	inglesas

Adjectives ending in –or add –a for the feminine singular, -es for the masculine plural and –as for the feminine plural:

	Singular	Plural
Masculine	encantador	encantadores
Feminine	encantadora	encantadoras

Note: comparative adjectives ending in -or do not have a separate feminine form:

	Singular	Plural
Masculine	mejor	mejores
Feminine	mejor	mejores

When two nouns of different gender stand together, the adjective that qualifies them is masculine plural:

Eva y Jorge están contentos.
Eva and George are happy.

Position

Adjectives are normally placed after nouns:

una lengua difícil
a difficult language

Some common adjectives are often placed before the noun:

bueno
malo
pequeño
gran(de)

Cardinal and ordinal numbers and *último* are placed before the noun:

cien pasajeros
a hundred passengers

el quinto piso
the fifth floor

su última novela
his/her/your (formal) last/latest novel

Shortening (apocopation) of adjectives

Several common adjectives lose the final -o when they come before a masculine singular noun. This is called 'apocopation':

alguno — algún	any
primero — primer	first
bueno — buen	good
tercero — tercer	third
malo — mal	bad
uno — un	one, a
ninguno — ningún	no

Volveré algún día.	I'll come back some day.
Hace mal tiempo hoy.	The weather is bad today.

Grande shortens to *gran* before masculine and feminine singular nouns:

mi gran amiga, Paula   my great friend, Paula

Comparison

Types of comparison

There are three basic types of comparison:
- of superiority (more...than) — *más...que*
- of inferiority (less...than) — *menos...que*
- of equality (as...as) — *tan(to)...como*

*Hace **más** frío en Escocia **que** en España.*
It's colder in Scotland than in Spain.

*Hace **más** calor en España **que** en Escocia.*
It's hotter in Spain than in Scotland.

*Hace **tanto** calor en Madrid **como** en Caracas.*
It's as hot in Madrid as in Caracas.

Comparatives can be adjectives or adverbs.

Irregular adjectives of comparison

Certain common adjectives have special comparative forms:

Adjective	Comparative
bueno (good)	mejor (better)
malo (bad)	peor (worse)
mucho (much)	más (more)
poco (few)	menos (fewer, less)
grande (big, great)	mayor (bigger, greater)
pequeño (little)	menor (less)

Pedro tiene mejor apetito que Enrique.
Pedro has a better appetite than Enrique.

Irregular adverbs of comparison

Certain common adverbs have special comparative forms, which are invariable.

Adverb	Comparative
bien (well)	mejor (better)
mal (bad)	peor (worse)
más (more)	más (more)
poco (not much)	menos (less)

Mi hermano cocina mejor que mi hermana.
My brother cooks better than my sister.

Note: when a number comes after *más* it must be followed by *de* and not *que*:

Hay más de treinta alumnos en la clase.
There are more than 30 pupils in the class.

Superlatives

The way to express the idea of 'most' in Spanish is by placing the definite article before the noun being described and the comparative adjective after the noun:

*La montaña **más** alta de España está en Canarias.*
The highest mountain in Spain is in the Canaries.

*Chile es **el país más** largo de América Latina.*
Chile is the longest country in Latin America.

To express the idea of a quality possessed to an extreme degree, you can add *-ísimo* to the adjective:

Salamanca es una ciudad hermosísima.
Salamanca is a very beautiful city.

Chile es un país larguísimo.
Chile is an extremely long country.

Note that some *-ísimo* endings, as with the adjective *largo* in the example, require a spelling change to the last consonant of the adjective:

largo — larguísimo
rico — riquísimo
feliz — felicísimo

Demonstrative adjectives

There are three forms of demonstrative adjective in Spanish:
- *este, esta, estos, estas,* meaning 'this'
- *ese, esa, esos, esas,* meaning 'that' (near the listener)
- *aquel, aquella, aquellos, aquellas,* meaning 'that' (distant from both the speaker and the listener)

Masculine singular	Feminine singular	Masculine plural	Feminine plural
este chico (this boy)	esta chica (this girl)	estos chicos (these boys)	estas chicas (these girls)
ese chico (that boy)	esa chica (that girl)	esos chicos (those boys)	esas chicas (those girls)
aquel chico (that boy over there)	aquella chica (that girl over there)	aquellos chicos (those boys over there)	aquellas chicas (those girls over there)

Demonstrative pronouns

The demonstrative pronoun is distinguished from the demonstrative adjective by a written accent, e.g. *ése* ('that one'), *ese* ('that'):

Masculine singular	Feminine singular	Masculine plural	Feminine plural
éste (this (one))	ésta (this (one))	éstos (these (ones))	éstas (these (ones))
ése (that (one))	ésa (that (one))	ésos (those (ones))	ésas (those (ones))
aquél (that (one))	aquélla (that (one))	aquéllos (those (ones))	aquéllas (those (ones))

The neuter forms of the demonstrative pronouns are:

esto	this
eso	that
aquello	that

The neuter form refers to an indeterminate idea and not necessarily to a specific object:

¿Por qué no te gusta eso?
Why don't you like that?

Gramática

Indefinites

Indefinites are words that refer to persons or things that are not specific. The following words are indefinites:

alguno/a/os/as	some, any
alguien	someone, anyone
algo	something, anything
cada	each, every
otro/a/os/as	(an)other
todo/a/os/as	all, any, every

Algún día visitaré Argentina.
Some day I'll visit Argentina.

Me llamaba cada 2 horas.
He used to ring me every 2 hours.

Alguien llamó a la puerta.
Somebody knocked at the door.

¿Has perdido algo?
Have you lost something?

No hay otra posibilidad.
There isn't another possibility.

Lo sabes todo.
You know it all.

Possessive adjectives

Singular	Plural
mi (my)	*mis* (my)
tu (your)	*tus* (your)
su (his, her, its, your (formal))	*sus* (his, her, its, your (formal))
vuestro/a (your)	*vuestros/as* (your)
su (their, your (formal))	*sus* (their, your (formal))

The possessive adjective agrees in number and gender with the noun that follows it:

Raúl nunca va al colegio con su hermana.
Raúl never goes to school with his sister.

Has dejado tus zapatillas en mi casa.
You've left your trainers at my house.

The possessive adjective *su(s)* can mean his/her/its/their or your (formal):

Deme su pasaporte, señor.
Give me your passport, sir. (formal 'your')

Sabe que su pasaporte está caducado.
He/She knows that his/her passport is out of date.

Tu(s), *vuestro/a/os/as* or *su(s)* can all mean 'your', depending on whether the relationship with the person(s) addressed is familiar or formal:

Tus amigos han llegado, papá.
Your friends have arrived, dad.

Vuestro desayuno está listo, hijos.
Your breakfast is ready, children.

Por favor, abra su maleta, señora.
Open your suitcase, please, madam.

Possessive pronouns

Singular	Plural
mío/a (mine)	*míos/as* (mine)
tuyo/a (yours)	*tuyos/as* (yours)
suyo/a (his, hers, yours (formal))	*suyos/as* (his, hers, yours (formal))
nuestro/a (our)	*nuestros/as* (ours)
vuestro/a (yours)	*vuestros/as* (yours)
suyo/a (theirs, yours (formal))	*suyos/as* (theirs, yours (formal))

Possessive pronouns are used to replace nouns in order to avoid repetition. They agree in number and gender with the object possessed:

Ese boli, ¿es tuyo o mío?
Is that biro yours or mine?

Su coche nuevo no va tan rápido como el nuestro.
Their/your new car doesn't go as fast as ours.

Interrogative adjectives

The interrogative adjectives are:

* *¿qué?* what?

  ¿De qué parte de España eres?
  What part of Spain are you from?

* *¿cuánto/a/os/as?* how much/many?

  ¿Cuántos kilos de patatas deseas?
  How many kilos of potatoes do you want?

Interrogative pronouns

The interrogative pronouns are:

* *¿qué?* what?

  ¿Qué te gustaría hacer esta noche?
  What would you like to do tonight?

- *¿cuál? ¿cuáles?*   which? what?
  (often for choosing between alternatives)

  ¿Cuál de los vestidos prefieres, el azul o el rojo?
  Which dress do you prefer, the blue one or the red one?

- *¿(de) quién/quiénes?*   who, (whose)?

  ¿De quién es esta bici?
  Whose bike is this?

- *¿cómo?*   how? what? why?

  ¿Cómo estás?
  How are you?

- *¿(a)dónde?*   where?

  ¿Adónde vamos este fin de semana?
  Where shall we go this weekend?

- *¿por qué?*   why?

  ¿Por qué no quieres salir con nosotros?
  Why don't you want to come out with us?

- *¿cuándo?*   when?

  ¿Cuándo nació tu hermano?
  When was your brother born?

- *¿cuánto?*   how much?

  ¿Cuánto vale?
  How much is it/How much does it cost?

Notes:
- Interrogative adjectives and pronouns always have a written accent.
- Direct questions in Spanish are preceded by an inverted question mark.

Exclamations

Some of the pronouns and adjctives used for questions are also used for exclamations:

- *¡cuánto(a/os/as)!*   how (much, many)!

  ¡Cuánto calor hace!
  How hot it is!

- *¡qué!*   what a...! how...!

  ¡Qué lástima!
  What a shame!

- *¡cómo!*   how! what!

  ¡Cómo me duele la cabeza!
  How my head aches!

Notes:
- Exclamation words always have a written accent.
- Exclamations are preceded by an inverted exclamation mark.

Relatives

Relatives are words like *que* and *cuyo*, which link two parts, or 'clauses', of a sentence:

- *que* (who, which, that) can be used as subject or object pronoun.

  El chico que está hablando con tu amigo es mi hermano.
  The boy who is speaking to your friend is my brother.

  La chica que ves en la plaza es mi hermana.
  The girl (that) you can see in the square is my sister.

- *el/la/los/las que* (who, which, that) is used mostly after prepositions.

  La casa en la que vivíamos está en las afueras de la ciudad.
  The house that we used to live in is on the outskirts of the town.

- *lo que* (what) refers to an idea rather than a specific noun.

  Haz lo que quieras.
  Do what you like.

- *quien(es)* (who, whom) is used only for people.

  La chica con quien trabajo se marchó ayer.
  The girl (that) I work with left yesterday.

- *cuyo/a/os/as* (whose) is an adjective that agrees in number and gender with the noun it qualifies.

  La chica cuya madre está en el hospital...
  The girl whose mother is in hospital...

Adverbs

Adverbs tell you *when* something is done (time), *how* it is done (manner) and *where* it is done (place).

Many adverbs are formed from the feminine of an adjective, by adding the suffix *-mente*:

Masculine adjective	Feminine adjective	Adverb
claro	*clara*	*claramente*
fácil	*fácil*	*fácilmente*
feliz	*feliz*	*felizmente*

Gramática

Other common adverbs and adverbial phrases are:

- time

ahora	now
a menudo	frequently
antes	before
a veces	sometimes
después	later, afterwards
en seguida	at once, immediately
entonces	then, at that time
luego	then, later, soon
pronto	soon
siempre	always
tarde	late
temprano	early
todavía	still
ya	already, now

- manner

así	like this, thus
bien	well
de la misma manera	in the same way
de repente	suddenly
despacio, lentamente	slowly
mal	badly

- place

abajo	down, below
adelante	forward(s)
allí, allá	there
aquí, acá	here
arriba	above
atrás	back(wards)
cerca	near(by)
debajo	underneath
delante	in front
(a)dentro	inside
detrás	behind
encima	above, on top
en todas partes	everywhere
(a)fuera	outside
lejos	far

Note: when two *-mente* adverbs come together and are joined by *y*, the first one loses the *-mente* ending:

> *Trabajamos rápida y eficazmente.*
> We worked quickly and effectively.

Quantifiers

A number of adverbs, known as quantifiers, refer to the degree or amount to which something is (done). The most common quantifiers are:

- *bastante*   enough; quite

  > *La película fue bastante buena.*
  > The film was quite good.

- *demasiado*   too

  > *¡Eres demasiado bueno!*
  > You are too good!

- *mucho*   (very) much

  > *Va a hacer mucho más calor.*
  > It's going to get much hotter.

- *muy*   very

  > *El partido fue muy emocionante.*
  > The match was very exciting.

- *(un) poco*   (a) little

  > *Ese político es poco conocido.*
  > That politician is little known.

Personal pronouns

Subject pronouns

The subject pronouns are:

Singular	Plural
yo (I)	*nosotros/as* (we)
tú (you)	*vosotros/as* (you)
él (he, it)	*ellos* (they)
ella (she, it)	*ellas* (they)
usted (you (formal))	*ustedes* (you (formal))

Subject pronouns are used far less than in English. Usually the verb on its own is sufficient to express the meaning: *Habla español* means 'He/She speaks Spanish', without needing a subject pronoun to express 'he/she'.

You might include the subject pronoun, however, if you want to emphasise for some reason who it is who speaks Spanish:

> *Ella habla español, pero él no.*
> **She** speaks Spanish, but **he** doesn't.

Subject pronouns are also used standing on their own:

¿Hablas español?
Do you speak Spanish?

Yo no. Y tú?
No, I don't. Do you?

There are two forms of the subject pronoun for 'you':
- *tú* and *vosotros* for the familiar mode of address
- *usted* and *ustedes* for the formal mode of address

Note: *usted* and *ustedes* are always used with the third person form of the verb.

¿Conoce usted a mi profesor de español?
Do you know my Spanish teacher?

In the *tú* form this question would be:

¿Conoces a mi profesor de español?

Direct object pronouns

The direct object pronouns are:

Singular	Plural
me (me)	*nos* (us)
te (you)	*os* (you)
lo/le (him, it, you (formal masc.))	*los/les* (them (masc.), you (formal masc.))
la (her, it, you (formal fem.)	*las* (them (fem.), you (formal fem.))

Note that the third-person direct object pronouns *lo/le*, *la* ('him', 'her') and *los/les/las* ('them') are also used for 'you' (formal).

Lo/los and *le/les* are interchangeable:

Lo/le conozco bien.
I know him/it/you well.

La vi en Madrid.
I saw her/it/you in Madrid.

Los/les/las vi en Londres.
I saw them/you in London.

Direct object pronouns are usually placed before the verb:

Me vio ayer en la calle.
He saw me yesterday in the street.

They are always added to the end of the affirmative imperative:

¡Míralo!
Look at it!

They can be added to the end of an infinitive:

Quiero verlos en seguida.
I want to see them at once.

However, it is also possible to say:

Los quiero ver en seguida.

They are normally added to the end of a gerund:

Está escribiéndola.
He's writing it (e.g. a letter).

(Note that *escribiendo* has to have an accent to preserve the stress.)

However, it is also possible to say:

La está escribiendo.

Indirect object pronouns

Singular	Plural
me (to me)	*nos* (to us)
te (to you)	*os* (to you)
le (to him, her, it, you (formal))	*les* (to them, you (formal))

The direct object pronouns receive the action of the verb *directly*, whereas the indirect object pronouns receive it *indirectly*. In the sentence, 'We gave the ball to him', 'the ball' is the direct object and 'to him' is the indirect object: *Le dimos el balón.*

Me vas a decir la verdad.
You are going to tell (to) me the truth.

No te puedo recomendar aquel hotel.
I can't recommend that hotel to you.

Like direct object pronouns, indirect object pronouns are always added to the end of the affirmative imperative:

Tráigame la cuenta.
Bring (to) me the bill.

They can be added to the end of an infinitive:

Voy a decirle lo que pienso.
I'm going to tell (to) him what I think.

However, it is also possible to say:

Le voy a decir lo que pienso.

They are normally added to the end of a gerund:

Está escribiéndoles.
He's writing to them. (Note that escribiendo has to have an accent to preserve the stress.)

Gramática

However, it is also possible to say:

Les está escribiendo.

Order of object pronouns

In sentences that contain both a direct and an indirect object pronoun, the indirect one is always placed first:

Te lo daré mañana.
I'll give it to you tomorrow.

In the above sentence, *te* is the indirect object and *lo* the direct object pronoun.

The indirect object pronoun *le/les* changes to *se* before a third person direct object pronoun:

Se lo di.
I gave it to him/her/you/them.

A él, a ella, a usted, a ellos, a ellas, a ustedes may be added for clarity:

Se lo di a ella.
I gave it to her.

Disjunctive pronouns

Disjunctive pronouns are pronouns that are used after prepositions:

Singular	Plural
mí (me)	*nosotros/as* (us)
ti (you)	*vosotros/as* (you)
él (him, it)	*ellos* (them)
ella (her, it)	*ellas* (them)
usted (you (formal))	*ustedes* (you (formal))

Vamos a visitar el Prado con ellas.
We are going to visit the Prado with them.

Mí, ti and *sí* combine with the preposition *con* to make *conmigo* (with me), *contigo* (with you) and *consigo* (with him/her(self) etc.):

¿Por qué no le deja ir conmigo?
Why don't you let him go with me?

Reflexive pronouns

Reflexive pronouns refer back to the subject of the sentence.

Singular	Plural
me (myself)	*nos* (ourselves)
te (yourself)	*os* (yourselves)
se (himself, herself, yourself (formal))	*se* (themselves, yourselves (formal))

The reflexive pronoun normally precedes the verb but, like the object pronouns, it is added to the end of imperatives, gerunds and infinitives:

Se fue a Venezuela ayer.
He went to Venezuela yesterday.

¡Levántate!
Get up!

Está divirtiéndose.
She's enjoying herself.

Fueron a Las Vegas para casarse.
They went to Las Vegas to get married.

Verbs

Present tense

The present tense is formed by adding the highlighted endings to the stem of the infinitive:

- *-ar* verbs: *hablo, hablas, habla, hablamos, habláis, hablan*
- *-er* verbs: *como, comes, come, comemos, coméis, comen*
- *-ir* verbs: *escribo, escribes, escribe, escribimos, escribís, escriben*

The present tense is used for:

- something that exists at the time of speaking

  Hace frío en Soria.
  It's cold in Soria.

- describing a habit

  Nos reunimos en la discoteca todos los viernes.
  We meet at the disco every Friday.

- general statements

  Los Pirineos están en el norte de España.
  The Pyrenees are in the north of Spain.

- future intention

  ¿Vas a ver el partido?
  Are you going to see the match?

Note: some irregular verbs have a special form in the first person singular:

conocer	to know	*conozco, conoces, conoce...*
construir	to build	*construyo, construyes, construye...*
dar	to give	*doy, das, da...*
decir	to say	*digo, dices, dice...*
estar	to be	*estoy, estás, está...*
hacer	to do/make	*hago, haces, hace...*

ir	to go	*voy, vas, va…*
oír	to hear	*oigo, oyes, oye…*
poner	to put	*pongo, pones, pone…*
salir	to leave	*salgo, sales, sale…*
ser	to be	*soy, eres, es…*
tener	to have	*tengo, tienes, tiene…*
traer	to bring	*traigo, traes, trae…*
venir	to come	*vengo, vienes, viene…*

Note: some of these verbs have other irregularities.

Some verbs change the vowel of the stem in the first three persons of the singular and the third person plural (see also radical-changing verbs, pp. 165–67):

pensar	to think	*pienso, piensas, piensa, pensamos, pensáis, piensan*
encontrar	to find	*encuentro, encuentras, encuentra, encontramos, encontráis, encuentran*
pedir	to ask for	*pido, pides, pide, pedimos, pedís, piden*

Present continuous tense

The present continuous tense is formed by the present tense of verb *estar* plus the gerund. The gerund is the form of the verb that ends in *-ando* (*-ar* verbs) or *-iendo* (*-er* and *-ir* verbs):

This form of the present tense describes actions that are happening *now*:

> *Está hablando con Alex en su móvil.*
> She's talking to Alex on her mobile.

> *Estamos comiendo nuestro desayuno.*
> We're eating our breakfast.

Preterite tense

The preterite tense is formed by adding the highlighted endings to the stem of the infinitive:
- *-ar* verbs: *hablé, hablaste, habló, hablamos, hablasteis, hablaron*
- *-er* verbs: *comí, comiste, comió, comimos, comisteis, comieron*
- *-ir* verbs: *escribí, escribiste, escribió, escribimos, escribisteis, escribieron*

There are many irregular preterites, the most common being:

> *andar — anduve, anduviste, anduvo, anduvimos, anduvisteis, anduvieron*
> *conducir — conduje, condujiste, condujo, condujimos, condujisteis, condujeron*

> *dar — di, diste, dio, dimos, disteis, dieron*
> *decir — dije, dijiste, dijo, dijimos, dijisteis, dijeron*
> *estar — estuve, estuviste, estuvo, estuvimos, estuvisteis, estuvieron*
> *hacer — hice, hiciste, hizo, hicimos, hicisteis, hicieron*
> *ir — fui, fuiste, fue, fuimos, fuisteis, fueron*
> *poder — pude, pudiste, pudo, pudimos, pudisteis, pudieron*
> *poner — puse, pusiste, puso, pusimos, pusisteis, pusieron*
> *querer — quise, quisiste, quiso, quisimos, quisisteis, quisieron*
> *saber — supe, supiste, supo, supimos, supisteis, supieron*
> *ser — fui, fuiste, fue, fuimos, fuisteis, fueron*
> *tener — tuve, tuviste, tuvo, tuvimos, tuvisteis, tuvieron*
> *traer — traje, trajiste, trajo, trajimos, trajisteis, trajeron*
> *venir — vine, viniste, vino, vinimos, vinisteis, vinieron*
> *ver — vi, viste, vio, vimos, visteis, vieron*

Notes on the form of the preterite
- In *-ar* regular verbs, the first person plural has the same form in the preterite as in the present tense.
- The verbs *ir* and *ser* have exactly the same form in the preterite for all persons: *fui, fuiste, fue, fuimos, fuisteis, fueron*.
- The irregular preterite forms should be learned (see also the verb tables on pp. 171–79).

The preterite tense is used to express a *completed* action in the past that happened at a specific time:

> *El Rey de España fue a Argentina en mayo.*
> The King of Spain went to Argentina in May.

These actions are often a series of events within a specific period of time.

> *Ayer **fui** con Rosa al bar Manolo. Ella **tomó** una coca-cola y yo una cerveza. **Hablamos** de las vacaciones. Ella **dijo** que odiaba Benidorm y no quería ir allí otra vez. ¡No nos **pusimos** de acuerdo! Luego **llegó** Roberto. Le **pregunté** qué pensaba. Él **respondió** que no sabía. ¡Qué lata!*

Yesterday I went to Manolo's bar with Rosa. She had a coke and I had a beer. We spoke about the holidays. She said she hated Benidorm and didn't want to go there again. We didn't agree! Then Roberto arrived. I asked him what he thought. He said he didn't know. What a pain!

Note: students of Spanish who are also studying French often use the Spanish perfect tense (*he hablado*) when they should use the preterite (*hablé*). This is because they don't realise that the French perfect tense (*j'ai parlé* etc.) is similar in its use to the Spanish preterite tense (*hablé* etc.). Thus, 'I spoke to her' in Spanish would normally be 'Hablé con ella', and not 'He hablado con ella'.

Gramática

Imperfect tense

The imperfect tense is formed by adding the highlighted endings to the stem of the infinitive:

- -ar verbs: *hablaba, hablabas, hablaba, hablábamos, hablabais, hablaban*
- -er verbs: *comía, comías, comía, comíamos, comíais, comían*
- -ir verbs: *escribía, escribías, escribía, escribíamos, escribíais, escribían*

Three verbs are irregular in the imperfect tense:

ir — *iba, ibas, iba, íbamos, ibais, iban*
ser — *era, eras, era, éramos, erais, eran*
ver — *veía, veías, veía, veíamos, veíais, veían*

The imperfect tense is used for:

- actions that happened regularly in the past, i.e. what we **used to** do

Mi abuela siempre estaba sentada al lado del fuego.
My grandma always sat by the fire.

Íbamos a la playa todos los días.
We went/used to go to the beach every day.

- descriptions in the past

José Carlos era un hombre alto.
José Carlos was a tall man.

Imperfect continuous tense

The imperfect continuous tense is formed by the imperfect tense of the verb *estar* plus the gerund. The gerund is the form of the verb that ends in *-ando* (-ar verbs) or *-iendo* (-er and -ir verbs).

This form of the imperfect tense describes actions that were happening at that time, as in the English sentence:

Estaba hablando con Alex en su móvil.
He was talking to Alex on his mobile.

Estábamos andando en la playa.
We were walking on the beach.

Future tense

The future tense is formed by adding the highlighted endings to the infinitive of the verb:

- -ar verbs: *hablaré, hablarás, hablará, hablaremos, hablaréis, hablarán*
- -er verbs: *comeré, comerás, comerá, comeremos, comeréis, comerán*
- -ir verbs: *escribiré, escribirás, escribirá, escribiremos, escribiréis, escribirán*

A number of common verbs have an irregular future stem. The most important of these are:

decir — **diré** etc
hacer — **haré** etc.
poder — **podré** etc
poner — **pondré** etc.;
querer — **querré** etc.
saber — **sabré** etc.
salir — **saldré** etc.
tener — **tendré** etc.;
venir — **vendré** etc.

The future tense expresses what *will* happen:

Volverán de Segovia a las dos.
They'll return from Segovia at 2 o'clock.

Hablaré con ella mañana.
I'll speak to her tomorrow.

Immediate future

The immediate future is formed using *ir a* and the infinitive of the verb. It is often used to express future intention, especially in colloquial Spanish. This form is often interchangeable with the future (see the section above).

¿Vas a verle?
Are you going to see her?

Voy a buscar pan.
I'm going to get some bread.

Conditional tense

The conditional tense is formed by adding the highlighted endings to the infinitive of the verb:

- -ar verbs: *hablaría, hablarías, hablaría, hablaríamos, hablaríais, hablarían*
- -er verbs: *comería, comerías, comería, comeríamos, comeríais, comerían*
- -ir verbs: *escribiría, escribirías, escribiría, escribiríamos, escribiríais, escribirían*

A number of common verbs have an irregular form in the conditional. These are the same verbs as those that have an irregular future, i.e. *decir* (*diría* etc.), *hacer* (*haría* etc.), *poder* (*podría*) etc. (See the section above on the future tense.)

The conditional tense expresses what **would** happen:

¿Te gustaría pasar el día en el campo?
Would you like to spend the day in the country?

¿Qué preferirías hacer, ir al cine o a la discoteca?
What would you prefer to do, go to the cinema or the disco?

¡Mola!

The conditional is also used to make polite requests:

Por favor, ¿podría darme un folleto?
Could you please give me a leaflet?

Perfect tense

The perfect tense is a compound tense, formed from the auxiliary verb *haber* plus the past participle of the verb (*hablado, comido, escrito* etc.).

he hablado/comido/escrito
has hablado/comido/escrito
ha hablado/comido/escrito,
hemos hablado/comido/escrito
habéis hablado/comido/escrito
han hablado/comido/escrito

The perfect tense is used to connect past time with present time. It describes actions that have begun in the past and are continuing and/or have an effect now:

He empezado a estudiar italiano.
I've started to study Italian (and I am continuing to study Italian now).

The perfect tense is also used to express the very recent past, especially events that happened today:

Esta mañana me he levantado a las 7.30.
I got up this morning at 7.30.

Note: there are a number of irregular past participles of common verbs, which should be learned. These are the most common:

abrir	to open	*abierto*	opened
decir	to say	*dicho*	said
escribir	to write	*escrito*	written
hacer	to do/make	*hecho*	done/made
morir	to die	*muerto*	died
poner	to put	*puesto*	put
romper	to break	*roto*	broken
ver	to see	*visto*	seen
volver	to return	*vuelto*	returned

When used as part of the perfect tense, the past participle never agrees in number or gender with the subject of the sentence:

Hemos tenido buena suerte.
We've been lucky (i.e. We've had good luck).

Tu hermana ha ganado el concurso, ¿no?
Your sister has won the competition, hasn't she?

Pluperfect tense

The pluperfect tense is formed from the imperfect tense of *haber* and the past participle of the verb (*hablado, comido, escrito*).

había hablado/comido/escrito
habías hablado/comido/escrito
había hablado/comido/escrito,
habíamos hablado/comido/escrito
habíais hablado/comido/escrito
habían hablado/comido/escrito

This tense expresses what had happened before another action in the past:

La fiesta ya había comenzado cuando llegó Jaime.
The party had already started when Jaime arrived.

Subjunctive

The subjunctive is one of three moods of the verb (the others are the indicative and the imperative). The subjunctive is used in four tenses: the present, the imperfect, the perfect and the pluperfect. All four tenses of the subjunctive are widely used.

At GCSE, it is important to be able to use the present subjunctive and to be able to recognise the imperfect subjunctive.

Present subjunctive

The present subjunctive is formed by adding the highlighted endings to the stem of the infinitive:
- *-ar* verbs: *hable, hables, hable, hablemos, habléis, hablen*
- *-er* verbs: *coma, comas, coma, comamos, comáis, coman*
- *-ir* verbs: *escriba, escribas, escriba, escribamos, escribáis, escriban*

The endings of *-ar* verbs are the same as the present indicative endings of *-er* verbs, and those of *-er* and *-ir* verbs are the same as the present indicative endings of *-ar* verbs, with the exception of the first person singular.

The present subjunctive of most irregular verbs is formed by removing the final *-o* from the end of the first person singular of the present indicative and adding the endings listed above. Most irregular verbs keep the final consonant of the first person singular for all persons. For example:

hacer — haga, hagas, haga, hagamos, hagáis, hagan.

See verb tables on pp. 171–79 for more irregular subjunctives.

Gramática

Imperfect subjunctive
The imperfect subjunctive is formed by removing the ending of the third person plural of the preterite tense and adding the highlighted endings:

- *-ar* verbs: either *habl**ara**, habl**aras**, habl**ara**, habl**áramos**, habl**arais**, habl**aran***

  or *habl**ase**, habl**ases**, habl**ase**, habl**ásemos**, habl**aseis**, habl**asen***

- *-er* verbs: either *com**iera**, com**ieras**, com**iera**, com**iéramos**, com**ierais**, com**ieran***

  or *com**iese**, com**ieses**, com**iese**, com**iésemos**, com**ieseis**, com**iesen***

- *-ir* verbs: either *escrib**iera**, escrib**ieras**, escrib**iera**, escrib**iéramos**, escrib**ierais**, escrib**ieran***

  or *escrib**iese**, escrib**ieses**, escrib**iese**, escrib**iésemos**, escrib**ieseis**, escrib**iesen***

The *-ara/ase* and *-iera/iese* endings are interchangeable.

Perfect subjunctive
The perfect subjunctive is formed from the present subjunctive of *haber* plus the past participle, e.g. *haya hablado, hayas hablado, haya hablado* etc.

Pluperfect subjunctive
The pluperfect subjunctive is formed from the imperfect subjunctive of *haber* plus the past participle, e.g. *hubiera/iese hablado, hubieras/ieses hablado, hubiera/iese hablado* etc.

Uses of the subjunctive
The subjunctive is used in three main areas: subordinate clauses, main clauses and conditional sentences.

Important uses of the subjunctive are:

- after conjunctions of time, such as *cuando* and *mientras*, when expressing the future

  *Cuando **tenga** yo 18 años voy a dar una fiesta enorme.*
  When I'm 18 I'm going to have a huge party.

  *Hugo tendrá que buscar trabajo temporal mientras **viaje** por Latinoamérica.*
  Hugo will have to look for temporary work while he travels round Latin America

- after verbs of wishing, command, request and emotion

  *Laura quiere que le **acompañes** al cine.*
  Laura wants you to go with her to the cinema.

*Espero que me **escribas** pronto.*
I hope you will write to me soon.

*Te digo que no **salgas** esta noche.*
I'm telling you not to go out tonight.

*Pídele que me **compre** las entradas.*
Ask him to buy me the tickets.

- to express purpose, after *para que*

  *Te daré la llave para que **puedas** entrar en el piso.*
  I'll give you the key so that you can get into the flat.

- to express possibility, probability and necessity

  *Es posible que la selección española **gane** la copa.*
  It's possible that the Spanish team will win the cup.

  *No es necesario que ellos **vayan** a la estación con nosotros.*
  It's not necessary for them to go to the station with us.

- to express permission and prohibition

  *¡Déjale que **venga**!*
  Let him come!

- after verbs of saying and thinking used in the negative

  *No creo que los estudiantes **encuentren** fácil el trabajo.*
  I don't think the students will find the work easy.

- to express the formal imperative and the negative form of the familiar imperative (for the imperative see the next section)

Imperatives
The imperative mood is for instructions and commands.

Affirmative commands
For regular verbs, the **informal** *tú* imperative is formed by removing the last letter, *s*, from the second person singular of the present indicative:

hablas — habla
comes — come
escribes — escribe

There are nine irregular forms, which have to be learned:

Verb	Tú imperative
decir (to say)	*di*
hacer (to do)	*haz*
ir (to go)	*ve*
oír (to hear)	*oye*
poner (to put)	*pon*
salir (to go out)	*sal*
ser (to be)	*sé*
tener (to have)	*ten*
venir (to come)	*ven*

¡Mola!

Escríbeme pronto.
Write to me soon.

Pon el libro en la mesa.
Put the book on the table.

The *vosotros* imperative is formed by replacing the final *-r* of the infinitive with *-d*. Note that the final *-d* is omitted from reflexive forms:

Volved conmigo, amigos.
Come back with me, friends.

¡Levantaos!
Get up!

In the **formal** *usted/ustedes* form, both the singular and the plural are the same as the third person (*usted/ustedes*) of the present subjunctive.

Por favor, firme aquí.
Sign here please.

Dígame lo que ocurre.
Tell me what is happening.

Perdonen, señoras.
Excuse me, ladies.

Negative commands
Negative familiar commands use the second person (*tú/vosotros*) of the present subjunctive:

¡No hables así!
Don't speak like that!

¡No salgas!
Don't go out!

No me lo digáis.
Don't tell me.

Negative *usted/ustedes* commands, like the affirmative ones, use the third person of the present subjunctive:

¡No me diga!
You don't say!

No se molesten.
Don't get upset.

Note: *que* + the subjunctive may be used for wishes and commands. *Que* is sometimes omitted:

(Que) vayan todos.
Let them all go.

¡(Que) viva el Rey!
Long live the King!

Passive

A passive sentence has the same meaning as an active one, but the parts of the sentence are in a different order. For example, 'My handbag was stolen by a thief' is a passive sentence, which can also be expressed actively as 'A thief stole my handbag'.

In a passive sentence, there is normally an agent, usually preceded by the preposition *por*. However, the agent may be omitted from the sentence, as in:

La carta fue escrita ayer.
The letter was written yesterday.

The passive is formed from *ser* plus the past participle, which agrees in number and gender with the subject of the sentence:

El acuerdo fue firmado por el presidente.
The agreement was signed by the president.

La novela será publicada mañana.
The novel will be published tomorrow.

Gerund
The gerund expresses the idea of the *duration* of the action of the verb.

To form the gerund, add *-ando* to the stem of *-ar* verbs and *-iendo* to the stem of *-er* and *-ir* verbs. The gerund is invariable in form.

hablar — hablando
comer — comiendo
escribir — ecribiendo

The gerund is used for actions that take place at the same time as the main verb:

Van corriendo por la calle.
They go running along the street.

It is used for the continuous form of the verb:

Estaban mirando el cielo para ver si iba a llover.
They were looking at the sky to see if it was going to rain.

Continuar, seguir and *llevar* are followed by the gerund to emphasise the duration of the verb:

Por favor, sigue hablando.
Carry on talking, please.

Llevamos 3 años viviendo en Barcelona.
We've been living in Barcelona for 3 years.

Gramática

Note: don't confuse the English present participle ending in –*ing* (e.g. 'eating') with the Spanish gerund. The English -*ing* form after a preposition is translated by an infinitive:

> *Después de terminar mis deberes, me acosté.*
> After finishing my homework, I went to bed.

Ser and estar

These two verbs both mean 'to be', but they are used in different circumstances.

Ser refers to characteristics that are 'inherent' to a person, thing or idea, such as identity, permanent features, occupation, time:

> *Soy gallego.*
> I'm Galician.

> *Madrid es la capital de España.*
> Madrid is the capital of Spain.

> *Es policía.*
> He's a policeman.

> *Son las nueve y media.*
> It's half past nine.

Estar refers to a temporary state or to where a person or thing is, whether temporarily or permanently:

> *Estamos contentos.*
> We're happy (but this is a momentary feeling).

> *Málaga está en el sur de España.*
> Malaga is in the south of Spain.

Ser and estar with adjectives

Some adjectives are always used with *ser*, others always with *estar*:

Ser		Estar	
(in)justo/a	(un)fair	*bien/mal/fatal*	good/bad/terrible
(in)necesario/a	(un)necessary	*de buen/mal humor*	in a good/mad mood
(in)conveniente	(in)appropriate	*enfadado/a*	angry
importante	important	*enfermo/a*	ill
inteligente	intelligent	*ocupado/a*	busy

Some adjectives can be used with either *ser* or *estar*, but their meaning is different. *Ser* meanings always reflect permanent characteristics; *estar* meanings refer to temporary states. The most common of these adjectives are:

Adjective	Used with *ser*	Used with *estar*
aburrido	boring	bored
listo	clever	ready
malo	bad, evil	ill
nervioso	nervous (disposition)	nervous (temporarily)
triste	sad (disposition)	sad (temporarily)

Impersonal verbs

Verbs such as *gustar, encantar, costar, doler, faltar, hacer falta, interesar* and *molestar* are used with a special construction that is the reverse of the English one. The sentence:

> *Me gusta la dieta mediterránea.*
> I like the Mediterranean diet.

can be broken down literally in English as follows:

Indirect object	Third person verb	Subject
Me	*gusta*	*la dieta mediterránea*
To me	is pleasing	the Mediterranean diet

If the subject is plural, the verb must also be plural, as in:

> *Le gustan los tomates.*
> He likes tomatoes. (Literally 'To him are pleasing the tomatoes.')

Frequently, the person concerned is emphasised by adding *a* plus a personal pronoun:

> *A mí me gustan los tomates.*
> I like tomatoes.

The same construction can be seen in the following examples:

> *¿Te duele la cabeza?*
> Have you got a headache?

> *Les encanta la playa.*
> They love the beach.

> *Me costó un dineral.*
> It cost me a bomb.

> *¿A ti te molesta que venga Julio?*
> Are you bothered that Julio's coming?

Reflexive verbs

In Spanish, reflexive verbs are always accompanied by a reflexive pronoun, which changes according to the subject of the verb. For example:

levantarse	to get up
me levanto	I get up
te levantas	you get up
se levanta	he/she/it/you (formal) gets up
nos levantamos	we get up
os levantáis	you get up
se levantan	they/you (formal) get up

Reflexive verbs often do not have a reflexive pronoun when translated into English, for example: *acostarse* to go to bed; *afeitarse* to shave; *casarse* to marry.

Infinitives

Many common verbs are followed by a preposition, usually either *a*, *de*, *en*, *con*, *para* or *por*, before an infinitive. Some of the most common of these verbs are given below.

Verb + *a* + infinitive

acercarse a	to get near to
aprender a	to learn to
ayudar a	to help to
comenzar a	to begin to
decidirse a	to decide to
empezar a	to begin to
enseñar a	to teach to
invitar a	to invite to
ir a	to go to
volver a	to (do) again

Por favor, ayúdame a preparar la cena.
Help me to prepare dinner, please.

Comenzaron a entrar a las 9.00.
They started to go in at 9.00.

Verb + *de* + infinitive

acabar de	to finish (doing); to have just
acordarse de	to remember
alegrarse de	to be pleased about
olvidarse de	to forget to
terminar de	to stop (doing)
tratar de	to try to

Me alegro de saber eso.
I'm pleased to know that.

¡Trata de hacerlo!
Try to do it!

Verb + *en* + infinitive

dudar en	to hesitate to
insistir en	to insist on (doing)
interesarse en	to be interested in (doing)
tardar en	to take time in (doing)

El tren tardaba mucho en salir.
The train was very late departing.

Verb + *con* + infinitive

amenazar con	to threaten to
contentarse con	to be happy to
soñar con	to dream of (doing)

Sueña con ser piloto. He dreams about being a pilot.

Verb + *para* + infinitive

prepararse para	to prepare oneself to
faltar para	to have time/distance to go

Se está preparando para hacer el examen.
He's preparing to take the exam.

Falta poco para llegar a Zaragoza.
It's not far to Zaragoza.

Verb + *por* + infinitive

comenzar por	to begin by (doing)
empezar por	to begin by (doing)
luchar por	to fight/struggle to

Comenzamos la tarde por comer tapas.
We started the evening by eating tapas.

Three special constructions with the infinitive

- *Al* + the infinitive is used with the meaning 'when...', referring to an action that happens at the same time as that of the main verb:

  Al llegar a la estación vio que el tren había salido.
  When he got to the station he saw that the train had left.

- *Volver* followed by *a* + the infinitive means 'to do something again':

  No he vuelto a verle.
  I haven't seen him again.

- *Acabar* followed by *de* + the infinitive means 'to have just (done something)':

  Acaban de volver.
  They have just come back.

Radical-changing verbs

Radical-changing verbs are so called because they make changes to the 'root' or stem of the verb. Many Spanish verbs are of this type.

For example, in the verb *pensar* (to think) the stem is *pens-* (the infinitive without the *-ar* ending). In this verb, the *-e* of the stem changes to *–ie*; 'I think' is **pienso**.

Radical changes affect *-ar*, *-er* and *-ir* verbs. It is not easy to predict whether a given verb will have a stem change or not, so the radical-changing verbs have to be learned.

Conjugation of radical-changing verbs

In the present indicative tense of *-ar* and *-er* verbs, the main vowel of the stem splits into two when it is stressed. The vowel changes from *e* to *ie* and *o* to *ue* in the first, second and third persons singular and the third person plural:

cerrar (to close)	encontrar (to find)	perder (to lose)	volver (to return)
cierro	encuentro	pierdo	vuelvo
cierras	encuentras	pierdes	vuelves
cierra	encuentra	pierde	vuelve
cerramos	encontramos	perdemos	volvemos
cerráis	encontráis	perdéis	volvéis
cierran	encuentran	pierden	vuelven

The stem also changes in the *tú* (familiar) form of the imperative:

cierra

encuentra

pierde

vuelve

Other common -ar and -er verbs that follow the same pattern are:

e > ie:

-ar verbs	-er verbs
calentar (to heat)	defender (to defend)
comenzar (to begin)	encender (to switch on, to light)
despertar (to wake)	entender (to understand)
empezar (to begin)	querer (to wish, to want)
*nevar (to snow)	
pensar (to think)	
recomendar (to recommend)	
sentarse (to sit down)	

*nevar is used only in the third person singular

o > ue

-ar verbs	-er verbs
acordarse de (to remember)	doler (to hurt)
acostarse (to go to bed)	*llover (to rain)
contar (to count, to tell)	mover (to move)
costar (to cost)	poder (to be able)
probar (to prove, taste, try (on))	soler (to do habitually)
recordar (to remember)	torcer (to turn, twist)
soñar (to dream)	
volar (to fly)	

*llover is used only in the third person singular

Note: *jugar* (to play), with stem vowel *u*, follows the same pattern as verbs with stem vowel *o*: **juego, juegas, juega, jugamos, jugáis, juegan.**

-ir verbs

There are three types of radical-changing -ir verbs:

- those that change the stem vowel in the present tense from *e* to *i*, such as *pedir* (to ask for)
- those that change the stem vowel in the present tense from *e* to *ie*, such as *sentir* (to feel, be sorry)
- those that change the stem vowel in the present tense from *o* to *ue*, such as *dormir* (to sleep)

In the present indicative, the changes take place in the first, second and third persons singular and the third person plural, when the stress falls on the stem:

e > i	e > ie	o > ue
pedir	**sentir**	**dormir**
pido	siento	duermo
pides	sientes	duermes
pide	siente	duerme
pedimos	sentimos	dormimos
pedís	sentís	dormís
piden	sienten	duermen

In the stem of the preterite, in the third persons singular and plural, *e* changes to *i* and *o* changes to *u*:

pedí	sentí	dormí
pediste	sentiste	dormiste
pidió	sintió	durmió
pedimos	sentimos	dormimos
pedisteis	sentisteis	dormisteis
pidieron	sintieron	durmieron

The stem also changes in the *tú* (familiar) form of the imperative, following the pattern of the present indicative:

pide

siente

duerme

In the gerund, the stem changes from *e > i* or *o > u*:

pidiendo

sintiendo

durmiendo

Other common verbs which follow the *e > i* pattern are:

conseguir	to succeed
corregir	to correct
despedir	to dismiss, say goodbye to
elegir	to choose
impedir	to prevent
medir	to measure
reír	to laugh (río, ríes, ríe...)
reñir	to quarrel
repetir	to repeat
seguir	to follow
sonreír	to smile (sonrío, sonríes, sonríe...)
vestir	to dress

Other common verbs that follow the *e > ie* pattern are:

convertir	to convert
divertir	to entertain
herir	to wound
mentir	to lie
preferir	to prefer
referir	to refer

The only verbs to follow the *o > ue* pattern are:

dormir	to sleep
morir	to die

Spelling changes in verbs

Some Spanish verbs make spelling changes in order to comply with the rules of Spanish pronunciation. These changes are of two types and affect:
- the consonant immediately before the verb ending, which changes in order to keep the correct sound
- the use of the accent, which is needed in order to keep the required stress on a vowel

Changes to the spelling of the final consonant:
For *-ar* verbs, these changes occur before the vowel *-e*:

- *c > qu*   *buscar*   to look for

  present subjunctive: *busque, busques, busque* etc.
  preterite: *busqué, buscaste* etc.

- *g > gu*   *llegar*   to arrive

  present subjunctive: *llegue, llegues, llegue* etc.
  preterite: *llegué, llegaste* etc.

- *z > c*   *empezar*   to begin

  present subjunctive: *empiece, empieces, empiece* etc.
  preterite: *empecé, empezaste* etc.

For *-er* and *-ir* verbs, these changes occur before the vowel *-o* in the first person singular of the present indicative and before *-a* in the present subjunctive:

- *c > z*   *vencer*   to conquer

  present indicative: *venzo, vences* etc.
  present subjunctive: *venza, venzas, venza* etc.

- *g > j*   *coger*   to take, catch

  present indicative: *cojo, coges* etc.
  present subjunctive: *coja, cojas* etc.

- *gu > g*   *seguir*   to follow

  present indicative: *sigo, sigues* etc.
  present subjunctive: *siga, sigas, siga* etc.

Addition of an accent in order to keep the correct stress

Verbs ending in *-uar* and *-iar* do not have an accent in their infinitive form but they add an accent in the first, second and third persons singular and in the third person plural of the present indicative, the present subjunctive and in the *tú* form of the imperative:

continuar (to continue)		
Present indicative	**Present subjunctive**	**Imperative**
continúo	*continúe*	
continúas	*continúes*	*continúa*
continúa	*continúe*	
continuamos	*continuemos*	
continuáis	*continuéis*	
continúan	*continúen*	

enviar (to send)		
Present indicative	**Present subjunctive**	**Imperative**
envío	*envíe*	
envías	*envíes*	*envía*
envía	*envíe*	
enviamos	*enviemos*	
enviáis	*enviéis*	
envían	*envíen*	

Negatives

It is usual in Spanish for the negative to be expressed by two words (with the exception of *no* meaning 'not'). All the negatives below can, however, be expressed either:
- as two words, with *no* before the verb and the negative word after it, or
- as one word placed before the verb, eliminating the need for *no*

For example, 'They say that it never snows in Malaga' can be translated as:

*Dicen que **no** nieva **nunca** en Málaga.*

or

*Dicen que **nunca** nieva en Málaga.*

Negative	Example
no	*No viene.* (He isn't coming.)
nunca	*No llueve nunca.* (It never rains.)
jamás	*No voy a volver jamás.* (I'm never going to come back.)
tampoco	*Tampoco lo sabían ellos.* (They didn't know either.)
ni...ni...	*Ayer no vinieron ni Carlos ni Pepe.* (Neither Carlos nor Pepe came yesterday.)
nada	*No sabe nada.* (He doesn't know anything.)
nadie	*No hay nadie aquí.* (There is nobody here.)
ninguno	*No hay ninguna persona en la calle.* (There is no one in the street.)

Gramática

Prepositions

a

a translates the English word 'at' when it refers to time or rate:

> *a la una*
> at one o'clock

> *Están viajando a sólo 20 kilómetros por hora.*
> They are only travelling at 20 kph.

de

de means 'of', indicating possession, and 'from', indicating origin. It can also mean 'by', 'about' and 'in':

> *Están hablando de ti.*
> They are talking about you.

> *Vienen de Almagro.*
> They are coming from Almagro.

en

en means 'in' and 'at' of location:

> *en casa*
> at home

> *Estaba esperando en la estación.*
> He was waiting at the station.

enfrente de and frente a

These two prepositional phrases mean 'opposite':

> *La oficina de turismo está enfrente de/frente a la catedral.*
> The tourist office is opposite the cathedral.

para

para means 'for' and '(in order) to' in the sense of destination and purpose:

> *Tomamos una botella de agua fría para el viaje.*
> We're taking a bottle of cold water for the journey.

> *Voy a utilizar mi tarjeta de crédito para pagar el hotel.*
> I'm going to use my credit card to pay for the hotel.

por

por is used for cause and origin. The English equivalents of *por* are 'by', 'through', 'on behalf of' and 'because of':

> *Lo compré por Internet.*
> I bought it through the internet.

> *Hablaremos por teléfono.*
> We'll speak on the phone.

> *Salió por la puerta principal.*
> He went out by the main door.

> *Contesté por él.*
> I answered on his behalf.

por is also used to introduce the agent in passive sentences (see p. 163):

> *Aquel poema fue escrito por García Lorca.*
> That poem was written by García Lorca.

sobre

sobre means 'on (top of)', 'above' or 'over':

> *El avión voló sobre mi casa.*
> The plane flew over my house

> *Tus postales están sobre la mesa.*
> Your postcards are on the table.

sobre is also used to indicate an approximate time or number:

> *Llegarán sobre las nueve.*
> They'll arrive around 9 o'clock.

Conjunctions

Conjunctions are words that link phrases and sentences. Examples of conjunctions are:

y	and
o	or
pero	but
porque	because
cuando	when

> *Quiero ir al cine pero mi madre no me deja salir.*
> I want to go to the cinema but my mother won't let me go out.

> *Ha venido porque quiere hablar con el profesor.*
> He's come because he wants to speak to the teacher.

Note: *y* becomes *e* before 'i' and 'hi':

> *Pedro es serio e inteligente.*
> Pedro is serious and intelligent.

o becomes *u* before 'o' and 'ho':

> *siete u ocho*
> seven or eight

Numbers

Cardinal numbers

The numbers that are used for counting are called cardinal numbers:

1	*uno/una*
2	*dos*
3	*tres*
4	*cuatro*
5	*cinco*
6	*seis*
7	*siete*
8	*ocho*
9	*nueve*
10	*diez*
11	*once*
12	*doce*
13	*trece*
14	*catorce*
15	*quince*
16	*dieciséis*
17	*diecisiete*
18	*dieciocho*
19	*diecinueve*
20	*veinte*
21	*veintiuno/una*
22	*veintidós*
23	*veintitrés*
24	*veinticuatro*
25	*veinticinco*
26	*veintiséis*
27	*veintisiete*
28	*veintiocho*
29	*veintinueve*
30	*treinta*
31	*treinta y uno*
32	*treinta y dos*
40	*cuarenta*
50	*cincuenta*
60	*sesenta*
70	*setenta*
80	*ochenta*
90	*noventa*
100	*cien(to)*
101	*ciento uno/una*
102	*ciento dos*
153	*ciento cincuenta y dos*
200	*doscientos/as*
300	*trescientos/as*
400	*cuatrocientos/as*
500	*quinientos/as*
600	*seiscientos/as*
700	*setecientos/as*
800	*ochocientos/as*
900	*novecientos/as*
1000	*mil*
1001	*mil uno/una*
4.005	*cuatro mil cinco*
7.238	*siete mil doscientos treinta y ocho*
1.000.000	*un millón*
9.000.000	*nueve millones*

Notes:

- Numbers up to 30 are written as one word.
- *uno* becomes *un* before a masculine singular noun:

  un billete
  one ticket

  cuarenta y un años
  forty-one years

- Cardinal numbers containing *un(o)* and multiples of *ciento* have a masculine and a feminine form; other numbers do not:

  trescientas libras
  three hundred pounds

- *Ciento* is shortened to *cien* before a noun or an adjective but not before another number, except *mil*:

  cien kilómetros
  a hundred kilometres

  ciento veinte litros
  a hundred and twenty litres

- There is no indefinite article before *cien* and *mil*, unlike the English 'a hundred' and 'a thousand':

  mil euros
  a thousand euros

- *Un millón* (a million) is preceded by the indefinite article, as in English, and is followed by *de*:

  un millón de habitantes
  a million inhabitants

- Numbers over a thousand are frequently written with a dot after the figure for a thousand. This sometimes happens with dates:

20.301	20,301
2.009	2009

Gramática

Ordinal numbers

Ordinal numbers indicate the order or sequence of things (1st, 2nd, 3rd, 4th, etc.):

1st	$1°/1^a$	primero/a
2nd	$2°/2^a$	segundo/a
3rd	$3°/3^a$	tercero/a
4th	$4°/4^a$	cuarto/a
5th	$5°/5^a$	quinto/a
6th	$6°/6^a$	sexto/a
7th	$7°/7^a$	séptimo/a
8th	$8°/8^a$	octavo/a
9th	$9°/9^a$	noveno/a
10th	$10°/10^a$	décimo/a

Ordinal numbers agree with the noun in number and gender:

> las primeras horas de la mañana
> the first hours of the morning

Primero and *tercero* drop the final -o before a masculine singular noun:

> el primer día de la primavera
> the first day of spring

> el tercer piso
> the third floor

Ordinal numbers are normally used up to 10, after which cardinal numbers are used:

> Carlos V (read 'quinto')
> Charles V (the fifth)

but

> el siglo XXI (read 'veintiuno')
> the twenty-first century

Time, dates and years

Clock time

Cardinal numbers are used to tell the time. With *la una*, the singular of *ser* is used; the plural is used with all other times:

> ¿Qué hora es?
> What time is it?

> Es la una y media.
> It's half past one.

> Son las ocho y media.
> It's half-past eight.

Note that the 24-hour clock is used for timetables:

> El tren salió a las 20.45.
> The train left at 8.45 p.m.

The phrases '*de la mañana*' (a.m.) and '*de la tarde/noche*' (p.m.) are often placed after the number:

> las seis de la mañana
> 6 a.m.

> las diez y cuarto de la noche
> 10.15 p.m.

Dates

For dates, cardinal numbers are used except for the first of the month, where the ordinal number is used:

> el 4 de julio
> 4th July

> el primero de enero
> 1st January

Note that when writing the date it is usual to insert *de* before the month and year:

> el 3 de marzo de 1995
> 3rd March 1995

Years

In Spanish, years are expressed by listing thousands, hundreds, tens and units.

> mil novecientos cincuenta y nueve
> nineteen hundred and fifty nine

> dos mil diez
> two thousand and ten

Time expressions

The idea of 'for' with a period of time can be expressed by using *desde hace* plus the time expression:

> Vivimos en Méjico desde hace 3 años.
> We've lived in Mexico for 3 years.

or *llevar* followed by the gerund:

> Llevamos 3 años viviendo en Méjico.

Note that this construction involves a change of tense from the English perfect to the Spanish present. Similarly, the pluperfect tense in English is translated by the imperfect tense in Spanish:

> Vivíamos en Méjico desde hacía 3 años.
> or
> Llevábamos 3 años viviendo en Méjico.
> We had lived in Mexico for 3 years.

Verb tables

Regular verbs

hablar		Gerund: *hablando*	Past principle: *hablado*
Imperative familiar	**Present indicative**	**Imperfect indicative**	**Preterite**
habla	hablo	hablaba	hablé
hablad	hablas	hablabas	hablaste
	habla	hablaba	habló
	hablamos	hablábamos	hablamos
	habláis	hablabais	hablasteis
	hablan	hablaban	hablaron

Future	**Conditional**	**Present subjunctive**	**Imperfect subjunctive**
hablaré	hablaría	hable	hablara/ase
hablarás	hablarías	hables	hablaras/ases
hablará	hablaría	hable	hablara/ase
hablaremos	hablaríamos	hablemos	habláramos/ásemos
hablaréis	hablaríais	habléis	hablarais/aseis
hablarán	hablarían	hablen	hablaran/asen

comer		Gerund: *comiendo*	Past principle: *comido*
Imperative familiar	**Present indicative**	**Imperfect indicative**	**Preterite**
come	como	comía	comí
comed	comes	comías	comiste
	come	comía	comió
	comemos	comíamos	comimos
	coméis	comíais	comisteis
	comen	comían	comieron

Future	**Conditional**	**Present subjunctive**	**Imperfect subjunctive**
comeré	comería	coma	comiera/ese
comerás	comerías	comas	comieras/eses
comerá	comería	coma	comiera/ese
comeremos	comeríamos	comamos	comiéramos/ésemos
comeréis	comeríais	comáis	comierais/eseis
comerán	comerían	coman	comieran/esen

escribir		Gerund: *escribiendo*	Past principle: *escrito*
Imperative familiar	**Present indicative**	**Imperfect indicative**	**Preterite**
escribe	escribo	escribía	escribí
escribid	escribes	escribías	escribiste
	escribe	escribía	escribió
	escribimos	escribíamos	escribimos
	escribís	escribíais	escribisteis
	escriben	escribían	escribieron

Future	**Conditional**	**Present subjunctive**	**Imperfect subjunctive**
escribiré	escribiría	escriba	escribiera/ese
escribirás	escribirías	escribas	escribieras/eses
escribirá	escribiría	escriba	escribiera/ese
escribiremos	escribiríamos	escribamos	escribiéramos/ésemos
escribiréis	escribiríais	escribáis	escribierais/eseis
escribirán	escribirían	escriban	escribieran/esen

Verb tables

Common irregular verbs

conocer
Gerund: *conociendo* **Past principle:** *conocido*

Imperative familiar	Present indicative	Imperfect indicative	Preterite
conoce	conozco	conocía	conocí
conoced	conoces	conocías	conociste
	conoce	conocía	conoció
	conocemos	conocíamos	conocimos
	conocéis	conociáis	conocisteis
	conocen	conocían	conocieron

Future	Conditional	Present subjunctive	Imperfect subjunctive
conoceré	conocería	conozca	conociera/ese
conocerás	conocerías	conozcas	conocieras/eses
conocerá	conocería	conozca	conociera/ese
conoceremos	conoceríamos	conozcamos	conociéramos/ésemos
conoceréis	conoceríais	conozcáis	conocierais/eseis
conocerán	conocerían	conozcan	conocieran/esen

dar
Gerund: *dando* **Past principle:** *dado*

Imperative familiar	Present indicative	Imperfect indicative	Preterite
da	doy	daba	di
dad	das	dabas	diste
	da	daba	dio
	damos	dábamos	dimos
	dais	dabais	disteis
	dan	daban	dieron

Future	Conditional	Present subjunctive	Imperfect subjunctive
daré	daría	dé	diera/ese
darás	darías	des	dieras/eses
dará	daría	dé	diera/ese
daremos	daríamos	demos	diéramos/ésemos
daréis	daríais	deis	dierais/eseis
darán	darían	den	dieran/esen

decir
Gerund: *diciendo* **Past principle:** *dicho*

Imperative familiar	Present indicative	Imperfect indicative	Preterite
di	digo	decía	dije
decid	dices	decías	dijiste
	dice	decía	dijo
	decimos	decíamos	dijimos
	decís	decíais	dijisteis
	dicen	decían	dijeron

Future	Conditional	Present subjunctive	Imperfect subjunctive
diré	diría	diga	dijera/ese
dirás	dirías	digas	dijeras/eses
dirá	diría	diga	dijera/ese
diremos	diríamos	digamos	dijéramos/ésemos
diréis	diríais	digáis	dijerais/eseis
dirán	dirían	digan	dijeran/esen

¡Mola!

estar

		Gerund: *estando*	Past principle: *estado*
Imperative familiar	**Present indicative**	**Imperfect indicative**	**Preterite**
está	estoy	estaba	estuve
estad	estás	estabas	estuviste
	está	estaba	estuvo
	estamos	estábamos	estuvimos
	estáis	estabais	estuvisteis
	están	estaban	estuvieron

Future	**Conditional**	**Present subjunctive**	**Imperfect subjunctive**
estaré	estaría	esté	estuviera/ese
estarás	estarías	estés	estuvieras/eses
estará	estaría	esté	estuviera/ese
estaremos	estaríamos	estemos	estuviéramos/ésemos
estaréis	estaríais	estéis	estuvierais/eseis
estarán	estarían	estén	estuvieran/esen

haber (auxilary verb)

		Gerund: *habiendo*	Past principle: *habido*
Imperative familiar	**Present indicative**	**Imperfect indicative**	**Preterite**
	he	había	hube
	has	habías	hubiste
	ha	había	hubo
	hemos	habíamos	hubimos
	habéis	habíais	hubisteis
	han	habían	hubieron

Future	**Conditional**	**Present subjunctive**	**Imperfect subjunctive**
habré	habría	haya	hubiera/ese
habrás	habrías	hayas	hubieras/eses
habrá	habría	haya	hubiera/ese
habremos	habríamos	hayamos	hubiéramos/ésemos
habréis	habríais	hayáis	hubierais/eseis
habrán	habrían	hayan	hubieran/esen

hacer

		Gerund: *haciendo*	Past principle: *hecho*
Imperative familiar	**Present indicative**	**Imperfect indicative**	**Preterite**
haz	hago	hacía	hice
haced	haces	hacías	hiciste
	hace	hacía	hizo
	hacemos	hacíamos	hicimos
	hacéis	hacíais	hicisteis
	hacen	hacían	hicieron

Future	**Conditional**	**Present subjunctive**	**Imperfect subjunctive**
haré	haría	haga	hiciera/ese
harás	harías	hagas	hicieras/eses
hará	haría	haga	hiciera/ese
haremos	haríamos	hagamos	hiciéramos/ésemos
haréis	haríais	hagáis	hicierais/eseis
harán	harían	hagan	hicieran/esen

Verb tables

ir

| | | Gerund: *yendo* | Past principle: *ido* |

Imperative familiar	Present indicative	Imperfect indicative	Preterite
ve	voy	iba	fui
id	vas	ibas	fuiste
	va	iba	fue
	vamos	íbamos	fuimos
	vais	ibais	fuisteis
	van	iban	fueron

Future	Conditional	Present subjunctive	Imperfect subjunctive
iré	iría	vaya	fuera/se
irás	irías	vayas	fueras/eses
irá	iría	vaya	fuera/ese
iremos	iríamos	vayamos	fuéramos/ésemos
iréis	iríais	vayáis	fuerais/eseis
irán	irían	vayan	fueran/esen

leer

| | | Gerund: *leyendo* | Past principle: *leído* |

Imperative familiar	Present indicative	Imperfect indicative	Preterite
lee	leo	leía	leí
leed	lees	leías	leíste
	lee	leía	leyó
	leemos	leíamos	leímos
	leéis	leíais	leísteis
	leen	leían	leyeron

Future	Conditional	Present subjunctive	Imperfect subjunctive
leeré	leería	lea	leyera/ese
leerás	leerías	leas	leyeras/eses
leerá	leería	lea	leyera/ese
leeremos	leeríamos	leamos	leyéramos/ésemos
leeréis	leeríais	leáis	leyerais/eseis
leerán	leerían	lean	leyeran/esen

oír

| | | Gerund: *oyendo* | Past principle: *oído* |

Imperative familiar	Present indicative	Imperfect indicative	Preterite
oye	oigo	oía	oí
oíd	oyes	oías	oíste
	oye	oía	oyó
	oímos	oíamos	oímos
	oís	oíais	oísteis
	oyen	oían	oyeron

Future	Conditional	Present subjunctive	Imperfect subjunctive
oiré	oiría	oiga	oyera/ese
oirás	oirías	oigas	oyeras/eses
oirá	oiría	oiga	oyera/ese
oiremos	oiríamos	oigamos	oyéramos/ésemos
oiréis	oiríais	oigáis	oyerais/eseis
oirán	oirían	oigan	oyeran/esen

¡Mola!

pedir

Gerund: *pidiendo*   **Past principle:** *pedido*

Imperative familiar	Present indicative	Imperfect indicative	Preterite
pide	pido	pedía	pedí
pedid	pides	pedías	pediste
	pide	pedía	pidió
	pedimos	pedíamos	pedimos
	pedís	pedíais	pedisteis
	piden	pedían	pidieron

Future	Conditional	Present subjunctive	Imperfect subjunctive
pediré	pediría	pida	pidiera/ese
pedirás	pedirías	pidas	pidieras/eses
pedirá	pediría	pida	pidiera/ese
pediremos	pediríamos	pidamos	pidiéramos/ésemos
pediréis	pediríais	pidáis	pidierais/eseis
pedirán	pedirían	pidan	pidieran/esen

poder

Gerund: *pudiendo*   **Past principle:** *podido*

Imperative familiar	Present indicative	Imperfect indicative	Preterite
Imperative not used	puedo	podía	pude
	puedes	podías	pudiste
	puede	podía	pudo
	podemos	podíamos	pudimos
	podéis	podíais	pudisteis
	pueden	podían	pudieron

Future	Conditional	Present subjunctive	Imperfect subjunctive
podré	podría	pueda	pudiera/ese
podrás	podrías	puedas	pudieras/eses
podrá	podría	pueda	pudiera/ese
podremos	podríamos	podamos	pudiéramos/ésemos
podréis	podríais	podáis	pudierais/eseis
podrán	podrían	puedan	pudieran/esen

poner

Gerund: *poniendo*   **Past principle:** *puesto*

Imperative familiar	Present indicative	Imperfect indicative	Preterite
pon	pongo	ponía	puse
poned	pones	ponías	pusiste
	pone	ponía	puso
	ponemos	poníamos	pusimos
	ponéis	poníais	pusisteis
	ponen	ponían	pusieron

Future	Conditional	Present subjunctive	Imperfect subjunctive
pondré	pondría	ponga	pusiera/ese
pondrás	pondrías	pongas	pusieras/eses
pondrá	pondría	ponga	pusiera/ese
pondremos	pondríamos	pongamos	pusiéramos/ésemos
pondréis	pondríais	pongáis	pusierais/eseis
pondrán	pondrían	pongan	pusieran/esen

Verb tables

querer
Gerund: *queriendo* — **Past principle:** *querido*

Imperative familiar	Present indicative	Imperfect indicative	Preterite
quiere	quiero	quería	quise
quered	quieres	querías	quisiste
	quiere	quería	quiso
	queremos	queríamos	quisimos
	queréis	queríais	quisisteis
	quieren	querían	quisieron

Future	Conditional	Present subjunctive	Imperfect subjunctive
querré	querría	quiera	quisiera/ese
querrás	querrías	quieras	quisieras/eses
querrá	querría	quiera	quisiera/ese
querremos	querríamos	queramos	quisiéramos/ésemos
querréis	querríais	queráis	quisierais/eseis
querrán	querrían	quieran	quisieran/esen

saber
Gerund: *sabiendo* — **Past principle:** *sabido*

Imperative familiar	Present indicative	Imperfect indicative	Preterite
sabe	sé	sabía	supe
sabed	sabes	sabías	supiste
	sabe	sabía	supo
	sabemos	sabíamos	supimos
	sabéis	sabíais	supisteis
	saben	sabían	supieron

Future	Conditional	Present subjunctive	Imperfect subjunctive
sabré	sabría	sepa	supiera/ese
sabrás	sabrías	sepas	supieras/eses
sabrá	sabría	sepa	supiera/ese
sabremos	sabríamos	sepamos	supiéramos/ésemos
sabréis	sabríais	sepáis	supierais/eseis
sabrán	sabrían	sepan	supieran/esen

salir
Gerund: *saliendo* — **Past principle:** *salido*

Imperative familiar	Present indicative	Imperfect indicative	Preterite
sal	salgo	salía	salí
salid	sales	salías	saliste
	sale	salía	salió
	salimos	salíamos	salimos
	salís	salíais	salisteis
	salen	salían	salieron

Future	Conditional	Present subjunctive	Imperfect subjunctive
saldré	saldría	salga	saliera/ese
saldrás	saldrías	salgas	salieras/eses
saldrá	saldría	salga	saliera/ese
saldremos	saldríamos	salgamos	saliéramos/ésemos
saldréis	saldríais	salgáis	salierais/eseis
saldrán	saldrían	salgan	salieran/esen

seguir

		Gerund: siguiendo	Past principle: seguido
Imperative familiar	**Present indicative**	**Imperfect indicative**	**Preterite**
sigue	sigo	seguía	seguí
seguid	sigues	seguías	seguiste
	sigue	seguía	siguió
	seguimos	seguíamos	seguimos
	seguís	seguíais	seguisteis
	siguen	seguían	siguieron

Future	**Conditional**	**Present subjunctive**	**Imperfect subjunctive**
seguiré	seguiría	siga	siguiera/ese
seguirás	seguirías	sigas	siguieras/eses
seguirá	seguiría	siga	siguiera/ese
seguiremos	seguiríamos	sigamos	siguiéramos/ésemos
seguiréis	seguiríais	sigáis	siguierais/eseis
seguirán	seguirían	sigan	siguieran/esen

sentir

	○	Gerund: sintiendo	Past principle: sentido
Imperative familiar	**Present indicative**	**Imperfect indicative**	**Preterite**
siente	siento	sentía	sentí
sentid	sientes	sentías	sentiste
	siente	sentía	sintió
	sentimos	sentíamos	sentimos
	sentís	sentíais	sentisteis
	sienten	sentían	sintieron

Future	**Conditional**	**Present subjunctive**	**Imperfect subjunctive**
sentiré	sentiría	sienta	sintiera/ese
sentirás	sentirías	sientas	sintieras/eses
sentirá	sentiría	sienta	sintiera/ese
sentiremos	sentiríamos	sintamos	sintiéramos/ésemos
sentiréis	sentiríais	sintáis	sintierais/eseis
sentirán	sentirían	sientan	sintieran/esen

ser

		Gerund: siendo	Past principle: sido
Imperative familiar	**Present indicative**	**Imperfect indicative**	**Preterite**
sé	soy	era	fui
sed	eres	eras	fuiste
	es	era	fue
	somos	éramos	fuimos
	sois	erais	fuisteis
	son	eran	fueron

Future	**Conditional**	**Present subjunctive**	**Imperfect subjunctive**
seré	sería	sea	fuera/ese
serás	serías	seas	fueras/eses
será	sería	sea	fuera/ese
seremos	seríamos	seamos	fuéramos/ésemos
seréis	seríais	seáis	fuerais/eseis
serán	serían	sean	fueran/esen

Verb tables

tener
Gerund: *teniendo* **Past principle:** *tenido*

Imperative familiar	Present indicative	Imperfect indicative	Preterite
ten	tengo	tenía	tuve
tened	tienes	tenías	tuviste
	tiene	tenía	tuvo
	tenemos	teníamos	tuvimos
	tenéis	teníais	tuvisteis
	tienen	tenían	tuvieron

Future	Conditional	Present subjunctive	Imperfect subjunctive
tendré	tendría	tenga	tuviera/ese
tendrás	tendrías	tengas	tuvieras/eses
tendrá	tendría	tenga	tuviera/ese
tendremos	tendríamos	tengamos	tuviéramos/ésemos
tendréis	tendríais	tengáis	tuvierais/eseis
tendrán	tendrían	tengan	tuvieran/esen

traer
Gerund: *trayendo* **Past principle:** *traído*

Imperative familiar	Present indicative	Imperfect indicative	Preterite
trae	traigo	traía	traje
traed	traes	traías	trajiste
	trae	traía	trajo
	traemos	traíamos	trajimos
	traéis	traíais	trajisteis
	traen	traían	trajeron

Future	Conditional	Present subjunctive	Imperfect subjunctive
traeré	traería	traiga	trajera/ese
traerás	traerías	traigas	trajeras/eses
traerá	traería	traiga	trajera/ese
traeremos	traeríamos	traigamos	trajéramos/ésemos
traeréis	traeríais	traigáis	trajerais/eseis
traerán	traerían	traigan	trajeran/esen

venir
Gerund: *viniendo* **Past principle:** *venido*

Imperative familiar	Present indicative	Imperfect indicative	Preterite
ven	vengo	venía	vine
venid	vienes	venías	viniste
	viene	venía	vino
	venimos	veníamos	vinimos
	venís	veníais	vinisteis
	vienen	venían	vinieron

Future	Conditional	Present subjunctive	Imperfect subjunctive
vendré	vendría	venga	viniera/ese
vendrás	vendrías	vengas	vinieras/eses
vendrá	vendría	venga	viniera/ese
vendremos	vendríamos	vengamos	viniéramos/ésemos
vendréis	vendríais	vengáis	vinierais/eseis
vendrán	vendrían	vengan	vinieran/esen

¡Mola!

ver

Gerund: *viendo*　　**Past principle:** *visto*

Imperative familiar	Present indicative	Imperfect indicative	Preterite
ve	veo	veía	vi
ved	ves	veías	viste
	ve	veía	vio
	vemos	veíamos	vimos
	veis	veíais	visteis
	ven	veían	vieron

Future	Conditional	Present subjunctive	Imperfect subjunctive
veré	vería	vea	viera/ese
verás	verías	veas	vieras/eses
verá	vería	vea	viera/ese
veremos	veríamos	veamos	viéramos/ésemos
veréis	veríais	veáis	vierais/eseis
verán	verían	vean	vieran/esen

volver

Gerund: *volviendo*　　**Past principle:** *vuelto*

Imperative familiar	Present indicative	Imperfect indicative	Preterite
vuelve	vuelvo	volvía	volví
volved	vuelves	volvías	volviste
	vuelve	volvía	volvió
	volvemos	volvíamos	volvimos
	volvéis	volvíais	volvisteis
	vuelven	volvían	volvieron

Future	Conditional	Present subjunctive	Imperfect subjunctive
volveré	volvería	vuelva	volviera/ese
volverás	volverías	vuelvas	volvieras/eses
volverá	volvería	vuelva	volviera/ese
volveremos	volveríamos	volvamos	volviéramos/ésemos
volveréis	volveríais	volváis	volvierais/eseis
volverán	volverían	vuelvan	volvieran/esen

Vocabulario

A

a (su) alcance	within (their) reach
a causa de	because of
a comienzos de	at the beginning of
a diario	daily
a eso de	around
a finales de	at the end of
a la derecha	to the right
a la izquierda	to the left
a la semana	per week, weekly
al aire libre	in the open air
al contrario	on the contrary
al día siguiente	the next day
al final de	at the end of
al lado de	next to
al lado del mar	by the seaside
al mismo tiempo	at the same time
a lo alto de	at the top of
a lo largo de	along, throughout
a lo mejor	maybe
a menudo	often
a partir de	from, starting on
a pesar de	in spite of
¿a qué hora?	at what time?
a toda hora	at all times
a través de	across
a veces	sometimes
abajo	below, down(stairs)
el abanico	fan
abierto/a	open
el abrazo	hug
el abrigo	coat
abril	April
abrir	to open
el/la abuelo/a	granddad/grandma
aburrido/a	boring, bored
aburrirse	to get bored
abusar	to bully
acá	here
acabar	to finish
acabar de	to have just
el acantilado	cliff
el accidente	accident
la acción	action
el aceite de oliva	olive oil
el aceite	oil
la aceituna	olive
aceptar	to accept
acerca de	about

acercarse a	to near, to approach
acompañar	to go with, to accompany
aconsejar	to advise
el acontecimiento	event
acordarse de	to remember
acostarse	to go to bed
la actitud	attitude
la actividad	activity
las actividades deportivas	sporting activities
el actor	actor
la actriz	actress
actuar	to act
adecuado/a	suitable, appropriate
además	moreover
además de	as well as
adentro	inside, within
admitir	to admit
el/la adolescente	teenager
¿adónde?	where to?
adoptar	to adopt
el adulto	adult
aeróbico/a	aerobic
el aeropuerto	airport
afeitarse	to shave
afortunado/a	fortunate
afuera	outside
la agencia de viajes	travel agency
agosto	August
agradable	pleasant
agradecer	to thank
agresivo/a	aggressive
el agua (f) bendita	holy water
el agua (f) con gaz	fizzy/sparkling water
el agua (f) esterilizada	sterilised water
el agua (f) mineral	mineral water
el aguacate	avocado
aguantar	to put up with, to bear
ahí	there
ahora	now
ahorrar	to save
el aire	air
el aire acondicionado	air conditioning
aislado/a	isolated
aislante	insulating
el ajedrez	chess
el ajo	garlic
alargado/a	extended, long
el albergue juvenil	youth hostel
alcanzar	to reach
la aldea	village

	alegre	happy, cheerful
la	alegría	happiness, merriment
	alemán/alemana	German
la	alergia	allergy
	alérgico/a	allergic
	algo	something, anything
	algo así	something like this/that
	¿algo más?	anything else?
el	algodón	cotton
	alguien	someone
	algún, alguno/a	some, any
	algunas veces	sometimes
	alimentar	to feed
el	alimento	food
	allí	there
el	almacén	shop, store
la	almendra	almond
el	alojamiento	accommodation, lodging
	alojarse	to lodge, to stay
	alquilar	to hire, to rent
	alrededor de	around
los	alrededores	outskirts
	alterar	to alter
	alto/a	tall
la	altura	height
	alucinante	fantastic, amazing
el/la	alumno/a	pupil
el	ama (f) de casa	housewife
	amable	kind, friendly
	amar	to love
	amarillo/a	yellow
la	ambición	ambition
	ambicioso/a	ambitious
el	ambiente	atmosphere, environment
	ambos/as	both
la	amenaza	threat
	amenazar	to threaten
	América Latina	Latin America
el/la	amigo/a	friend
la	amistad	friendship
	amplio/a	roomy, spacious
	ancho/a	wide
	anciano/a	old
	andando	on foot, walking
	andar	to walk
el	andén	platform
el/la	anfitrión/anfitriona	host(ess)
el	anillo	ring
	animado/a	lively
el	animal salvaje	wild animal

	animar	to encourage
	anoche	last night
	anteayer	the day before yesterday
la	antena	aerial
	antes (de)	before
las	antigüedades	antiques
	antiguo/a	former, ancient
	antipático/a	unpleasant
el	anuncio	advertisement
	añadir	to add
el	año	year
	apagar	to turn off
el	aparador	sideboard
el	aparato	machine
el	aparcamiento	parking
	aparcar	to park
	aparecer	to appear
la	apariencia	appearance
el	apartamento	flat, appartment
	aparte de	apart from
el	apellido	surname
	apenas	scarcely
	apetecer	to appeal, to fancy
	aprender (a)	to learn (to)
el	aprendizaje	apprenticeship
	aprobar	to pass (examinations)
	apropiado/a	appropriate
	aprovechar	to use, to make use of
	aproximadamente	about, approximately
	apuntar	to note
el	apunte	note
	aquí	here
	árabe	Arabic
el	árbol	tree
	archivar	to file
el	archivo	file
el	área (f)	area
la	arena	sand
el	argumento	argument
el	armario	cupboard, wardrobe
	arquitectónico/a	architectural
	arreglar	to arrange, to put right, to tidy
	arriba	above, up(stairs)
la	arroba	@
el	arroz	rice
el	arte dramático	drama
la	artesanía	crafts
el	artículo	article
el/la	artista	artist
la	asamblea	assembly

Vocabulario

	asar	to roast
el	**ascensor**	lift
	asegurar	to assure
el	**aseo**	toilet
	asequible	achievable
	así	thus
	así que	and so
el	**asiento**	seat
la	**asignatura**	(school) subject
	asistir a	to attend
la	**aspiradora**	vacuum cleaner
el	**asunto**	topic
	asustar	to frighten
el	**ataque**	attack
	atar	to tie
	aterrizar	to land
el	**atletismo**	athletics
	atracar	to mug
la	**atracción**	attraction
el	**atraco**	mugging
	atrevido/a	daring
	atropellar	to knock down
el	**atún**	tuna
el	**aula (f)**	classroom
	aumentar	to increase
el	**aumento**	increase
	aun	even
	aún	still, yet
	aunque	although
el	**autobús**	bus
el	**autocar**	coach
la	**autopista**	motorway
las	**autoridades**	authorities
el/la	**auxiliar de vuelos**	flight attendant
el	**avance**	advance
el	**ave (f)**	bird
la	**aventura**	adventure
la	**avería**	breakdown
	averiguar	to find out
el	**avión**	plane
el	**aviso**	warning
la	**avispa**	wasp
	ayer	yesterday
la	**ayuda**	help
	ayudar	to help
el	**ayuntamiento**	town hall
la	**azafata**	air hostess
el	**azafrán**	saffron
el	**azúcar**	sugar
	azul	blue

B

el	**bacalao**	cod
	bailar	to dance
el	**baile**	dance
	bajar	to go down
	bajo	beneath, under
	bajo/a	low, short
el	**balcón**	balcony
el	**baloncesto**	basketball
el	**banco**	bank
la	**banda sonora**	soundtrack
la	**bandera**	flag
	bañarse	to have a bath, to bathe
la	**bañera**	bath
el	**baño**	bath(room)
	barato/a	cheap
la	**barba**	beard
la	**barbacoa**	barbecue
el	**barco**	boat
la	**barra**	loaf
	barrer el suelo	to sweep the floor
el	**barrio**	neighbourhood, area
	¡basta!	(that's) enough!
	bastante	quite, enough, a little bit
	bastar	to be enough
la	**basura**	rubbish
el	**basurero**	bin
la	**batalla**	battle
el/la	**bebé**	baby
	beber	to drink
la	**bebida**	drink
el	**belén**	crib
la	**belleza**	beauty
	bello/a	beautiful
el	**beneficio**	benefit
	besar	to kiss
el	**beso**	kiss
la	**biblioteca**	library
la	**bicicleta, bici (coll.)**	bicycle, bike
	bien educado/a	well-mannered, polite
los	**bienes**	goods, possessions
el	**bienestar**	well-being
	bienvenido/a	welcome
el	**bigote**	moustache
el	**billete**	ticket (travel)
el/la	**bisabuelo/a**	great-granddad/great-grandma
el	**bistec**	steak
	blanco/a	white
el	**bloc**	pad

el **bloque**	block	
la **blusa**	blouse	
bobo/a	silly	
la **boca**	mouth	
el **bocadillo**	sandwich	
la **boda**	wedding	
la **bola de nieve**	snowball	
el **bolígrafo, boli (coll.)**	biro	
el **bollo**	bread roll	
la **bolsa**	bag	
el **bolsillo**	pocket	
el **bolso**	handbag	
el **bombero/a**	firefighter	
bonito/a	pretty	
el **bono de lotería**	lottery ticket	
borracho/a	drunk	
borrar	to delete	
la **borrachera**	drunkenness	
el **bosque**	wood	
la **bota**	boot	
el **bote**	can, tin	
la **botella**	bottle	
el **botiquín**	first-aid kit	
el **botón**	button	
el **brazo**	arm	
breve	brief, short	
brevemente	briefly	
el **bricolaje**	DIY	
británico/a	British	
bronceado/a	tanned	
broncearse	to get brown	
buenísimo/a	very good	
bueno/a	good	
el **buen tiempo**	good weather	
¡**buen viaje!**	have a good journey!	
la **bufanda**	scarf	
buscar	to look for	
buscar un trabajo	to look for a job	
la **búsqueda**	search	
la **butaca**	seat, armchair	
el **buzón**	post-box	

C

el **caballo**	horse
la **cabeza**	head
la **cabina**	booth
la **cacerola**	saucepan
cada	each

cada día	each/every day
cada vez más	more and more
la **cadena**	chain, channel
caer	to fall
la **caída**	fall
el **café**	coffee
la **cafetería**	café, coffee shop
la **caja**	box; till
el **cajero automático**	cash point
la **cala**	cove
los **calamares**	squid
los **calcetines**	socks
la **calculadora**	calculator
el **caldo**	soup, broth
la **calefacción**	heating
el **calentamiento global**	global warming
la **calidad**	quality
cálido/a	hot (climate)
caliente	hot
callado/a	quiet
callarse	to be quiet
la **calle**	street
callejero/a	(of the) street
el **calor**	heat
caluroso/a	hot, warm
calvo/a	bald
la **cama**	bed
la **cámara**	camera
la **camaradería**	camaraderie
cambiar	to change
cambiarse	to get changed
el **camino**	road
el **camión**	lorry
la **camisa**	shirt
la **camiseta**	T-shirt
la **campana**	bell
el/la **campeón/campeona**	champion
el **camping**	campsite
el **campo**	the country(side)
la **canción**	song
el **canguro**	babysitter
cansado/a	tired
cansar	to tire
el/la **cantante**	singer
cantar	to sing
la **cantidad**	amount, quantity
cantidad de	a lot of
la **cantina**	canteen
la **capacidad**	capacity
la **capa de ozono**	ozone layer

Vocabulario

la **capa polar**	polar ice-cap	
capaz	capable	
la **capital**	capital (city)	
la **cara**	face	
el **caracol**	snail	
el **carácter**	character	
caracterizarse por	to be characterised by	
el **caramelo**	sweet	
el **carbón**	carbon; coal	
la **cárcel**	prison	
la **caridad**	charity	
el **cariño**	affection	
cariñoso/a	affectionate	
la **carne**	meat	
la **carnicería**	butcher's	
caro/a	expensive	
la **carpeta**	folder	
la **carrera**	career; race	
la **carretera**	(main) road, highway	
la **carta**	letter	
el/la **cartero/a**	postman/postwoman	
cartón	carton; cardboard	
la **casa de mis sueños**	dream house	
casado/a	married	
casarse	to get married	
el **casco**	helmet	
casi	almost	
el **caso**	case	
castaño/a	brown, chestnut (colour)	
castigar	to punish	
el **castigo**	punishment	
el **castillo**	castle	
la **catarata**	waterfall	
catastrófico/a	catastrophic	
el **catarro**	cold	
la **catedral**	cathedral	
católico/a	catholic	
la **cebolla**	onion	
la **celebración**	celebration	
celebrar	to celebrate	
los **celos**	jealousy	
celoso/a	jealous	
la **cena**	evening meal, dinner	
cenar	to have dinner	
el **centímetro**	centimetre	
céntrico/a	central	
el **centro comercial**	shopping centre	
cepillarse los dientes	to brush one´s teeth	
la **cerámica**	ceramics	

cerca de	near (to)
cercano/a	near
el **cerdo**	pig; pork
los **cereales**	cereals
la **cerilla**	match
cerrar	to shut, to close (down)
la **cerveza**	beer
el **chalet**	house, cottage
el **champiñón**	mushroom
el **champú**	shampoo
el **chantaje**	blackmail
la **chaqueta**	jacket
el/la **chico/a**	boy/girl
el **chicle**	chewing-gum
el **chófer**	driver
el **chubasco**	shower (of rain)
la **chuleta**	chop
el **ciclismo**	cycling
ciego/a	blind
el **cielo**	sky, heaven
cien(to)	a hundred
la **ciencia ficción**	science fiction
las **ciencias**	science
el **científico**	scientist
cierto/a	certain, true
la **cifra**	figure
el **cine**	cinema
el/la **cineasta**	film director
la **cinta**	ribbon, tape
la **cintura**	waist
el **cinturón**	belt
la **cita**	date, appointment
la **ciudad**	town
la **civilización**	civilisation
claro/a	clear, light
la **clase**	class
el **clavo**	clove; nail
el/la **cliente**	customer
el **clima**	climate
el **club de jóvenes**	youth club
cocer	to cook
el **coche**	car
el **coche de carreras**	racing car
la **cocina**	kitchen, cooker
cocinar	to cook
el/la **cocinero/a**	cook
el **codo**	elbow
coger	to take, to catch
coger un tren	to catch a train

coleccionar	to collect
el/la colega	colleague
el colegio, cole (coll.)	school (often independent)
el colegio de primaria	primary school
el colegio de secundaria	secondary school
el collar	necklace
colocar	to place
la comedia	comedy
el comedor	dining room
comenzar (a)	to begin (to)
comer	to eat
el Comercio Justo	Fair Trade
cometer un crimen	to commit a crime
la comida	food; lunch-time meal
la comida basura	junk food
la comida rápida	fast food
la comisaría	police station
como	like, as, since
como es debido	properly, as it should be done
la cómoda	chest of drawers
cómodo/a	convenient, comfortable
el/la compañero/a	companion
la compañía	company
el compartimiento	compartment
compartir	to share
los complementos	accessories
completar	to complete
el comportamiento	behaviour
comportarse	to behave
comprar	to buy
el comprimido	pill
común	common
las comunicaciones	communications
comunicar	to communicate
la comunidad	community
con	with
con respecto a	with respect to, concerning
con vistas al mar	with views of the sea
la concentración	concentration
concentrarse	to concentrate
el concierto	concert
el concurso	competition
el condado	county
conducir	to drive, to lead
la conducta	behaviour
el/la conductor/a	driver
el conejo	rabbit
la confianza	confidence, trust
el conflicto	conflict

el congelador	freezer
los congelados	frozen products
conocer	to know (a person/place etc.)
conocido/a	(well) known
los conocimientos	knowledge
conquistar	to overcome, to conquer
la consecuencia	consequence, result
conseguir	to obtain
el consejo	(piece of) advice
consistir en	to consist of
constipado/a	having a cold
construir	to build
consumir energía	to consume energy
el contacto	contact
la contaminación	pollution
contaminado/a	polluted
contaminar	to pollute
contar	to tell; to narrate; to count
contar con	to rely on
contener	to contain
los contenidos	contents
el contestador automático	answer machine
contestar	to answer
(en) contra (de)	against
la contraseña	password
el contrato	contract
contribuir	to contribute
convencer	to convince
convenir	to suit
la conversación	conversation
convertirse en	to turn into
la copa	glass, drink
la copia	copy
el corazón	heart
la corbata	tie
el cordero	lamb
el coro	choir
la correa	lead (dog's)
el correo	mail
correcto/a	correct
corregir	to correct
el correo electrónico	e-mail
Correos	post office
correr	to run
la corrida de toros	bullfight
cortar	to cut
cortés	courteous, polite
la cortesía	politeness
corto/a	short

Vocabulario

el	**cortometraje**	short film
la	**cosa**	thing
la	**costa**	coast
	costero/a	coastal
la	**costumbre**	custom
	cotidiano/a	daily
	crear	to create
	creativo/a	creative
	crecer	to grow
	creciente	growing
el	**crecimiento**	growth
la	**creencia**	belief
	creer	to believe, to think
	creído/a	conceited
la	**crema**	cream
la	**crema antiséptica**	antiseptic cream
la	**crema de sol**	sun cream
el	**crimen**	crime
el	**cristal**	glass
	cristiano/a	Christian
el	**cruce**	crossroads
	cruzar	to cross
el	**cuaderno**	exercise book
	cuadrado/a	square
	¿cuál?	which?, what?
la	**cualidad**	quality
las	**cualificaciones**	qualifications
	cualquiera	anyone
el	**cuarto de baño**	bathroom
el	**cuarto**	quarter; room
	cubierto/a	covered
la	**cuchara**	spoon
el	**cuchillo**	knife
el	**cuello**	neck
la	**cuenta**	bill
la	**cuerda**	rope, cord
el	**cuero**	leather
el	**cuerpo**	the body
	cuesta mucho	it costs a lot
	¡cuidado!	careful!
	cuidadoso/a	careful
	cuidar	to look after
la	**culpa**	fault
	cultivar	to grow
la	**cultura**	culture
el	**cumpleaños**	birthday
	cumplir	to fulfil
el/la	**cuñado/a**	brother-in-law/sister-in-law
el	**curso**	school year, course

D

	da vergüenza	it's a disgrace
	dado que	since, given that
	dañar	to harm, to damage
el	**daño**	harm, damage
	dar	to give
	dar a	to overlook
	dar de comer	to feed
	dar la lata	to tell (someone) off
	dar las gracias	to thank
	dar miedo	to frighten
	dar un paseo	to go for a walk
	darse cuenta de	to realise
	darse prisa	to hurry
	de acuerdo	OK, agreed
	de buen/mal humor	in a good/bad mood
	de moda	fashionable
	de momento	at present
	de nada	don't mention it
	de nuevo	again
	de paso	by the way
	de pie	standing up
	de primera/segunda clase	first/second class
	de prisa	quickly, in a hurry
	¿de qué color?	what/which colour?
	¿de quién?	whose?
	de repente	suddenly
	de talla media	medium size
	de todos modos	in any case, anyway
	de veras	really
	de vez en cuando	from time to time
	debajo de	below, beneath
	deber	to have to, to owe
los	**deberes**	homework
	decidir	to decide
	decir	to say
la	**decisión**	decision
el	**dedo**	finger
	dejar	to let, to leave
	dejar el colegio	to leave school
	delante de	in front of
	delgado/a	thin, slim
	delicioso/a	delicious
la	**delincuencia**	youth crime, delinquency
los	**demás**	others, other people
	demasiado/a	too much, too many
	demostrar	to show, to demonstrate
	dentro (de)	inside

depender de	to depend on
el/la **dependiente/a**	shop assistant
el **deporte**	sport
los **deportes acuáticos**	water sports
el/la **deportista**	sportsperson
deportivo/a	sporting
derecho/a	straight, right
derribar	to knock down, to demolish
desafortunadamente	unfortunately
desagradable	unpleasant
desarrollarse	to develop
el **desastre**	disaster
desayunar	to have breakfast
desayuno	breakfast
descansar	to rest
el **descanso**	break
la **descongelación**	melting
el/la **desconocido/a**	stranger
describir	to describe
descubrir	to discover, to reveal
descuidarse	to neglect, to be careless
desde	from
desde...hasta...	from...to...
desde luego	of course
desear	to want, to wish
el **desempleo**	unemployment
el **desorden**	disorder
desordenado/a	untidy, messy
el **despacho**	office, study
despacio	slowly
despectivo/a	derogatory
despegar	to take off (aeroplane)
el **despertador**	alarm clock
despertarse	to wake up
despistado/a	forgetful
después (de)	after
el **destino**	destination
destruir	to destroy
el **detalle**	detail
detener	to arrest
detenerse	to stop
detestar	to detest
detrás (de)	behind
devolver	to give back
el **día**	day
el **día escolar**	school day
el **día festivo**	holiday
el **diario**	newspaper
diario/a	daily

dibujar	to draw
el **dibujo**	art
el **dibujo animado**	cartoon
el **diccionario**	dictionary
diciembre	December
el **diente**	tooth
la **dieta equilibrada**	balanced diet
la **diferencia**	difference
diferente	different
difícil	difficult
la **dificultad**	difficulty
dígame	hello (on telephone)
la **dirección**	direction; address
el/la **director/a**	headmaster/headmistress
el/la **director/a de cine**	film director
el **disco**	CD, disk
el **disco duro**	hard disk
la **discoteca**	disco
la **discriminación**	discrimination
discutir	to argue
el/la **diseñador/a**	designer
el **diseño**	design
los **disfraces**	dressing-up clothes
el **disfraz**	disguise
disfrazar	to disguise
disfrutar	to enjoy
disminuir	to diminish, to lessen
disponible	available
dispuesto/a	ready
distinto/a	different
distraer	to distract
distraerse	to get distracted
la **diversión**	fun, entertainment
divertido/a	funny, entertaining
dividir	to divide
divorciado/a	divorced
doblar	to bend, fold
doble	double
la **docena**	dozen
el **documental**	documentary
doler	to hurt
el **dolor**	pain
el **domicilio**	residence, abode
el **domingo**	(on) Sunday
donde	where
dorarse	to turn golden brown
dormir	to sleep
dormirse	to go to sleep
el **dormitorio**	bedroom

Vocabulario

la **droga**	drug	**en las afueras**	in the outskirts
la **ducha**	shower	**en paro**	out of work
ducharse	to have a shower	**en realidad**	in fact
dudar	to doubt	**enseguida, en seguida**	at once
el/la **dueño/a**	owner	**en vivo**	live (e.g. music)
dulce	sweet	**enamorarse de**	to fall in love with
el **dúplex**	maisonette	**encantado/a**	pleased to meet you, enchanted
durante	during, for	el **encanto**	charm
durar	to last	**encender**	to light, to put on
duro/a	hard	**enchufado/a**	connected
		el **encierro**	running of the bulls festival

E

e	and (before *i* and *hi*)	**encima de**	on (top of)
echar	to put on, to show (programme, film); to throw	**encontrar**	to find
		encontrarse	to be found/situated
echar la siesta	to have a siesta	la **encuesta**	survey
ecológico/a	ecological	el/la **enemigo/a**	enemy
el/la **ecólogo/a**	ecologist	la **energía**	energy
la **edad**	age	**enero**	January
el **edificio**	building	**enfadarse**	to get angry
la **educación**	education	la **enfermedad**	illness
la **educación física**	physical education	el/la **enfermero/a**	nurse
eficaz	effective	el/la **enfermo/a**	sick person
egoísta	selfish	**enfrente (de)**	opposite
el **ejemplar**	copy	el **enlace**	link
el **ejemplo**	example	**enorme**	enormous
el **ejercicio**	exercise	la **ensalada**	salad
la **elección**	choice	**ensayar**	to rehearse
elegir	to choose	la **enseñanza**	teaching
elevado/a	high	**enseñar (a)**	to teach (to); to show
embarazada	pregnant	**ensimismado/a**	engrossed, absorbed
el **embutido**	sausage	**entender**	to understand
emborracharse	to get drunk	**enterarse de**	to find out
la **emoción**	excitement, emotion	**entero/a**	entire, whole
emocionante	exciting	**enterrar**	to bury
la **empanada**	pasty	**entonces**	then
emparejar	to match, to pair	el **entorno**	environment
empezar (a)	to begin (to)	la **entrada**	entrance; ticket (film etc.)
el/la **empleado/a**	employee	**entrar**	to go in, to enter
el/la **empleado/a temporal**	temporary employee	**entre**	between
la **empresa**	company, business	el **entrenador**	trainer
el/la **empresario/a**	employer	**entrenarse**	to train
en bicicleta	by bicycle	**entretenido/a**	entertaining, enjoyable
en coche	by car	la **entrevista**	interview
en el centro de	in the centre of	el/la **entusiasta**	enthusiast
en el extranjero	abroad	**enviar**	to send
en el fondo	at the bottom, deep down	el **equipaje**	luggage
¡enhorabuena!	congratulations!	el **equipo**	team
		equivocado/a	wrong
		la **equitación**	horseriding
		la **escalera**	stairs

el escaparate	shop window
escaso/a	scarce
es decir	that is
escoger	to choose
esconder	to hide
escribir	to write
el/la escritor/a	writer
la escuela	school
la escultura	sculpture
la esgrima	fencing
el espacio	space
la espalda	back
español/española	Spanish
especializado/a	specialised
especialmente	especially
el espectador	spectator
el espejo	mirror
esperar	to hope; to expect; to wait for
las espinacas	spinach
el esquí	skiing
esquiar	to ski
la esquina	corner
esta mañana	this morning
esta tarde	this afternoon
estable	stable
la estación	season; station
la estación de trenes	railway station
el estadio	stadium
los Estados Unidos	USA
la estancia	stay
el estanco	tobacconist's
la estantería	bookcase
estar	to be
estar a favor de	to be in favour of
estar al teléfono	to be on the phone/ taking a call
estar contento/a	to be happy/contented
estar de acuerdo	to agree
estar de broma	to be joking
estar de moda	to be fashionable
estar de pie	to be standing up
estar de prisa	to be in a hurry
estar en contra de	to be against
estar en forma	to keep fit
estar harto/a	to be fed up
estar mareado/a	to feel sick
el este	east
el estilo	style
Estimado Señor	Dear Sir
estirar	to stretch

el estómago	stomach
estrecho/a	narrow
la estrella	star
la estrella de cine	film star
el estrés	stress
estresante	stressful
estricto/a	strict
estropear	to break, to damage
el estuche	pencil case
el/la estudiante	student
estudiar	to study
el estudio	study
estudioso/a	studious
¡estupendo!	great!
estúpido/a	stupid
la evaluación	assessment
evitar	to avoid
exacto/a	exact, accurate
exagerado/a	excessive, extravagant
el examen, pl. exámenes	examination
excepto	except
la excusa	excuse
el éxito	success
exitoso/a	successful
la experiencia	experience
explicar	to explain
la exposición	exhibition
extenderse	to extend
extranjero/a	foreign
extraño/a	strange
extraordinario/a	extraordinary
extrovertido/a	extrovert

la fábrica	factory
la fábrica de galletas	biscuit factory
fácil	easy
la facultad	faculty
la falda	skirt
las Fallas	Fallas (fiesta in Valencia)
el fallo	defect, fault
falso/a	false
la falta	fault, error
faltar	to be lacking/missing
la fama	fame
la familia	family
el/la familiar	family member
famoso/a	famous

Vocabulario

la **farmacia**	chemist's
fatal	terrible, badly
favorito/a	favourite
febrero	February
la **fecha de nacimiento**	date of birth
la **felicidad**	happiness
feliz	happy
¡feliz cumpleaños!	happy birthday!
¡fenomenal!	fantastic!
feo/a	ugly
la **Feria de Abril**	Feria (fiesta in Seville)
el **ferrocarril**	railway
fiarse de	to trust
la **fibra**	fibre
la **fiesta**	party; festival; holiday
el **fin**	end
el **fin de semana**	weekend
finalmente	finally
las **finanzas**	finance
físicamente	physically
físico/a	physical
la **flor**	flower
la **florería**	florist
la **floristería**	florist
el **folleto**	brochure
la **formación**	training
el **formulario**	from
la **foto**	photo
el **francés**	French (subject)
francés/francesa	French
la **frase**	sentence
frecuente	frequent
el **fregadero**	kitchen sink
fregar	to wash, to scrub, to mop
fregar los platos	to wash the dishes
freír	to fry
la **fresa**	strawberry
fresco/a	fresh
frío/a	cold
frito/a	fried
la **frontera**	border, frontier
la **fruta**	fruit
la **frutería**	fruit shop
el **fuego**	fire
los **fuegos artificiales**	fireworks
la **fuente**	fountain
fuera (de)	outside
fuera de (su) alcance	out of (one's) reach
fuerte	strong
la **fuerza**	strength

fumar	to smoke
fundado/a	funded
furioso/a	furious, violent
el **fútbol**	football
el **futbolín (m)**	table football
el/la **futbolista**	footballer
el **futuro**	future

G

las **gafas**	glasses
las **gafas de sol**	sun glasses
la **gama**	range
las **gambas**	prawns
ganar	to win, to earn
ganar dinero	to earn money
la **ganga**	bargain
el **garaje**	garage
la **garganta**	throat
la **gasolina**	petrol
gastar	to spend
gastar dinero	to spend money
el **gato**	cat
el/la **gemelo/a**	twin
generoso/a	generous
¡genial!	great!
la **gente**	people
la **geografía**	geography
la **gimnasia**	gymnastics
el **gimnasio**	gymnasium
la **goma**	rubber
gordo/a	fat
la **gorra**	cap
gracias a	thanks to
graciosamente	funnily
gracioso/a	funny
el **grado**	degree
el **gramo**	gramme
los **grandes almacenes**	department store
la **granja**	farm
el **granjero**	farmer
la **grapadora**	stapler
la **grasa**	fat
gratis	free
grave	serious
gris	grey
gritar	to shout
grosero/a	rude
grueso/a	thick

el **grupo**	group	
el **guante**	glove	
guapo/a	good-looking	
guardar	to keep, to save (document)	
guay (coll.)	cool	
la **guerra**	war	
la **guía**	guidebook	
el/la **guía**	guide	
el/la **guionista**	scriptwriter	
el **guisante**	pea	
el **guiso**	stew	
la **guitarra**	guitar	
gustar	to like	
el **gusto**	taste	

H

haber	to have (auxiliary verb)
hábil	skilful
la **habilidad**	skill
la **habitación**	room
el/la **habitante**	inhabitant
hablador/a	talkative
hablar	to speak, to talk
hace (una semana)	(a week) ago
hace buen tiempo	the weather is good
hace frío	it's cold
hace sol	it's sunny
hace viento	it's windy
hacer	to do, to make
hacer bricolaje	to do DIY
hacer caso a	to take notice of
hacer de canguro	to babysit
hacer deporte	to play sports
hacer el café	to make the coffee
hacer falta	to need
hacer la cama	to make the bed
hacer la compra	to go shopping
hacer los deberes	to do homework
hacer transbordo (en)	to change (e.g. trains)
hacer vela	to go sailing
hacerse	to become
hacia	towards
hacia atrás	back(wards)
hacia delante	forwards
el **hambre (f)**	hunger
la **hamburguesa**	hamburger
hasta	until; up to; even
hasta luego	bye

hay	there is, there are
el **helado**	ice cream
el **hemisferio**	hemisphere
la **herencia**	heritage
el/la **hermanastro/a**	stepbrother/stepsister
el/la **hermano/a mayor**	older brother/sister
el/la **hermano/a menor**	younger brother/sister
los **hermanos**	brothers and sisters
hermoso/a	beautiful
la **hermosura**	beauty
el **héroe**	hero
la **heroína**	heroine; heroin
hervir	to boil
el **hielo**	ice
el **higo**	fig
el **hijo único/la hija única**	only child
el **hipermercado**	hypermarket
hispanohablante	Spanish-speaking
la **historia**	story, history
histórico/a	historic(al)
el **hogar**	home
la **hoguera**	bonfire
el **hojaldre**	puff pastry
el **hombre**	man
el **hombro**	shoulder
hondo/a	deep
honesto/a	honest
la **hora**	time, hour
la **hora de llegar**	time of arrival
la **hora de salir**	time of departure
el **horario**	timetable
el **horno**	oven
horroroso/a	dreadful
el **hospital**	hospital
la **hostelería**	hotel business
hoy	today
hoy en día	nowadays
el **huevo**	egg
húmedo/a	wet
el **humo**	smoke

I

la **idea**	idea
el **idioma**	language
la **iglesia**	church
igual	equal
la **igualdad**	equality
ilegal	illegal

Vocabulario

la	**imagen, pl. las imágenes**	image
la	**imaginación**	imagination
	imaginar	to imagine
	impaciente	impatient
el	**imperdible**	safety pin
	importante	important
	imposible	impossible
	imprescindible	essential, indispensable
	impresionante	impressive
	improbable	unlikely
	incendio	fire
	incluido/a	included
	incluir	to include
	incluso	even
	incómodo/a	uncomfortable, inconvenient
	increíble	incredible
	indicar	to indicate
la	**industria**	industry
	inequívoco/a	unequivocal
la	**infancia**	childhood
la	**información**	information
la	**informática**	ICT
la	**infraestructura**	infrastructure
el/la	**ingeniero/a**	engineer
el	**inglés**	English (subject)
	inglés/inglesa	English
	injusto/a	unjust, unfair
	inmediatamente	immediately
la	**inmigración**	immigration
el/la	**inmigrante**	immigrant
	insistir	to insist
la	**insolación**	sunstroke
	insoportable	unbearable
	inspirar	to inspire
las	**instalaciones**	facilities
el	**instituto**	(state) school
	inteligente	intelligent
	intentar	to try
el	**interés**	interest
	interesante	interesting
	interior	interior, internal
	interrumpir	to interrupt
la	**inundación**	flood
	inútil	useless
el	**invierno**	winter
	invitar	to invite
	ir	to go
	ir al extranjero	to go abroad
	ir de compras	to go shopping
	irse	to go away

	irse de juerga	to live it up
la	**isla**	island

J

el	**jabón**	soap
	jamás	never, ever
el	**jarabe**	syrup
el	**jardín**	garden
el	**jefe**/la **jefa**	boss
la	**jornada**	working day
el/la	**joven**	young (person)
los	**jóvenes**	young people
	jubilado/a	retired
la	**judía**	bean
el	**juego**	game
los	**juegos del azar**	games of chance
el	**jueves**	(on) Thursday
el/la	**jugador/a**	player
	jugar	to play
el	**juguete**	toy
	julio	July
	junio	June
	juntarse	to gather, to come together
	junto con	together with
	justo	fair, right
la	**juventud**	youth
	juzgar	to judge

K

el	**kilo**	kilo
el	**kilómetro**	kilometre

L

los	**lácteos**	dairy products
el	**lago**	lake
la	**lágrima**	tear
la	**lámpara**	lamp
la	**lana**	wool
el	**lápiz**	pencil
	largo/a	long
la	**lata**	tin
	latinoamericano/a	Latin American
la	**lavadora**	washing-machine
el	**lavaplatos**	dishwasher

	lavar el pelo	to wash hair
	lavar(se)	to wash, to clean
	leal	loyal, faithful
la	leche	milk
el/la	lector/a	reader
	leer	to read
las	legumbres	pulse
	lejos	far
la	lengua	language; tongue
	lento/a	slow
la	letra	letter
	levantarse	to get up
la	libertad	freedom
	libre	free
la	librería	bookshop
el	libro	book
el	libro de texto	textbook
	ligeramente	lightly
	ligero/a	light
el	límite	limit
el	limón	lemon
la	limonada	lemonade
	limpiar	to clean
la	limpieza	cleaning
	limpio/a	clean
la	limusina	limousine
la	linterna	torch
	liso/a	smooth, straight (hair)
	listo/a	ready, clever
el	litro	litre
la	llamada	telephone call
	llamarse	to be called
la	llave	key
	llegar	to get (to a place), to arrive
	llenar	to fill
	lleno/a de	full of
	llevar	to wear; to take (e.g. by car)
	llevar una vida dura	to lead a hard life
	llevar uniforme	to wear a uniform
	llorar	to cry
	llover	to rain
la	lluvia	rain
	lo bueno de	the good thing about
	lo malo de	the bad thing about
	lo mejor	the best thing
	lo peor	the worst thing
	lo siento	I'm sorry
	lo único	the only thing
el	local	premises
	loco/a	mad

la	locura	madness
	lograr	to gain, to succeed (in)
el	logro	success, achievement
la	loncha	slice
la	lucha	struggle
	luchar	to struggle
	luego	then, next
el	lugar	place
la	luna	moon
el	lunes	(on) Monday
la	luz	light

M

la	madera	wood
la	madrastra	stepmother
el/la	madrileño/a	citizen of Madrid
la	madrugada	the early hours of the morning
	mágico/a	magic
el	maíz	maize
	majo/a	good-looking, nice
	mal	badly
el	mal tiempo	bad weather
	maleducado/a	badly behaved
la	maleta	suitcase
	malgastar	to waste
el	malgasto	waste
	malo/a	bad
los	malos tratos	physical abuse
el	maltrato	abuse
	mañana	morning; tomorrow
	mandar	to send
	mandar un fax	to send a fax
la	manera	way, manner
la	mano	hand
	mantener	to maintain, to keep
	mantenerse en forma	to keep fit
	mantenerse sano	to keep healthy
la	mantequilla	butter
la	manzana	apple; block (of houses)
el	mapa	map
el	maquillaje	make-up
	maquillarse	to put on one's make-up
la	máquina	machine
el	mar	sea
la	maravilla	wonder
	maravilloso/a	marvellous
	marcar un gol	to score a goal
	mareado/a	sick, dizzy

Vocabulario

el **marido**	husband
el **marisco**	shellfish
marrón	brown
marrón claro/a	light brown
marrón oscuro/a	dark brown
el **martes**	(on) Tuesday
marzo	March
más	more
más adelante	further on
más de	more than (followed by a number)
más...que	more...than
la **masa**	dough
la **mascota**	pet
masticar	to chew
matar	to kill
las **matemáticas**	maths
el **matrimonio**	marriage
mayo	May
mayor	larger; older
la **mayoría**	majority
la **mayoría de la gente**	most people
la **mayoría del tiempo**	most of the time
el/la **mecánico/a**	mechanic
el **mechero**	cigarette lighter
la **media**	stocking
la **media naranja**	ideal partner
la **medianoche**	midnight
media pensión	half board
el/la **médico/a**	doctor
medio	half, mid
el **medio ambiente**	environment
el **mediodía**	midday
los **medios (de comunicación)**	media
medir	to measure
el **mejillón**	mussel
mejor	better
mejorar	to improve
el **melocotón**	peach
mencionar	to mention
menor	smaller; younger
menos	less, except
menos...que	less...than
el **mensaje**	message
la **mente**	mind
mentir	to lie
la **mentira**	lie
mentiroso/a	lying, false
el **mercadillo**	street market
el **mercado**	market

la **merienda**	snack, packed meal, picnic
el **mérito**	merit
el **mes**	month
la **mesa**	table
mestizo/a	mixed race
meter goles	to score goals
meter	to put
el **método**	method
el **metro**	metre; underground
la **mezcla**	mixture
mezclar	to mix
el **microondas**	microwave
el **miedo**	fear
mientras (que)	while
el **miércoles**	(on) Wednesday
mil	a thousand
el **minuto**	minute
la **misa**	mass
mismo/a	same; (one)self
la **mitad**	half
la **mochila**	school bag, backpack
la **moda**	fashion
el **modo de transporte**	means of transport
el **modo de vivir**	way of life
¡mola mazo!	fantastic!
molestar	to bother, to annoy, to upset
el **momento**	moment
la **moneda**	coin; currency
el **monedero**	purse
la **montaña**	mountain
montañoso/a	mountainous
montar a caballo	to ride a horse
moreno/a	dark
morir	to die
morir de hambre	to die of hunger
mostrar	to show
la **moto**	motorbike
mover	to move
el **móvil**	mobile phone
el/la **muchacho/a**	boy/girl
la **muchedumbre**	crowd
mucho/a	much, a lot
mucho gusto	pleased to meet you
mudarse	to move house
mudo/a	dumb
los **muebles**	furniture
la **muela**	tooth
muerto/a de hambre	starving
la **mujer**	woman; wife
mundial	worldwide

el **mundo**	world	
la **muñeca**	doll	
el **músculo**	muscle	
el **museo**	museum	
la **música**	music	
musulmán/musulmana	Moslem	
muy	very	

nacer	to be born
el **nacimiento**	birth
la **nación**	nation
la **nacionalidad**	nationality
nada	nothing, anything
nadar	to swim
nadie	no one, anyone
la **naranja**	orange
la **nariz**	nose
la **nata**	fresh cream
la **natación**	swimming
naturalmente	naturally
navegar	to navigate
Navidad(es)	Christmas
navideño/a	(of) Christmas
necesario/a	necessary
necesitar	to need
negro/a	black
nervioso/a	nervous
nevar	to snow
la **nevera**	refrigerator
ni…ni…	neither…nor…
ni siquiera	not even
la **niebla**	fog
el/la **nieto/a**	grandson/granddaughter
la **nieve**	snow
ningún, ninguno/a	no
el/la **niño/niña**	boy/girl
el **nivel**	level
no importa	it doesn't matter
no obstante	nevertheless
la **noche**	night
el **nombre**	name
el **nombre de pila**	first name
el **noreste**	northeast
la **norma**	rule
el **noroeste**	northwest
el **norte**	north
la **nota**	note; mark

las **noticias**	news
la **novia**	girlfriend; bride
noviembre	November
el **novio**	boyfriend; bridegroom
nublado/a	cloudy
la **nuera**	daughter-in-law
la **nuez**	nut, walnut
nunca	never

o	or
obediente	obedient
obligar	to oblige
obligatorio/a	obligatory, compulsory
la **obra de teatro**	play
obtener	to obtain, to get
obvio/a	obvious
el **océano**	ocean
ocho días	a week
el **ocio**	leisure
octubre	October
ocupado/a	busy, engaged
ocurrir	to happen
odiar	to hate
el **oeste**	west
ofender	to offend
la **oficina**	office
la **oficina de turismo**	tourist office
ofrecer	to offer
el **oído**	ear
oír	to hear
ojalá	if only
el **ojo**	eye
oler	to smell
el **olor**	smell
olvidarse de	to forget
ondulado/a	wavy
opinar	to have an opinion
la **opinión**	opinion
la **oportunidad**	opportunity
optimista	optimistic
el **ordenador**	computer
la **oreja**	ear
organizar	to organise
orgulloso/a	proud
el **origen**	origin
originarse	to originate
el **oro**	gold

Vocabulario

la **orquesta**	orchestra	
oscuro/a	dark	
el **otoño**	autumn	
otro/a	other	
otra vez	again	
el/la **oyente**	listener	

P

la **paciencia**	patience
paciente	patient
padecer	to suffer
el **padrastro**	step-father
los **padres**	parents
el **padrino**	godfather
pagar	to pay
la **página**	page
la **página web**	webpage
el **país**	country
el **paisaje**	countryside
el **pájaro**	bird
la **palabra**	word
el **palacio**	palace
pálido/a	pale
el **pan**	bread
la **panadería**	baker's
el **panecillo**	roll
los **pantalones**	trousers
el **pañuelo de papel**	paper handkerchief
el **papel**	paper; role
el **papel higiénico**	toilet paper
el **papel líquido**	correcting fluid
la **papelería**	stationer's
el **paquete**	packet
para	for, in order to/that
la **parada de autobús**	bus stop
el **paraguas**	umbrella
parar	to stop
parece mentira que	I can't believe that, it's unbelievable
parecer	to appear, to seem
parecido/a	similar
la **pared**	wall
la **pareja**	partner, pair
el **parque**	park
el **parque de atracciones**	amusement park
el **parque temático**	theme park
la **parte**	part
el **partido**	match (e.g. football)

el **patrimonio**	patrimony
la **pasa**	raisin
el **pasado**	past
pasado/a de moda	outdated, old-fashioned
el/la **pasajero/a**	passenger
el **pasaporte**	passport
pasar	to happen
pasar de largo	to go straight past
pasar la aspiradora	to hoover
pasarlo bomba	to have a great time
el **pasatiempo**	hobby, pastime
pasear el perro	to walk the dog
pasearse	to go for a stroll
el **paseo**	walk
el **pasillo**	corridor
la **pasta de dientes**	toothpaste
el **pastel**	cake
la **pastelería**	cake shop
la **pastilla**	tablet
la **patata**	potato
las **patatas fritas**	chips
el **patín**	skate
patinar	to skate
patinar sobre ruedas	to roller-skate
el **patio**	patio; playground
el **pavo**	turkey
la **paz**	peace
la **peca**	freckle
el **pedazo**	piece
pediatra	pediatric
pedir	to ask for
pegar	to strike, to hit; to stick
peinarse	to comb one's hair
pelar	to peel
pelear(se)	to fight
la **película**	film
la **película de ciencia ficción**	science fiction film
la **película de fantasía**	fantasy film
la **película de suspense**	thriller
la **película de terror**	horror film
la **película de vaqueros**	western
la **película policíaca**	crime film
la **película romántica**	romantic film
el **peligro**	danger
peligroso/a	dangerous
pelirrojo/a	red-haired
el **pelo**	hair
la **peluquería**	hairdresser's
el/la **peluquero/a**	hairdresser
la **pena**	pity, sorrow, shame

el **pendiente**	earring	el **pimiento**	pepper
la **península**	peninsula	la **piña**	pineapple
la **pensamiento**	thought	**pintar**	to paint
pensar	to think, to intend	**pintoresco/a**	picturesque
pensativo/a	thoughtful	las **pinzas**	tweezers
la **pensión**	cheap hotel	el **piropo**	compliment
pensión completa	full board	la **piscina**	swimming-pool
el **pepino**	cucumber	el **piso**	flat, floor
pequeño/a	little	la **pista**	track, slope
los **pequeños**	little children	la **pista de hielo**	ice-rink
la **pera**	pear	la **pistola**	baguette
perder	to miss; to lose	**planchar la ropa**	to iron clothes
la **pérdida**	loss	**planear**	to plan
la **pérdida de tiempo**	waste of time	el **planeta**	planet
perdido/a	lost	el **plano**	plan
perdón	excuse me	la **planta**	floor, storey
perdonar	to forgive	la **planta baja**	ground floor
perezoso/a	lazy	el **plástico**	plastic
perfecto/a	perfect	el **plátano**	banana
el **periódico**	newspaper	el **plato**	plate, dish
el/la **periodista**	journalist	la **playa**	beach
el **permiso**	permission	la **plaza**	square, place
permitir	to allow, to permit	la **plaza mayor**	main square
peor	worse	**pobre**	poor
el **perro**	dog	la **pobreza**	poverty
el **perro caliente**	hot dog	**pocas veces**	seldom, rarely
perseguir	to pursue	**poco/a**	little, not much
la **persona**	person	un **poco**	a little
la **personalidad**	personality	**poco a poco**	gradually
pertenecer	to belong	**poco interestante**	uninteresting, dull
la **pesadilla**	nightmare	**pocos/as**	few
pesado/a	boring, tedious	**poder**	to be able
pesar	to weigh	el/la **policía**	policeman/woman
las **pesas**	weight-training	el **polideportivo**	sports centre
la **pesca**	fishing	el **pollo**	chicken
la **pescadería**	fish shop	el **pomelo**	grapefruit
el **pescado**	fish (to eat)	**poner**	to put on, to show
pesimista	pessimistic		(programme, film)
el **peso**	weight	**poner la mesa**	to lay the table
el **pez**	fish (in water)	**ponerse**	to put on (clothes)
el **pez dorado**	goldfish	**ponerse de acuerdo**	to agree
picado/a	chopped	**poquito**	a little bit
la **picadura**	bite	**por**	by, because of, along
picar	to sting; to prick; to nibble	**por cierto**	certainly
el **pie**	foot	**por día**	each/per day
la **piel**	skin	**por eso**	therefore
la **pierna**	leg	**por la mañana**	in the morning
la **pila**	battery	**por la noche**	in the evening
pillar (coll.)	to catch	**por la tarde**	in the afternoon/evening
el **piloto**	pilot	**por lo menos**	at least

Vocabulario

por medio de	by means of
por otra parte	on the other hand
por otro lado	on the other hand
por parte de (mi madre etc.)	on (my mother's etc.) side
por supuesto	of course
por todas partes	everywhere
por una parte	on the one hand
por un lado	on the one hand
el porcentaje	percentage
porque	because
¿por qué?	why?
posible	possible
la posibilidad	possibility
la posición	position
la postal	postcard
el póster	poster
el postre	dessert
el pozo	well
la práctica de trabajo	work experience
practicar la guitarra	to practise the guitar
práctico/a	practical
el precio	price, cost
precioso/a	beautiful, lovely
la precipitación	rainfall
precipitarse	to rush
la preferencia	preference
preferible	preferable
preferir	to prefer
preguntar	to ask (a question)
el prejuicio	prejudice
premiado/a	prize-winning
el premio	prize
la preocupación	worry
preocupado/a	anxious
preocupante	worrying
preocuparse por	to worry about
prepararse para	to prepare for
el/la presentador/a	presenter
la primavera	spring
primero/a	first
el/la primo/a	cousin
principal	main, principal
principalmente	mainly
el principio	beginning
probar	to try, to taste
el problema	problem
la procesión	procession
producir	to produce
el producto	product
la profesión	job, profession

el/la profesor/a, profe (coll.)	teacher
profundo/a	deep, profound
el programa	program(me)
prometer	to promise
el pronóstico	weather forecast
pronto	soon
propio/a	own
proporcionar	to give, to provide
la protección	protection
proteger	to protect
provocar	to cause
próximo/a	next
la prueba	test, proof
la publicidad	publicity
público/a	public
pueblerino/a	rustic
el pueblo	small town, village
el puente	bridge
la puerta	door
el puerto	port
pues	then, well
el puesto	stall
la pulgada	inch
el pulso	pulse

quedarse	to stay, to remain
quedarse en el cole	to stay on at school
quedarse en la cama	to stay in bed
la queja	complaint
quejarse	to complain
la quemadura	burn
quemar	to burn
querer	to wish, to want, to love
querer decir	to mean
querido/a	dear
el queso	cheese
¡que aproveche!	enjoy your meal!, bon appetit!
¡qué pena!	what a shame!
¿qué pasa?	what's happening?
¿qué tal?	how are you/things?
quien	who, whom
quince días	a fortnight
las quinielas	football pools
el quiosco	kiosk
quitar	to take away
quitar la mesa	to clear the table
quizás	perhaps

la	**ración**	portion, helping
la	**radio**	radio
	rápidamente	quickly
	rápido/a	rapid, quick
	raro/a	strange
el	**rasgo**	trait
el	**rato**	time, while
el	**ratón**	mouse
la	**razón**	reason
	razonable	reasonable
el/la	**recepcionista**	receptionist
	rechazar	to reject
	recibir	to receive
	recibir una llamada	to receive a call
el	**recibo**	receipt
	reciclable	recyclable
	reciclar	to recycle
	recién hecho/a	just made/done
	reciente	recent
el	**recipiente**	container
	recomendar	to recommend
	reconocer	to recognise
	recordar	to remember
el	**recreo**	break
el	**recuerdo**	souvenir, memory
los	**recursos**	resources
la	**red**	network, web
	redondo/a	round
el	**refresco**	soft drink
la	**regla**	rule, ruler
el	**regalo**	present
el	**régimen, pl. regímenes**	diet; regime
la	**región**	region
	regresar	to return
el	**regreso**	return
la	**reina**	queen
	reír	to laugh
	reírse de	to laugh at, to mock
la	**relación**	relation, relationship
	relajado/a	relaxed
	relajarse	to relax
el	**relámpago**	lightning
la	**religión**	religion
	rellenar	to fill
el	**reloj**	clock, watch
el	**remedio**	cure, remedy
	remover	to stir
	remunerar	to remunerate

	repentino/a	sudden
	repetir	to repeat
	repetitivo/a	repetitive
	requerir	to require
	reservar	to book, to reserve
	respetar	to respect
la	**respiración**	breathing
	respirar	to breathe
	resplandeciente	radiant, shining
	responder	to respond, to answer
la	**responsabilidad**	responsibility
	responsable	responsible
la	**respuesta**	reply, response
el	**resultado**	result
el	**retraso**	delay
el	**retrete**	toilet
la	**reunión**	meeting
	reunirse	to meet (up)
la	**revista**	magazine
el	**rey**	king
los	**Reyes Magos**	Magi, Three Kings
	rico/a	rich, tasty (of food)
el	**riesgo**	risk
el	**rincón**	corner
el	**río**	river
la	**risa**	laughter
	rizado/a	curly
	robar	to steal
el	**robo**	robbery
	rodeado/a de	surrounded by
la	**rodilla**	knee
el	**rollo**	bore
	romántico/a	romantic
la	**ropa**	clothes
la	**ropa de moda**	fashionable clothes
	rosa	pink
	roto/a	broken
el	**rotulador**	felt-tipped pen
	rubio/a	blond(e)
el	**ruido**	noise
	ruidoso/a	noisy
la	**ruta**	route
la	**rutina**	routine

el	**sábado**	(on) Saturday
	saber	to know
el	**sabor**	taste

Vocabulario

	sabroso/a	tasty
el	sacapuntas	pencil sharpener
	sacar	to take out
	sacar la basura	to take out the rubbish
el	saco de dormir	sleeping bag
la	sal	salt
la	sala	room
la	sala de espera	waiting room
la	sala de estar	living room
la	salchicha	sausage
la	salida	departure
	salir	to go out
el	salón	living room
	saltar	to jump
el	salto	jump
la	salud	health
	saludable	healthy
	saludar	to greet
el	saludo	greeting
	salvar	to save
	salvo	except
la	sangre	blood
	sano/a	healthy
la	sartén	frying pan
	satisfecho/a	satisfied
	secarse	to get dry
la	sección	department (in store), section
	seco/a	dry
el/la	secretario/a	secretary
la	seda	silk
	seguir	to continue, to follow
	según	according to
	segundo/a	second
la	seguridad	safety, security
	seguro/a	sure
el	sello	stamp
el	semáforo	traffic light
la	semana	week
la	semana pasada	last week
la	semana que viene	next week
(la)	Semana Santa	Holy Week
	semejante	similar
la	señal	signal, sign
	señalar	to point out
	sencillo/a	simple; single (ticket)
	sentado/a	seated
	sentarse	to sit down
el	sentido común	common sense
el	sentido del humor	sense of humour
el	sentimiento	feeling

	sentir	to feel
	separar	to separate
	septiembre	September
la	sequía	drought
	ser	to be
	ser aficionado/a de	to be keen on
	ser licenciado/a	to have a degree
	serio/a	serious
el	servicio	toilet, washroom
la	servilleta	serviette, napkin
	servir	to serve
	si	if
	siempre	always
la	sierra	mountain range
el	siglo	century
	significar	to mean, to signify
	significativo/a	significant
	siguiente	following, next
la	silla	chair
el	sillón	armchair
el	símbolo	symbol
	simpático/a	nice
	sin	without
	sincero/a	sincere
	sin duda	without doubt
	sin embargo	however
	sino	but
el	sistema	system
el	sitio	place, site
la	situación	situation
	situarse	to be situated
	sobre	on, about (of time)
	sobre todo	especially
	sobrevivir	to survive
el/la	socio/a	member
el	socorro	help
el	sofá	sofa
el	sol	sun
	solamente	only
	soler	to do as a habit/usually
	solicitar un puesto	to apply for a job
	solo/a	alone, on one's own
	sólo	only
	soltero/a	single, unmarried
la	sombra	shadow
el	sombrero	hat
el	sonido	sound
	sonriente	smiling
la	sonrisa	smile
	soñar (con)	to dream (about/of)

la **sopa**	soup	
sordo/a	deaf	
sorprendentemente	surprisingly	
la **sorpresa**	surprise	
el **sótano**	basement	
suave	mild	
suavemente	gently, smoothly	
la **subida**	rise	
subir	to rise, to go up	
sucio/a	dirty	
el/la **suegro/a**	father-in-law/mother-in-law	
el **sueldo**	salary	
el **suelo**	ground	
el **sueño**	sleep, dream	
suficiente	enough, suffcient	
sufrir	to suffer	
la **sugerencia**	suggestion	
sugerir	to suggest	
superar	to overcome	
superguapo/a	very good-looking	
el **supermercado**	supermarket	
suponer	to suppose	
el **sur**	south	
el **sureste**	southeast	
surfear Internet	to surf the internet	
surgir	to arise	
el **suroeste**	southwest	
el **surtido**	selection, range	
sustituir	to substitute	

T

el **tabaco**	tobacco	
la **talla**	size	
tal vez	perhaps	
el **tamaño**	size	
también	also	
tampoco	neither	
tan…como	as…as	
tanto/a…como	as/so much…as	
la **taquilla**	box office	
tardar (en)	to be late	
tarde	late	
la **tarea**	task	
la **tarea de casa**	household task/chore	
la **tarjeta**	card	
la **tarjeta móvil**	mobile card	
la **tarta**	tart, cake	
la **taza**	cup(ful)	

el **té**	tea	
el **teatro**	theatre	
el **tebeo**	comic	
el **techo**	roof	
el **teclado**	keyboard	
la **tecnología**	technology	
la **tela**	fabric, cloth	
telefonear	to telephone	
el **televisor**	television set	
el **tema**	topic, theme	
temer	to fear, to be afraid	
el **temor**	fear	
la **temperatura**	temperature	
la **temporada**	season	
temporal	temporary	
temprano/a	early	
el **tenedor**	fork	
tener	to have	
tener celos	to be jealous	
tener cuidado	to be careful	
tener dolor de cabeza	to have a headache	
tener dolor de muelas	to have toothache	
tener éxito	to be successful	
tener fiebre	to have a temperature/fever	
tener ganas de	to want to	
tener hambre	to be hungry	
tener lugar	to take place	
tener miedo	to be afraid	
tener que	to have to	
tener razón	to be right	
tener sed	to be thirsty	
tener sueño	to be sleepy	
tener suerte	to be lucky	
tener un resfriado	to have a cold	
el **tenis de mesa**	table tennis	
la **terapia**	therapy	
el **Tercer Mundo**	Third World	
tercero/a	third	
terminar	to finish	
el **termómetro**	thermometer	
la **ternera**	veal	
la **terraza**	terrace, balcony	
el **tiempo**	weather, time	
el **tiempo libre**	free time	
la **tienda**	shop; tent	
la **tienda de discos**	CD shop	
la **tienda de ropa**	clothes shop	
la **tierra**	land	
las **tijeras**	scissors	
tímido/a	shy	

Vocabulario

la **tinta**	ink
el/la **tío/a**	uncle/aunt
típico/a	typical
el **tipo**	type, kind
tirar	to throw away
la **tirita**	plaster
el **tiro con arco**	archery
el **título**	title; qualification
la **toalla**	towel
el **tobillo**	ankle
tocar	to play (an instrument); to touch
todo/a	all
todavía	still
todo el mundo	everybody
todo el rato	all the time
todos los días	each/every day
tomar un año de descanso	to take a year out
tomar el aire fresco	to take in the fresh air
tomar el sol	to sunbathe
el **tomate**	tomato
tonto/a	stupid
torcer	to turn, to twist
la **tormenta**	storm
la **tortilla**	omelette
la **tortuga**	tortoise
la **tos**	cough
la **tostada**	toast
trabajador/a	hard-working
trabajar	to work
el **trabajo de mis sueños**	my dream job
la **tradición**	tradition
tradicional	traditional
traer	to bring, to get, to fetch
el **tráfico**	traffic
tragar	to swallow
el **traje (m)**	dress, suit
tranquilo/a	calm
el **tratamiento**	treatment
tratar de	to be about
travieso/a	naughty
la **trayectoria**	route
el **tren**	train
el **tren de cercanías**	suburban/commuter train
triste	sad
la **trompeta**	trumpet
trozear	to cut into pieces
el **trozo**	piece
el **trueno**	thunder
el **tubo**	tube

el **túnel**	tunnel
el **turismo**	tourism
el/la **turista**	tourist
turístico/a	tourist
el/la **tutor/a**	tutor
la **tutoría**	tutorial

U

u	or (before *o* and *ho*)
último/a	last
los **ultramarinos**	groceries
único/a	only
el **uniforme**	uniform
unir	to join
la **universidad**	university
usar	to use
útil	useful
utilizar	to use
la **uva**	grape

V

la **vaca**	cow
vaciar el lavavajillas	to empty the dishwasher
vacío/a	empty
vago/a	lazy
vale	OK
vale la pena	it's worth while
valiente	brave
valioso/a	useful
el **valor**	value
los **vaqueros**	jeans
la **variedad**	variety
el **vaso**	glass
el/la **vecino/a**	neighbour
la **vela**	candle
vencer	to beat, conquer
la **venda**	bandage
el **vendaval**	gale
vender	to sell
venir	to come
la **venta**	sale
la **ventaja**	advantage
la **ventana**	window
ver	to see
el **verano**	summer
la **verbena**	open-air celebration

la **verdad**	truth
verdaderamente	really, truly
verdadero/a	true
verde	green
las **verduras**	vegetables
verter	to pour (out)
el **vestido**	dress
vestirse	to dress/get dressed
la **vez**	time
una **vez**	once
viajar	to travel
el/la **viajero/a**	traveller
vibrar	to vibrate
la **vida**	life
los **videojuegos**	video games
el **vidrio**	glass
viejo/a	old
el **viento**	wind
el **viernes**	(on) Friday
el **villancico**	Christmas carol
el **vino**	wine
la **violencia**	violence
la **víspera**	night before
la **vista**	view
la **vivienda**	dwelling
vivir	to live
vivir a tope	to live life to the full
vivo/a	bright, vivid
volar	to fly

el **volcán**	volcano
voltear	to turn over
el **volumen**	volume
voluntario/a	voluntary worker
volver	to return
volver a + infinitive	to (do) again
la **voz**	voice
el **vuelo**	flight
la **vuelta**	return

ya	now, already
ya no	no longer
ya que	since
el **yerno**	son-in-law
el **yogur**	yogurt

la **zanahoria**	carrot
la **zapatería**	shoe shop
la **zapatilla**	trainer
el **zapato**	shoe
la **zona**	area, region
el **zumo**	juice